Elisabeth Jünemann / Werner Wertgen (Hg.)

Herausforderung Soziale Gerechtigkeit

Elisabeth Jünemann /
Werner Wertgen (Hg.)

Herausforderung Soziale Gerechtigkeit

BONIFATIUS

Imprimatur. Paderbornae, d. 25. m. Januaris 2006
Nr. A 58-21.00.2/769. Vicarius Generalis i. V. Dr. Schmitz

Bibliografische Information Der Deutschen Bibliothek
Die Deutsche Bibliothek verzeichnet diese Publikation in der Deutschen Nationalbibliografie; detaillierte bibliografische Daten sind im Internet über http://dnb.ddb.de abrufbar.

ISBN-10: 3-89710-327-3
ISBN-13: 978-3-89710-327-6

Gesamtherstellung:
Bonifatius GmbH Druck · Buch · Verlag Paderborn

Inhalt

Einleitung

Kontroverse wirtschafts-, sozial- oder gesellschaftspolitische Konzepte schöpfen einen Teil ihrer Legitimationsansprüche aus der Behauptung, sozial gerecht zu sein und der sozialen Gerechtigkeit zu dienen. Die Rede von „sozialer Gerechtigkeit" hat also Konjunktur; und zwar so sehr, dass sie manchen bereits verdächtig erscheint: verdächtig, letztlich bloß dem eigenen Interesse oder dem Interesse der eigenen Klientel zu dienen. Dies und der Umstand, dass eine *soziale* Gerechtigkeit in den „klassischen" Gerechtigkeitskonzeptionen nicht vorkommt, macht in den Augen mancher die Rede von sozialer Gerechtigkeit unbrauchbar (vgl. dazu Möhring-Hesse 2005). Ist die Formulierung „soziale Gerechtigkeit" nur ein Pleonasmus (weil sich Gerechtigkeit stets auf soziale Verhältnisse bezieht), vielleicht sogar Unsinn (man denke an Hayeks Diktum, die Prägung „soziale Gerechtigkeit" sei sinnlos; Hayek 1981) oder doch eine angemessene gerechtigkeitstheoretische Reaktion auf die sozialethischen Herausforderungen moderner, differenzierter Gesellschaften? Es ist bezeichnend, dass das Wort „soziale Gerechtigkeit" zu Beginn der Modernisierung und Differenzierung der europäischen Gesellschaften im Zuge der Herausbildung der katholischen Soziallehre geprägt wurde und in Reaktion auf die sozialen Probleme im Nachgang der Industrialisierung seinen gerechtigkeitstheoretischen Platz gefunden hat. Zwar ist mit dem Terminus seit Beginn eine begriffliche Unschärfe verbunden, die sich in terminologischen Kontroversen führender (katholischer) Sozialethiker niederschlug, aber er scheint inzwischen unverzichtbar zu sein, um die sozialethische Wende des einstmals tugendethischen Verständnisses von Gerechtigkeit in einen strukturenethischen Begriff zur Anwendung auf eine moderne, funktional differenzierte, pluralistische und globalisierte Gesellschaft terminologisch zu verdeutlichen (vgl. Sutor 2005, S. 106 f.). Der Terminus bezeichnet das Feld der Auseinandersetzung um die Wertehierarchie, von der aus die klassischen Formen der Gerechtigkeit unter nachaufklärerischen, modernen Bedingungen ihre gesellschaftliche bzw. soziale Operationalisierbarkeit gewinnen. Die Auseinandersetzung um die soziale Gerechtigkeit ist also immer zugleich eine Auseinandersetzung um die normativen Grundlagen der Gesellschaft, um die Methoden der Normfindung und um Partizipationsverhältnisse verschiedenster Art (vgl. dazu Liebig/Lippl 2005). Das lässt einen Streit um soziale Gerechtigkeit nicht nur erwarten, das macht einen solchen Streit fast unumgänglich. (Analoges gilt auch für die Selbstvergewisserung sozialer Professionen; vgl. z. B. Hosemann/Trippmacher 2003.) Soziale Gerechtigkeit wird damit zwar nicht „zur natürlichen Richtschnur demokratischer Politik", wie Otfried Höffe moniert (Höffe 2005), denn der Ausdruck bezeichnet weniger ein normatives Resultat als vielmehr ein Feld der Auseinandersetzung. Aber bei dieser Auseinandersetzung geht es tatsächlich um nicht weniger als um die Gestalt der Gesellschaft und ihre gerechtigkeitstheoretische Legitimierung.

Dieser Auseinandersetzung haben die Fachbereiche Theologie und Sozialwesen der Katholischen Fachhochschule Nordrhein-Westfalen, Abteilung Paderborn, am 11. Januar 2005 eine Fachtagung gewidmet. Deren Beiträge finden sich im vorliegenden Buch gesammelt.

Das Hauptreferat hielt der Frankfurter Sozialethiker *P. Prof. Dr. Friedhelm Hengsbach SJ*, der in seinem Beitrag die aktuelle Gerechtigkeitsdebatte in Deutschland skizziert. Er analysiert sie auf ihre normativen Grundlagen hin und konfrontiert sie mit elaborierten Gerechtigkeitstheorien aus Geschichte und Gegenwart. Daraus gewinnt er Kriterien, mit denen sich die politischen Prozesse gerechtigkeitstheoretisch bewerten und inspirieren lassen.

Auf der einen Seite die Gewissheit, dass die Zukunft der Gesellschaft erheblich davon abhängt, dass die Familien das „Humanvermögen" garantieren, von dem die Gesellschaft zehrt, das sie aber selber in ihren Systemen Politik oder Wirtschaft nicht hervorbringen kann. Auf der anderen Seite die Erfahrung, dass Familien unter den Bedingungen des Alltags tausendfach scheitern. Auf der einen Seite zu Recht Anforderungen an die Funktion der Familie. Auf der anderen Seite ungerechte gesellschaftliche Verhältnisse, unter denen die Familie ihrer Funktion nur schwer gerecht werden kann. *Elisabeth Jünemann* benennt in ihrem Beitrag: „Soziale Gerechtigkeit für die Familie. Zur Frage nach sozial gerechten Bedingungen für die funktionierende Familie" Kriterien sozial gerechter Rahmenbedingungen für die „funktionierende" Familie.

Soziale Gerechtigkeit im Sinne einer Katholischen Soziallehre hat immer auch die menschliche Arbeit im Blick. Wo sonst könnten entsprechend sozial gerechte Arbeitsbedingungen eingefordert werden, wenn nicht innerhalb der Kirchen und ihrer Organisationen. *Elisabeth Jünemann* setzt sich in ihrem Beitrag „Soziale Gerechtigkeit am Arbeitsplatz Kirche. Eine Revision im Interesse der Katholischen Soziallehre" mit dem entsprechenden Anspruch an die Arbeitgeberin Kirche auseinander. Unter folgenden Stichworten: Religion; sie bestimmt den Auftrag zur Arbeit und die Art der Ausführung; sie macht den Arbeitsplatz Kirche zu einem besonderen. Organisation; sie realisiert den Auftrag der Religion bzw. Kirche. Profession; sie trägt die Leistung der Organisation. Person; sie übt die Profession in der Organisation aus.

Unter modernen Bedingungen muss Gerechtigkeit in sozialethischer Hinsicht strukturenethisch gewendet werden. Davon ausgehend zeigt der Beitrag „Beteiligungsgerechtigkeit und Anwaltschaftlichkeit" von *Werner Wertgen* auf, dass der gesellschaftlichen Beteiligung und Teilhabe die zentrale Funktion einer conditio sine qua non für die gerechte Ausgestaltung moderner, differenzierter Gesellschaften zukommt. Anwaltschaftlichkeit ist ein Substitut für Beteiligungsgerechtigkeit in Fällen, in denen sich eine aktive Beteiligung an gesellschaftlichen Prozessen nicht realisieren lässt. Dabei hat sich Anwaltschaftlichkeit am Ideal von Beteiligung und Teilhabe zu orientieren und sich darauf auszurichten.

In seinem Beitrag „Gerechtigkeit im Gesundheitswesen" beleuchtet *Werner Wertgen* die Gerechtigkeitsproblematik im Feld des Gesundheitswesens unter den aktuellen Bedingungen und Entwicklungen in Deutschland. Er stellt verschiedene Lösungsansätze vor und konfrontiert diese mit ethischen Kriterien. Dabei wird deutlich, dass Gesundheitspolitik sich nicht bloß als ökonomisch-pragmatische Aufgabe verstehen darf, sondern sich auch als eminent sozialethische Herausforderung begreifen muss.

Die provozierenden Thesen zur Armutsbekämpfung des peruanischen Wirtschaftswissenschaftlers Hernando de Soto stehen im Mittelpunkt der Untersuchung „Recht und Gerechtigkeit" von *Christopher Beermann*. De Soto streitet für eine Rechtsreform in den Ländern der Dritten Welt und denen des Postkommunismus mit der er – insbesondere für die Armen – Rechtssicherheit in Eigentumsfragen anzielt und damit ein wirksames Mittel gegen Armut. Nur Eigentum lässt sich kapitalisieren, nicht jedoch rechtlich ungeordneter Besitz. Darum seien die vielfach extralegalen Besitzverhältnisse armer Bevölkerungsgruppen in rechtlich geschützte Eigentumsverhältnisse zu überführen.

Unter dem Titel „Zeit teilen. Zur Temporalität der Gerechtigkeit" bringt *Michael Bösch* den Aspekt der Zeit in die Diskussion um soziale Gerechtigkeit ein. Zur Wahrnehmung grundlegender Lebenschancen brauchen Menschen Zeit, auf die sie einen Anspruch haben. Die hierzu nötigen Zeitspielräume müssen gerecht miteinander ausgeglichen werden. Die Fragen, in welchem Verhältnis der Lebenszeiteinsatz, den der Einzelne in Beruf, Familie und sozialem Engagement aufbringt, zu seinen eigenen Lebenszeitchancen steht und in welchem Verhältnis zum Einsatz und den Chancen anderer Menschen, markieren die gerechtigkeitsrelevanten Herausforderungen des „Zeit-Teilens".

Der Beitrag „Das Recht ströme wie Wasser, die Gerechtigkeit wie ein nie versiegender Bach" von *Rainer Dillmann* geht dem Begriff „Gerechtigkeit" im Alten Testament nach und zeigt auf, dass Gottes Gerechtigkeit in Gottes Treue gründet, die den Schuldigen verurteilt, den Unschuldigen aber freispricht. Das Neue Testament greift diese Gedanken auf und bezeichnet, wenn es – wie in der Bergpredigt – von Gerechtigkeit unter Menschen spricht, ein wechselseitiges Verhalten, das mit Loyalität und Solidarität umschrieben werden kann.

Der Beitrag „Gerechtigkeit als Signatur diakonischer Praxis" von *Christof Gärtner* benennt anfangs Qualitätskriterien, welche jegliche „diakonische Praxis" aus theologischer Perspektive ausweisen müsste, um als „gerecht" bezeichnet werden zu können. Daran anschließend wird versucht, anhand von Beispielen auf praktisch-theologischem Weg Hinweise für eine Signatur „Gerechtigkeit" zu ermitteln, die sich dann in der Orientierung an der Verkündigung und am Handeln Jesu in der Praxis zu bewähren haben. Um Letzteres konkret durchzuspielen, werden abschließend einige Beispiele aus der sozialarbeiterischen bzw. kirchlich-caritativen Praxis zur Diskussion gestellt.

Auch das Gut Gesundheit ist nicht gerecht verteilt, wie *Martin Hörning* in seinem Beitrag „Macht Armut krank und Krankheit arm? Der Zusammenhang von sozialem Status und Gesundheit" darstellt: Menschen in sozial schlechter gestellten Positionen haben ein größeres Risiko, krank zu werden und auch zu bleiben, als Menschen mit vergleichbaren sozialen Merkmalen in besser gestellten Positionen. Wie problematisch und ausgeprägt diese gesundheitliche Ungleichheit ist, wird anhand unterschiedlicher Beispiele erläutert.

In dem Beitrag „Die Reorganisation des Sozialstaates unter dem Aspekt der sozialen Gerechtigkeit" von *Gerhard Kilz* werden, ausgehend von einem differenzierten Begriff der sozialen Gerechtigkeit und seiner Interpretation in einer funktional differenzierten Gesellschaft, Gestaltungsansätze für eine Reorganisation des deutschen Sozialstaates mit seinen aktuellen Problemen diskutiert. Dabei gilt ein Hauptaugenmerk dem Arbeitsmarkt. Im Ergebnis wird deutlich, dass nicht eine Deregulierung im Sinne eines permanenten

Leistungsabbaus problemlösend ist, sondern eine Reorganisation der gegebenen Strukturen.

In seinem Beitrag „Bildungsgerechtigkeit" setzt sich *Gerhard Kilz* mit den Bedingungen der Gewährleistung von Gerechtigkeit im Bildungskontext auseinander. Hierbei wird Bildungsgerechtigkeit als Beteiligungsgerechtigkeit verstanden, zu deren Realisierung entsprechende gesellschaftliche wie sozialpolitische Interventionen erforderlich sind.

Um „Empowerment und soziale Gerechtigkeit" geht es im Beitrag von *Albert Lenz*. Das Empowermentkonzept wird getragen von einem kritischen Bewusstsein gegenüber einer einseitigen „Bedürftigkeitsperspektive", die die Menschen ausschließlich von ihren Nöten und Defiziten her wahrnimmt und damit ihre Rechte und – möglicherweise verdeckten – Stärken, Kompetenzen und Selbstgestaltungskräfte übersieht. Das Leben sozusagen in die eigenen Hände nehmen zu können setzt aber voraus, über die notwendigen Ressourcen und Fähigkeiten der Selbstgestaltung zu verfügen. Aus der Perspektive des Empowerments gibt es eine moralische und soziale Verpflichtung der Gesellschaft, den Menschen die notwendigen externen Ressourcen zur Verfügung zu stellen, damit sie überhaupt die Möglichkeit haben, ihr Leben selbstbestimmt und autonom führen zu können.

In dem Beitrag „Menschenrechte aus Gottes Wort" von *Kai G. Sander* wird die Frage aufgegriffen, inwiefern die „Allgemeine Erklärung der Menschenrechte" (1948) terminologisch und inhaltlich typische Merkmale der biblisch-christlichen Anthropologie aufweist. Diese Abstammung (teilweise auch auf dem Umweg über die revolutionären Bewegungen der letzten Jahrhunderte vermittelt) könnte ein Hindernis bilden, wenn es darum geht, die Menschenrechtserklärung als Grundlage eines „Weltethos" zu globaler Akzeptanz zu führen. Andererseits erscheint vor diesem Problemhintergrund der Beitrag der Theologie zum Gelingen der interkulturellen und interreligiösen Kommunikation über Menschenrechte von besonderer Bedeutung.

Wir danken Herrn *Claus Westermann* für die engagierte und sorgfältige Erstellung der Repro-Vorlage.

Weiterführende Literatur:

Hayek, Friedrich August von, Recht, Gesetzgebung und Freiheit. Bd. 2: Die Illusion der sozialen Gerechtigkeit, Tübingen 1981.

Höffe, Otfried, Soziale Gerechtigkeit – ein Zauberwort. Essay, in: Aus Politik und Zeitgeschichte 37, (2005), S. 3-6.

Hosemann, Wilfried / Trippmacher, Brigitte (Hg.), Soziale Arbeit und soziale Gerechtigkeit, Hohengehren 2003.

Liebig, Stefan / Lippl, Bodo, Streit um die Gerechtigkeit – und was denken die Leute?, in: Möhring-Hesse, Matthias (Hg.), Streit um die Gerechtigkeit. Themen und Kontroversen im gegenwärtigen Gerechtigkeitsdiskurs, Schwalbach/Ts. 2005, S. 13-38.

Möhring-Hesse, Matthias, Einführung, in: Möhring-Hesse, Matthias (Hg.), Streit um die Gerechtigkeit. Themen und Kontroversen im gegenwärtigen Gerechtigkeitsdiskurs, Schwalbach/Ts. 2005, S. 5-12.

Sutor, Bernhard, Beteiligungsgerechtigkeit und Sozialstaatsreform, in: Stimmen der Zeit 223, Heft 2 (2005), S. 103-114.

Friedhelm Hengsbach

Soziale Gerechtigkeit

Auf die Frage: „Hat die soziale Gerechtigkeit während der letzten drei bis vier Jahre in Deutschland abgenommen?" antworteten 80 % der Befragten zu Beginn des Jahres 2005 mit „Ja".
Vor fünf Jahren hatte Wolfgang Thierse behauptet: „Die Gerechtigkeitsfrage ist in die Gesellschaft zurückgekehrt." Ist sie das? Selbst wenn die Frage zurückgekehrt ist, wie wird sie in der Öffentlichkeit beantwortet? Und selbst wenn in der öffentlichen Diskussion Antworten gegeben werden, in der alltäglichen Lebenswelt scheint sie – nach dem Urteil der Befragten – nur eine geringe Rolle zu spielen.
Was ist überhaupt „sozial gerecht"? Für Friedrich August von Hayek ist soziale Gerechtigkeit ein leeres, überflüssiges und schädliches „Wieselwort", weil es nicht möglich sei, dass sich die Mitglieder einer pluralen Gesellschaft auf eine inhaltlich vorgegebene und eindeutige Vorstellung von Gerechtigkeit verständigt. Ähnlich urteilt Niklas Luhmann, weil die funktional ausdifferenzierten Teilsysteme der modernen Gesellschaft nach binären Codes gesteuert werden, die moralfrei sind. Moralische Kommunikation würde alarmierend wirken und die normale Funktionsfähigkeit der Steuerung außer Kraft setzen. Eine methodisch vertretbare ethische Reflexion könne nichts besseres tun, als „vor Moral zu warnen".
Im politischen Alltagsgeschäft scheinen normative Fragen eine nur untergeordnete Rolle zu spielen. Gemäß einem herrschenden Verständnis von Politik ist es die Aufgabe der staatlichen Akteure, bestimmte politische Maßnahmen auf klar definierte Ziele hin zu ordnen. Der Beurteilungsmaßstab politischen Handelns erschöpfte sich in der Prüfung einer Ziel-Mittel-Beziehung, ob die Maßnahmen geeignet und angemessen sind, um die genannten Ziele zu erreichen.

Nun sind normative Debatten gerade in einem Kontext entstanden, in dem man sie am wenigsten erwartet hatte, in der Begleitung des parlamentarischen Prozesses der Agenda 2010 und der Hartz-Gesetze. Die Parlamentarier hatten ihre Agenda-Rhetorik normativ aufgeladen und in einen Mantel wertender Überzeugungen eingekleidet. Vertreter der rot-grünen Koalition waren davon überzeugt, dass die Absenkung des Rentenniveaus gerecht sei, weil dadurch die Beitrags- und Steuerzahlenden entlastet würden. Die Arbeitgeber hielten eine Verlängerung der Arbeitszeit ohne Lohnausgleich für gerecht, weil überzogene Forderungen der Arbeiter den Standort Deutschland gefährdeten. Andere betrachteten die Ergebnisse von Tarifverhandlungen dann als gerecht, wenn beide Vertragspartner ihnen zustimmen. Die Einschnitte infolge der Hartz-Gesetze fanden die meisten Betroffenen ungerecht, zumal die oberen Einkommensgruppen gleichzeitig massiv entlastet wurden. Sozialwissenschaftler meinten, ein bestimmtes Volumen an Arbeitslosigkeit sei gerecht, weil dadurch die Leistungsbereitschaft der unteren Bevölkerungsgeschichten und der Ideenhaushalt der Gesellschaft gesteigert würden.

1. Der Gerechtigkeitsdiskurs der Parteien

Aus programmatischen Reden führender Parteienvertreter, etwa von Wolfgang Clement, Gerhard Schröder, Olaf Scholz, Angela Merkel, Friedrich Merz und Dieter Althaus, die in den vergangenen fünf Jahren veröffentlicht wurden, lassen sich sechs wiederkehrende Motive identifizieren.

1.1 Verzweckte Gerechtigkeit

Die herkömmlichen Vorstellungen von Gerechtigkeit seien den gegenwärtigen technischen, ökonomischen und politischen Umbrüchen nicht mehr gewachsen. Eine „neue", „moderne", „zeitgemäße" Definition von Gerechtigkeit sollte an die Bedingungen des 21. Jahrhunderts, insbesondere an die globalen Herausforderungen, angepasst werden.

einheitliche Wertmuster, dem allgemein verbindliche Normen entnommen werden, nicht mehr möglich. Es gibt keinen außenstehenden Beobachter und neutralen Schiedsrichter, dem das Urteil über das, was gut und gerecht ist, überlassen werden kann. Es können auch nicht die Angehörigen einer Teilgruppe der Gesellschaft die eigenen Vorstellungen des guten Lebens, die ihrer Gruppenidentität entsprechen, den Angehörigen anderer Gruppen verpflichtend vorschreiben. Vielmehr sind die Mitglieder moderner Gesellschaften gehalten, sich über die gemeinsamen normativen Überzeugungen zu verständigen – über das, was sie einander schulden, wenn sie sich als Gleiche achten. Dies geht in der Regel nicht ohne ernsthafte Auseinandersetzungen, bevor diese in einen Kompromiss einmünden.
Zweitens: Normative Grundsätze sind keine Naturgesetze. Sie fallen nicht fertig vom Himmel, „lassen sich nicht melken". Sie werden kollektiv entworfen, situativ ausgelegt und kreativ angewendet. Das gilt auch für die Grundnorm jeder politischen Ordnung: die Gerechtigkeit. Normative Grundsätze enthalten immer eine Antwort auf die gesellschaftliche Situation, die das kollektive Handeln herausfordert. Die Güterverteilung in der antiken Stadt, die geordnete Verfügung des Christen über die vorhandenen knappen Güter im Einklang mit der göttlichen Weltordnung, die Empörung der Bürger über die Freiheitsberaubung durch absolute Monarchen, der Protest Not leidender Arbeiter gegen die Übermacht kapitalistischer Unternehmer und schließlich die Spannung zwischen gleichen Freiheitsrechten und berechtigten sozio-ökonomischen Ungleichheiten sind in jeweils unterschiedlichen gesellschaftlichen Situationen geschichtlich variante Antworten auf die Frage: Was ist gerecht?
Drittens: Die Formulierung normativer Grundsätze ist nicht ein bewusstslos und ohnmächtig ausgelöster, automatischer Reflex auf biologische, ökonomische oder technische Mega-Trends, als gebe es zu einer solchen Reaktion keine Alternative. Es könnte auch ein kreativer, innovativer Gegenentwurf zum Trend einer durch frühere politische Entscheidungen verursachten wachsenden Ungleichheit, Polarisierung und Spaltung der Gesellschaft sein. Eine solche

Reaktion ist möglich, wenn es zu einem abwägenden Quasi-Dialog zwischen situativer Herausforderung und normativer Option kommt. Wer beispielsweise die Hauptströmung eines Flusses, die er beobachtet, zum unabweisbaren Trend erklärt, dem die normativen Grundsätze lediglich anzupassen seien, verzichtet auf politische Gestaltungsmacht und kreativen Gestaltungswillen. Er gleicht einem Menschen, der zuerst das Wehr hochzieht und sich anschließend wundert, dass er in der Hauptströmung den Halt verliert. Folglich gibt es zu den Trenderklärungen, die als biologisch, ökonomisch und technisch unabhängige Variablen dargestellt werden, meist jedoch „große Erzählungen" beispielsweise der Globalisierung, der demografischen Veränderung und der technischen Revolution sind, alternative Weichenstellungen, die auf gesellschaftliche Lebensweisen Rücksicht nehmen, die sich in den Köpfen und Herzen von Menschen gebildet haben, die ein eigenständiges Leben führen möchten, in gelingenden Partnerschaften auch mit Kindern, im Einklang mit der natürlichen Umwelt leben und souverän über ihre Arbeits- und Lebenszeit verfügen möchten.
Ob und wie solche Gegenentwürfe normativ zu bewerten und als gerecht anzuerkennen sind, soll im Folgenden, in einer Spurensuche der Gerechtigkeit, ermittelt werden.

2. Spuren der Gerechtigkeit

Das normative Kampfgetöse der Parteien um den Begriff der Gerechtigkeit mag den Eindruck erzeugen, als müsse der Gerechtigkeitsbegriff ähnlich wie das Rad neu erfunden werden. Dabei können aus der sozialphilosophischen Tradition Leitmotive dessen, was als gerecht verstanden wird, gewonnen werden.

2.1 Biblische Gerechtigkeit

Israel, das fremd in einem fremden Land lebte, verdankt seine Existenz als Volk nicht der eigenen Leistungskraft, sondern ausschließlich der Gerechtigkeit Gottes. Gott hat das unterdrückte, versklavte Volk, als es in Ägypten nach ihm schrie, befreit. Der Bund am Sinai besiegelt den Auszug aus Ägypten; er bietet dem Volk eine Ordnung an, die ein würdiges Leben in der Gemeinschaft ermöglicht und besonders die schwachen Mitglieder, Witwen, Waisen, Arme und Fremde, schützt. Die Propheten verkünden einen Gott der Gerechtigkeit, der denen Recht verschafft, die keinen irdischen Anwalt haben. Israels Bundestreue erweist sich im Gehorsam gegen Gott und in der Achtung des Mitmenschen. Biblische Gerechtigkeit ist kein Mindestbestand an Rechten und Pflichten, sondern die richtige Einstellung zu Gott sowie eine Liebe, die unter den Menschen Frieden stiftet. Die Gerechtigkeit einer Gemeinschaft ist daran ablesbar, wie sie mit den Ohnmächtigen und Verwundbaren in ihr umgeht; dieser Maßstab bildet zwar nicht ein unterscheidendes, wohl aber ein zentrales Merkmal der biblischen Botschaft.

2.2 Römische/griechische Antike

Von Ulpian stammt die Gerechtigkeitsformel: „Jedem das Seine". Ohne einen geschichtlichen Kontext und inhaltliche Füllung bleibt der Begriff ausgesprochen leer. Er kann jedoch erläutert werden, indem er auf die nach Platon/Aristoteles ursprüngliche Formulierung des Dichters Simonides bezogen wird: „Jeder soll das haben oder tun, was ihm zukommt". Der Bezugspunkt dessen, was einem zukommt, ist nach Platon/Aristoteles zum einen die griechische Stadt, die wohlgeformte Gesellschaft, in der die Stände der Krieger, der Regierenden, der Kaufleute und der Weisen genau das tun, was ihnen angemessen, was ihre Aufgabe ist. Und zum andern die harmonische Ordnung der Seelenkräfte, nämlich der vernünftigen Einsicht, des Mutes und der klugen Überlegung. Wie eine Stadt in guter Verfassung und gerecht ist, wenn die Stände funktionsgerecht operieren, so ist der Mensch gut, glücklich und gerecht, wenn er seine Seelenkräfte ins Gleichgewicht bringt.

2.3 *Aristoteles*

Der griechische Philosoph erkennt der Gerechtigkeit eine überragende Stellung zu, weil sie den Bezug zum anderen Menschen und zur Ordnung der Polis, dem Garanten des guten Lebens, einschließt und so alle anderen Tugenden enthält. Dieser allgemeinen Gerechtigkeit stellt Aristoteles zwei einzelne Gerechtigkeiten zur Seite: die austeilende und ausgleichende Gerechtigkeit. Die austeilende Gerechtigkeit teilt der einzelnen Person Güter und Dienste gemäß ihrer Stellung im Ganzen zu. Die (ausgleichende) Tauschgerechtigkeit fordert die strenge Entsprechung von Leistung und Gegenleistung.

2.4 *Christliches Mittelalter (Thomas von Aquin)*

Im christlichen Mittelalter bezieht man die irdische Gerechtigkeit auf die Idee Gottes von einer geordneten Welt und personifiziert das antike Naturgesetz in der Gestalt eines göttlichen Gesetzgebers. Die von Gott gedachte und vorgestellte Weltordnung spiegelt sich in der irdischen Gesetzgebung eines verantwortlichen, gläubigen Monarchen, der weise Gesetze erlässt. Die Orientierung des Handelns an einem solchen Gesetz nennt Thomas von Aquin: „Allgemeine Gerechtigkeit" bzw. „Gesetzesgerechtigkeit". Sie hat zwei Unterformen, erstens die „Tauschgerechtigkeit", gemäß dem Grundsatz der strengen Gegenseitigkeit von Leistung und Gegenleistung auch „Marktgerechtigkeit" genannt, und zweitens die „Verteilungsgerechtigkeit", die regelt, welche Güter und Lebenschancen von der Gemeinschaft den Individuen zugeteilt werden und welche Beiträge die Individuen an die Gemeinschaft zu leisten haben.
In der Folgezeit hat man den Unterschied zwischen der allgemeinen Gerechtigkeit und den zwei besonderen Formen der Gerechtigkeit nicht mehr verstanden und ein „Gerechtigkeitsdreieck" konstruiert, das die Beziehungen der Individuen zur Gemeinschaft (Gesetzesgerechtigkeit) und der Gemeinschaft zu den Individuen (Verteilungsgerechtig-

keit) sowie der Individuen untereinander (Tauschgerechtigkeit) abbilden sollte.

2.5 Soziale Gerechtigkeit

Nach der neuzeitlichen Wende konnte die irdische Gerechtigkeit nicht mehr im schöpferischen Willen eines göttlichen Gesetzgebers verankert werden. Erst recht brach im Zuge der industriellen Revolution, als die Masse der Arbeiter in unvorstellbares wirtschaftliches und soziales Elend geriet, die Idee einer wohlgefügten Gesellschaftsordnung und eines inhaltlich vorgegebenen Gemeinwohls zusammen. Der Begriff der Gerechtigkeit wurde daraufhin vorrangig als kritischer Maßstab gesellschaftlicher Verhältnisse und Strukturen verwendet. Die sozialen Bewegungen jener Zeit gossen ihre niederdrückenden Erfahrungen in den Ruf nach „sozialer Gerechtigkeit". Kirchlich gebundene Sozialethiker wiesen diese Kampfformel als sozialistische Gleichmacherei zunächst zurück. Sie versuchten, den neuen Begriff im traditionellen Dreieck unterzubringen, entweder mit der gesetzlichen Gerechtigkeit gleichzusetzen oder zwischen Tausch- und Verteilungsgerechtigkeit zu verorten. Mit dem Sozialrundschreiben „Quadragesimo anno" wurde die soziale Gerechtigkeit in die kirchliche Verkündigung hereingeholt. Der Begriff der „sozialen Gerechtigkeit" taucht im Kontext der Verteilungsfrage, des Gemeinwohls und der sozialen Liebe auf. Die deutsche Wortbildung der „Gemeinwohlgerechtigkeit" sollte den Eindruck vermeiden, die soziale Gerechtigkeit sei der gesetzlichen Gerechtigkeit nachgebildet und diene bloß der Stabilisierung von Systemen. Sie hat sich jedoch nicht durchgesetzt. In der Folgezeit haben kirchliche Amtsträger den Begriff der „sozialen Gerechtigkeit" als Verteilungsnorm im Klassenkonflikt der Tarifgegner und im weltwirtschaftlichen Nord-Süd-Konflikt, aber auch als Strukturnorm aufgegriffen. Papst Paul VI. zog eine Trennungslinie zwischen einer statischen Gerechtigkeit innerhalb des positiven Rechts zum Schutz einer bestehenden Ordnung einerseits und der dynamischen, fließenden, sozialen Gerechtigkeit, die eine bestehende Rechtsordnung am Maßstab des Gemeinwohls misst und reformiert. Die deutschen Kirchen haben in dem gemeinsamen Sozialwort sich diesen Gerechtigkeitsbegriff, der durch das Adjektiv: „sozial" angereichert ist, zu Eigen gemacht.

2.6 John Rawls: Eine Theorie der Gerechtigkeit als Fairness

Im Kontext einer freiheitlich und sozial verfassten Demokratie hat John Rawls eine ethische Theorie der „Gerechtigkeit als Fairness" entworfen. Zum einen wollte er die im angelsächsischen Sprachraum verbreitete utilitaristische Ethik mit der auf dem europäischen Kontinent stärker verbreiteten Vernunftethik kombinieren. Zum anderen versuchte er, unter dem Einfluss der modernen Spiel- und Entscheidungstheorie den Prozess der gesellschaftlichen Normfindung zu rekonstruieren. Er versetzt die Gesellschaftsmitglieder in eine Spielsituation, in der um die Regeln des Zusammenlebens gespielt wird: Welche Grundsätze würden freie Personen wählen, wenn sie in einer ursprünglichen Situation (»original position«) der Gleichheit ihre Gesellschaftsform definierten? Dabei rufen sie nicht nach dem Urteil eines weisen, unparteiischen und wohlwollenden Zuschauers, sondern folgen dem rationalen Eigeninteresse sowie einer vernünftigen Verständigung unter den Beteiligten. Die ursprüngliche Situation wird durch zwei Rahmenbedingungen, nämlich die Einstimmigkeit und den Schleier des Nichtwissens definiert: Das Spiel, das die Regeln der Konfliktlösungen bestimmt, wird selbst jenseits gesellschaftlicher Konflikte angesiedelt; deshalb sind nur einstimmige Beschlüsse zugelassen. Die Spieler wissen zwar, dass es in der Gesellschaft unterschiedliche Fähigkeiten und Rangstufen gibt, kennen aber nicht die eigene Position. Sie wissen, dass sie Bedürfnisse und Interessen haben, aber nicht, welche. So wählen sie eine Entscheidungsregel, nach der man den Schaden der ungünstigen Situation minimiert, und entscheiden sich für eine Gesellschaftsordnung, in der man auch dann noch relative Vorteile erwarten kann, wenn die ungünstige Situation eintrifft.

Als Ergebnis des Spiels werden zwei Gerechtigkeitsgrundsätze formuliert.
Der erste (Gleichheitsgrundsatz) lautet: „Jedermann hat gleiches Recht auf das umfangreichste Gesamtsystem gleicher Grundfreiheiten, das für alle möglich ist."
Und der zweite (Differenzgrundsatz) lautet: „Soziale und wirtschaftliche Ungleichheiten müssen folgendermaßen beschaffen sein: (a) sie müssen [...] den am wenigsten Begünstigten den größtmöglichen Vorteil bringen, und (b) sie müssen mit Ämtern und Positionen verbunden sein, die allen gemäß der fairen Chancengleichheit offen stehen."
Der erste Gerechtigkeitsgrundsatz schließt rechtliche Diskriminierungen aus und postuliert Grund- und Menschenrechte, die für alle gleich sind. Der zweite Gerechtigkeitsgrundsatz lässt wirtschaftliche und soziale Ungleichheiten, die sich aus unterschiedlichen natürlichen und sozialen Startchancen ergeben, unter der Voraussetzung zu, dass diese für die am wenigsten Begünstigten vorteilhaft sind, d. h. diese besser stellen als etwa in einem egalitären System. Individuelle Begabungen und gesellschaftliche Positionen dürfen nicht ausschließlich individuell beansprucht werden, sondern sind auch ein öffentliches Gut. Die am wenigsten Begünstigten haben gleichsam ein Vetorecht gegenüber dem Ausmaß wirtschaftlicher und sozialer Differenzierung.

3. Gerechtigkeit – eine Vorvermutung der Gleichheit

Seit einem Vierteljahrhundert werden in Deutschland eine zunehmende Ungleichheit der Einkommen und Vermögen, eine Polarisierung von Lebenschancen sowie ein drohender Ausschluss von Bevölkerungsgruppen in Armut und prekärem Wohlstand registriert. Sollen derartige Prozesse im Namen der Gerechtigkeit verfestigt werden? Die Schröder-Agenda 2010 und die Hartz-Gesetze sind mit der Absicht beschlossen worden, durch mehr Wachstum und Beschäftigung solche Tendenzen der Ungleichheit zu verringern. Sie haben jedoch die Risse in der Gesellschaft zwischen Wohlhabenden und Armen, zwischen Männern und Frauen, zwischen West- und Ostdeutschen eher vertieft als beseitigt. Bietet sich in einer solchen Situation der Ungleichheit, Polarisierung und Spaltung der Grundsatz der Gleichheit als zentraler Bestandteil, vielleicht gar als der Inbegriff von Gerechtigkeit an?

3.1 Einwände

Gegen die Gleichheitsvermutung werden starke Einwände erhoben. Diejenigen, die Gleichheit fordern, würden übersehen, so heißt es, dass das moralische Subjekt nie der generalisierte Andere, sondern immer die empirisch konkrete menschliche Person ist. Diese kann zu Recht differenzierte gesellschaftliche Positionen beanspruchen, die sie sich auf Grund eigener Talente und Anstrengungen erworben hat. Die Gesellschaft ist eben nicht die Eigentümerin eines verborgenen Reservoirs, aus dem alle individuellen Kompetenzen geschöpft werden. Die Verfechter des Gleichheitsgrundsatzes scheinen darauf zu vertrauen, dass eine aufwendige sozialstaatliche Bürokratie die Gleichheit der Bürger herstellen kann. Folglich stürzen sie diese während des Rennens um gesellschaftliche Positionen in eine aussichtslose Aufholjagd, die auf einen Ausgleich zielt, der nie erreicht wird.

3.2 Erläuterung

Gleichheit meint nicht Identität, sondern die Übereinstimmung in einem Merkmal, während andere Merkmale verschieden sind. In welcher Hinsicht sind Menschen gleich? Hinsichtlich ihrer musischen oder technischen Begabung bzw. ihrer regionalen Herkunft? Ein erster formaler Gleichheitsgrundsatz lautet: „Gleiches ist gleich, Ungleiches ist ungleich zu behandeln." Verhältnismäßige Gleichheit ist dann gewahrt, wenn die Verteilung von Gütern und Rechten auf Personen und Personengruppen im Verhältnis zu dem erfolgt, was ihnen zusteht – beispielsweise „gleicher Lohn für gleiche Arbeit".

Moralische Gleichheit besagt, dass jede Person einen moralischen Anspruch darauf hat, mit der gleichen Achtung und Rücksicht behandelt zu werden wie jede andere. Jede menschliche Person ist von einem unparteilichen Standpunkt aus als autonomes Lebewesen zu respektieren und als Gleiche, jedoch nicht gleich zu behandeln. Die moralische Gleichheit ist die Lebensgrundlage einer demokratischen Gesellschaft und die Geschäftsgrundlage einer darin eingebetteten sozialen Marktwirtschaft.

Der moralische Gleichheitsanspruch wird übersetzt in ein Verfahren der Beweislastverteilung: Die moralischen Subjekte können als konkrete Personen unterschiedliche wirtschaftliche und soziale Positionen beanspruchen, die sie auf Grund eigener Talente und Anstrengungen erworben haben. Aber solche Ungleichheiten unterschiedlicher Güterausstattung bedürfen einer rechtfertigenden Begründung, die sich auf verteilungsrelevante Unterschiede der Personen bezieht. Sonst gilt die Gleichheitsvermutung.

Für den Grundsatz der realen, nicht bloß formalen Chancengleichheit bedeutet dies, dass die Individuen ungeachtet ihrer unterschiedlichen Talente und Motivationen nicht nur die gleichen Startchancen für den Lauf, sondern auch effektiv die gleichen Lebensaussichten während des Laufs erhalten. Folglich sind die natürlichen Benachteiligungen und gesellschaftlichen Diskriminierungen, die nicht auf ihre individuelle Leistungsfähigkeit und -bereitschaft zurückzuführen sind, also die Zufallsergebnisse der natürlichen und gesellschaftlichen Lotterie, gesellschaftlich auszugleichen.

4. Politische und ökonomische Übersetzungen

Aus dem Grundsatz der moralischen Gleichheit lassen sich für die aktuelle Gerechtigkeitsdebatte, die um die sozial- und arbeitsmarktpolitische Agenda kreist, aber auf Reformen mit Profil und Perspektive ausgeweitet werden sollte, drei Übersetzungen bezüglich der Verteilungsgerechtigkeit, der realen Chancengleichheit und der Beteiligungsgerechtigkeit gewinnen:

4.1 Vorrang der Verteilungsgerechtigkeit

Die geäußerte Kritik an der Verteilungsgerechtigkeit wirkt überdehnt. Denn erstens stehen nicht nur materielle Güter und Geld zur Verteilung an, sondern auch Zugangschancen, Verfügungsrechte und Machtpositionen. Jedenfalls genießt die Verteilungsgerechtigkeit faktischen Vorrang vor der Tauschgerechtigkeit. Denn bei einem rechtmäßigen Tausch von Gütern wird unterstellt, dass die Marktpartner das Recht haben, über die getauschten Güter zu verfügen. Nun könnte eingewendet werden, dass die rechtmäßige Verteilung vor dem Tausch auf frühere Tauschakte zurückgeht. Wird jedoch die Kette der Marktbeziehungen immer weiter zurückverfolgt, endet die Reihe bei einer gerechten Ausgangsverteilung. Also liegt die Verteilungsgerechtigkeit der Tauschgerechtigkeit auch logisch voraus.

4.2 Reale Chancengleichheit

Gleiche Chancen des Zugangs zu Bildungsgütern und zur Erwerbsarbeit sind keine Garantie gesellschaftlicher Integration. Zunächst sollte zwischen formaler und realer Chancengleichheit unterschieden werden. Formale Chancengleichheit bedeutet lediglich, die Startlöcher in exakt einer Linie anzulegen, so dass Menschen ungeachtet ihres unterschiedlichen Leistungsvermögens vom gleichen Startpunkt aus auf das Ziel loslaufen. Reale Chancengleichheit besteht erst dann, wenn natürliche Benachteiligungen und gesellschaftliche Diskriminierungen fortlaufend korrigiert werden. Die gleichen Chancen im Bildungssystem gewährleisten ja noch längst nicht die Chancengleichheit im Beschäftigungssystem. Eine ungleiche Verteilung von Einkommen und Vermögen ist selten das Resultat unterschiedlicher Talente und Anstrengungen. Sie wäre es, wenn nicht eingespielte Konventionen, Rollenmuster und wirtschaftliche Macht Einfluss nehmen würden.

4.3 *Politische Beteiligung*

Der Grundsatz moralischer Gleichheit enthält den Verweis auf die Menschenrechte als angemessene Ausdrucksform sozialer Gerechtigkeit. Die Proklamation der Menschenrechte hat eine geschichtliche Abfolge: Zuerst wurden die individuellen und institutionellen Abwehrrechte gegen mögliche Übergriffe des Staates proklamiert, dann die wirtschaftlichen, sozialen und kulturellen Leistungsansprüche auf eine Grundausstattung von Gütern, die zu einem menschenwürdigen Leben erforderlich sind, und schließlich die politischen Beteiligungsrechte, die den Bürgerinnen und Bürgern den Anspruch zugestehen, an den gesellschaftlichen Prozessen der Meinungsbildung und Entscheidung aktiv teilzunehmen und sich darin selbst zu vertreten.

Folgt man dagegen der logischen Rangfolge, wie sie die Option für die Demokratie als Lebensform nahe legt, dann steht den politischen Beteiligungsrechten gemäß dem Grundsatz der Beteiligungsgerechtigkeit der oberste Rang zu. Um sie jedoch zu sichern, ist ein gleicher Mindestanteil am gesellschaftlichen Reichtum, das sozio-kulturelle Existenzminimum einschließlich des Zugangs zu Bildungs- und Gesundheitsgütern zu garantieren; es verhindert den Ausschluss von den Gütern, die für eine Gesellschaft als unverzichtbar gelten – gemäß dem Grundsatz der Bedarfsgerechtigkeit. An dieses Grundrecht schließt das Recht auf sinnvolle Arbeit und ein angemessenes Einkommen gemäß dem Maßstab der Leistungsgerechtigkeit an – und zwar im Rahmen von Arbeitsverträgen, die auf gleicher Augenhöhe in kollektiven Tarifverhandlungen abgeschlossen werden.

Auf absehbare Zeit wird die Erwerbsarbeit den Schlüssel gesellschaftlicher Anerkennung, persönlicher Identität und wirtschaftlichen Wohlstands bilden. Aber der größere Teil gesellschaftlich notwendiger und nützlicher Arbeit wird jenseits des Marktes und jenseits der monetär entgoltenen Erwerbsarbeit geleistet. Deshalb sind die Erwerbsarbeit, die private Beziehungsarbeit und das zivile Engagement fair auf Männer und Frauen um- und neu zu verteilen. Indem die Frauen zu Recht in die Erwerbsarbeit hineindrängen, sollten die Männer dazu gedrängt werden, ihre Verantwor-

tung für die Beziehungs- und Erziehungsarbeit anzuerkennen und ihr Erwerbsarbeitsvolumen erheblich zu reduzieren.
Weil die bisherigen erwerbswirtschaftlichen Solidarsysteme brüchig geworden sind, die gesellschaftlichen Risiken jedoch nicht abnehmen, sondern eher zunehmen, ist ein bloßer Ersatz der solidarischen Sicherung durch private Vorsorge für die Mehrheit der Bevölkerung unzulänglich. Folglich sind die Grundlagen der Solidarität nicht einzuschnüren, sondern auszuweiten: So sollte die Absicherung gegen gesellschaftliche Risiken auf der Grundlage einer demokratischen Solidarität geregelt werden. Diese schließt alle Personen ein, die im Geltungsbereich der Verfassung ihren Lebensmittelpunkt haben. Und alle Einkommen, die im Geltungsbereich der Verfassung entstehen, sind beitragspflichtig. Versicherungspflichtgrenzen und Beitragsbemessungsgrenzen werden aufgehoben. Die solidarischen Leistungen sind von unten her gesockelt und nach oben hin gedeckelt. Eine Abspaltung der Beschäftigungs-, Gesundheits-, Alters- und Pflegerisiken, deren Abfederung einer solidarischen Versicherung zugewiesen wird, von den Einkommensrisiken, deren solidarischer Ausgleich dem Steuersystem überlassen bleibt, ist zu vermeiden, weil zum einen das derzeitige Steuersystem nicht solidarisch ist und weil zum anderen die Einkommens- und die erwähnten Lebensrisiken verbunden auftreten.
Aus dem Grundsatz moralischer Gleichheit lässt sich eine Gleichverteilung von Grundgütern nicht strikt ableiten. Allerdings kann zwischen der moralischen Gleichheit und einer solchen Gleichverteilung eine Konvergenz rekonstruiert werden, die in einer Vorvermutung der Gleichverteilung von Grundgütern ihren Ausdruck findet. Folglich ist eine ungleiche Verteilung solcher Grundgüter gerechtfertigt, solange diese in persönlichen Eigenschaften moralischer Subjekte ihren Grund hat. Fehlen solche Eigenschaften als rechtfertigende Begründung der Ungleichheit, gilt die Gleichheitsvermutung als Kernelement sozialer Gerechtigkeit.

5. Resümee

Die Gesellschaft selbst und keine außenstehende Autorität hat die Definitionshoheit darüber, wie die Grundnorm der Gerechtigkeit innovativ zu formulieren ist. Gleichzeitig ist eine Verständigung darüber angezeigt, wie die gesellschaftliche Situation und deren Herausforderung zu bestimmen sind, auf die eine normative Orientierung antwortet. Die normative Innovation dieser gesellschaftlichen Orientierung als Antwort auf eine zustimmungsfähige Deutung der Situation besteht in der Formulierung der sozialen Gerechtigkeit als einer Vorvermutung der Gleichheit. Deren moralische Dimension wird übersetzt in eine politische Dimension der Beteiligungsgerechtigkeit und der demokratischen Solidarität.

Wo ist nun der gesellschaftliche Ort, von dem her die soziale Gerechtigkeit in ihrer moralischen und politischen Dimension definiert wird? Sind es etwa die Lebenslagen der am Rand Ausgegrenzten oder gar derjenigen, die aus der Gesellschaft ausgeschlossen sind, die eine Option für die Armen einklagen? Wie soll jedoch eine solche Option mehrheitsfähig werden? Kann die politische Mitte einen Standpunkt der Unparteilichkeit und des allgemeinen Interesses einnehmen? Kann sie dafür gewonnen werden, dass sie ihre eigenen Interessen wirksamer unter Einschluss benachteiligter Bevölkerungsgruppen verfolgt und nicht dadurch, dass sie diese ausschließt? Dann würde die Antwort auf die Gerechtigkeitsfrage lauten: Der politischen Mitte darf es gut und besser gehen, solange auch die Lebensqualität derer am Rand steigt. Die am Rand sollen nicht den Preis dafür zahlen, dass es der politischen Mitte gut und besser geht. Größere Ungleichheit und Polarisierung einer Gesellschaft sind keine angemessene Antwort auf die Gerechtigkeitsfrage.

Elisabeth Jünemann

Soziale Gerechtigkeit für die Familie

Zur Frage nach sozial gerechten Bedingungen für die funktionierende Familie

Niemand in Wirtschaft, Politik und Kirche, der da widersprechen würde: „Man muss etwas tun für die Familie.“ Und man kann sich das auch leisten, denn: Der BDI-Präsident und die Familienministerin haben heute einen neuen harten Beleg für Familienfreundlichkeit als Wachstumsfaktor vorgestellt. Dass sich der Nutzen für die Unternehmen betriebswirtschaftlich messen lässt, belegte eine Studie der Prognos AG bereits vor zwei Jahren. Die neue Expertise „Work-Life-Balance – Motor für wirtschaftliches Wachstum und gesellschaftliche Stabilität“ bewertet nun die Effekte aus volkswirtschaftlicher Sicht:
„Durch eine Ausweitung der betrieblichen Work-Life-Balance-Maßnahmen ließe sich zusätzliches ökonomisches Wachstum erzielen, mit positiven Auswirkungen auf das Bruttoinlandsprodukt, die Binnennachfrage und den Arbeitsmarkt. In Kombination mit dem Ausbau der Kinderbetreuung und einem Elterngeld nach schwedischem Vorbild ließe sich sogar die Bevölkerungszahl stabilisieren, weil sich wieder mehr Menschen ihren Kinderwunsch erfüllen können“ (Information des BMfSFJ vom 19. 6. 2005).
Familienfreundlichkeit als Wachstumsfaktor? „Betriebliche Work-Life-Balance-Maßnahmen“ als Motor für wirtschaftliches Wachstum und gesellschaftliche Stabilität? Work-Life-Balance – der Titel eines im vorigen Jahr erschienenen Buches – sagt deutlicher, worum es geht: „Familie bringt Gewinn. Innovation durch Balance von Familie und Arbeitswelt.“
Betriebliche Work-Life-Balance Maßnahmen zielen auf eine neue Balance von Familien- und Arbeitsleben. Auf mehr Gewicht in die Waagschale Familienleben. Mehr Gewicht auf Familie zu legen, das ist „familienfreundlich“. Und volks-

wirtschaftlich effektiv. „Freundlichkeit" gegenüber der Familie zahlt sich volkswirtschaftlich aus. Und politisch: Weitet man die Freundlichkeit gegenüber der Familie aus, baut man die Fremdbetreuung der Kinder aus und erhöht die finanzielle Zuwendung an die Eltern, zeigen sich auch Lösungsansätze für das demographische Problem. Ansätze, die Balance zwischen den Generationen nicht durch Entsorgung der Alten, sondern durch bessere Versorgung der Jungen wiederherzustellen. Die „Lust auf Familie" zu fördern und dafür zu sorgen, dass sich Menschen die Lust auf Familie auch leisten können.
Wer wollte dagegensprechen? „Mehr Familienfreundlichkeit!" „Familienfreundlichkeit" für wirtschaftliches Wachstum. Wirtschaftliches Wachstum für die Verbesserung des Arbeitsmarktes. „Familienfreundlichkeit" für mehr „Lust auf Familie!" Sich die Lust auf Familie leisten können gegen die demographische Katastrophe. Wer sollte dagegensprechen – wenn nicht die Familie selbst: Die wehrt sich gegen unverbindliche Freundlichkeit. Da, wo sie eine Stimme hat, in den Familienverbänden zum Beispiel, klagt sie „Gerechtigkeit" ein. Systemübergreifend, nicht besitzergreifend. Sie fordert Entscheidungen, die in erster Linie der Familie gerecht werden, sie erhalten, stützen und fördern – die familiengerecht nicht nur zum Wohl der Familie, sondern auch zum Wohl der sie umgebenden Systeme, der Wirtschaft wie der Politik, aber auch der Bildung und der Religion, sind.

1. Mit der Familie wird gerechnet, in der Politik, der Wirtschaft, der Bildung und auch der Religion

Die Familie wird sich, je stärker sie in Bedrängnis gerät, desto mehr ihrer Stellung bewusst: Sie wird gebraucht. Von der Wirtschaft und der Politik, der Bildung und auch der Religion. Bei aller larmoyanten Klage über die Familie – nach wie vor erwartet die Gesellschaft ganz bestimmte Leistungen von der Familie und nur von der Familie. Nach wie vor wird damit gerechnet, dass die Familie die Leistungen (das zum Unwort gekürte „Humanvermögen") erbringt, von denen die moderne liberale und wertplurale Gesell-

schaft zehrt, die sie aber selbst innerhalb ihrer politischen und ökonomischen Systeme nicht hervorbringen kann.
Mit der Familie wird gerechnet. Zu Recht. In der Familie soll es möglich sein, ein eigener Mensch zu werden und zugleich eine soziale Identität auszubilden. Was den pluralitätsfähigen Staatsbürger ausmacht. Mit der Familie wird gerechnet, wenn es um Bildung geht, um die Vermittlung der von der Pisa-Studie vernachlässigten sozialen Kompetenzen geht, jener Art von Bildung, die die Alten „Herzensbildung" nannten und die mit Verstand und Gefühl, mit sich selbst und dem anderen umzugehen lehrt. In der Familie soll das Verständnis von Gemeinschaft wachsen. Familiäres Zusammenleben gilt als Ort der „Menschwerdung" des Einzelnen, als Ort primärer personaler Entwicklung, als Ernstfall christlicher Liebe. Hier soll es möglich sein, das Gelingen menschlichen Lebens zu erleichtern, Räume für Intimität, Verbindlichkeit, Zuwendung, Begegnung und natürlich Weitergabe des Glaubens zu sichern. Hier soll es möglich sein, zu erfahren, was es bedeutet, geliebt zu werden und zu lieben. Hier soll man den Umgang mit Autorität und Macht, deren Schutz und deren Bedrohung kennen lernen. Hier soll Kooperation, Solidarität und Toleranz eingeübt werden. Hier soll erfahren werden, wie es ist, bei einer Entscheidung, einem Wunsch oder einer Idee in der Minderheit zu sein, und wie es ist, damit berücksichtigt oder übergangen zu werden. Hier soll geübt werden, zu widerstehen oder neue kreative Wege zu finden, Interessen durchzusetzen. Hier soll gelernt werden, sich anzupassen oder unterzuordnen. Dem familiären Zusammenleben werden besonders günstige Voraussetzungen zugetraut für die Ausbildung dieser Fähigkeiten, die in anderen Gruppen nicht ohne weiteres herstellbar sind.
Mit der Familie wird gerechnet, wenn es um die Reproduktion geht: Die demographische Lage Deutschlands wird immer prekärer. Die entsprechenden Konsequenzen zu diskutieren ist längst nicht mehr ehrenrührig. Ohne Kinder ist kein Staat zu machen, keine Wirtschaft und auch keine Kirche. Ohne Kinder wird der Generationenvertrag brüchig, werden Renten und Pflege unbezahlbar, droht das „Methusalemkomplott" (Schirrmacher) oder der „Kampf der Gene-

rationen" (Gronemeyer). Ohne Kinder ist kein Staat zu machen. Keine Wirtschaft. Und auch keine Kirche.
Auf der einen Seite die Gewissheit, dass die funktionierende Familie die Zukunft der Gesellschaft garantiert. Auf der anderen Seite die Erfahrung, dass Familien unter den Bedingungen des Alltags tausendfach an ihrer Funktion scheitern. Auf der einen Seite zu Recht Anforderungen an die Funktion der Familie. Auf der anderen Seite ungerechte Bedingungen, unter denen die Familie ihrer Funktion nur schwer gerecht werden kann.
Gerechtigkeit für Familien – damit sie ihrer Funktion gerecht werden. Drei Fragen also. Erstens: Was ist die Funktion der Familie? Zweitens: Was hindert die Familie am Funktionieren? Drittens: Was braucht Familie gerechterweise zum Funktionieren?

2. Nur in der Familie wird die Person ganz, komplett, mit allem, was sie angeht, berücksichtigt

Die Funktion der Familie besteht heute wie früher in der „gesellschaftlichen Inklusion der Person" (Luhmann). Familie ist der Ort, an dem die Person mit allem, was sie angeht, mit allem, was sie kümmert, soziale Resonanz findet. Nirgendwo sonst ist das möglich, nirgendwo sonst kann man das erwarten. Nirgendwo sonst ist die Enttäuschung so groß, wenn sich die Erwartungen nicht erfüllen.
Familie ist das Funktionssystem der Gesellschaft, das die Funktion der Komplettberücksichtigung der Person übernimmt, sie ausbaut und stabilisiert, so beschreibt der Soziologe Peter Fuchs die Funktion der Familie und damit gleichzeitig die Leistung der Familie für die Gesellschaft. In der Familie geht es um die Berücksichtigung der ganzen Person, des ganzen Menschen, von dem die theologische Anthropologie sagt, dass er Körper ist, Geist ist und eine Seele hat. Es geht um die Berücksichtigung des Körpers und all dessen, was wir mit Körper konnotieren: Sexualität, Empfängnis, Gebären, Säugen, Nähren, Stoffwechsel, Heranwachsen, Gesundheit, Stärke, Schwäche, Krankheit, Alter, Tod. Um die Berücksichtigung des Geistes oder der

Psyche und all dessen, was wir damit konnotieren: die Lebensenergie, die Lebenslust und die Gefahr, sie zu verlieren; das Verlangen nach Verstehen und Verstandenwerden, nach Kreativität und Fantasie, nach Einsicht und Erkenntnis; das Verlangen nach Glück und nach Liebe, dessen Erfüllung und dessen Scheitern. Es geht um die Berücksichtigung der Seele: der göttlichen Kraft, die den Menschen verändert, die die Lebenswünsche und -ängste des Menschen in Relation zu Gott stellt, den Menschen lebendig und stark macht, die seine Ich-Identität ausmacht in seiner Beziehung zu Gott.

In der Familie geht es um die Komplettberücksichtigung der Person, der ganzen Person: Körper, Geist und Seele. Ein extremer Anspruch und eine extreme Belastung. Wieso sollte man sich ihr stellen? Sie aushalten – wenn nicht aus Liebe? Kühl soziologisch formuliert heißt das: Im Intimsystem Familie, das die Erweiterung des Zweier-Intimsystems eines Paares ist, muss das Kommunikationsmedium Liebe angenommen werden. Das heißt: Gegenseitige Komplettberücksichtigung funktioniert nur, wenn Liebe im Spiel ist. Man muss lieben in der Familie. Man darf nicht nicht lieben. Abneigung und Vernachlässigung, selbst Teilabneigungen und Teilvernachlässigung („Ich liebe deine Augen, aber verschone mich mit deinem geistlosen Gerede"), werden nicht toleriert. Denn: Wenn Liebe die Voraussetzung für das Funktionieren ist, führt der Mangel an Liebe zur Katastrophe. Entsprechend wirken Scheidungen in Familien: „Denk an die Kinder, was wird aus denen?" Was wird aus den Kindern, wenn in der Familie Liebe ausfällt oder ins Gegenteil verkehrt wird? Und die Familie nicht mehr funktioniert?

„Was ist Familie?" Ob nun soziologisch gesprochen wird von einem Intimsystem, das die Erweiterung des Intimsystems Paar durch Kinder ist, von der Funktion der Familie als „Komplettberücksichtigung" und von ihrem Kommunikationsmedium Liebe, ohne das die Komplettberücksichtigung nicht funktioniert – oder ob eher theologisch-ethisch gesprochen wird von der auf der Ehe aufbauenden Familie, vom gegenseitigen Dienst der Familienmitglieder, einander als ganzen Menschen, als Körper und Geist, mit einer Seele

ausgestattet zu verstehen und zum gelingenden Leben zu verhelfen, von der „Lebens- und Schicksalsgemeinschaft" Familie (CIC can 10,55), wie es das katholische Kirchenrecht formuliert, in der dieser gegenseitige Dienst „in Liebe und Solidarität" (CA 39,1) möglich ist, wie es die Sozialenzyklika Centesimus annus formuliert: Was dabei herauskommt, sozusagen die Schnittmenge, ist: In der Familie geht es um zweierlei, um Funktionalität und um Liebe. Es geht um zweierlei Logiken, um die der Funktionalität und die der Liebe. Das macht die Familie zu einem höchst komplexen Gebilde. Und zu einem höchst fragilen, denn wo es nicht möglich ist, Funktion und Liebe zu koppeln, wo die Funktion oder die Liebe unter Druck gerät, wo die Liebe oder die Funktion wegbricht, da gerät das gesamte Gebilde Familie in Not. Es kommt zur Katastrophe.
Zur Frage nach sozial gerechten Bedingungen für die funktionierende Familie: Zuerst die Frage: Was ist die Funktion der Familie? Dann die Frage: Was hindert die Familie am Funktionieren? Dann erst die Frage: Was braucht Familie gerechterweise zum Funktionieren?

3. Mit dem gesellschaftlichen Wandel ist die familiäre Funktion der „Komplettberücksichtigung" der Person zunehmend Störungen ausgesetzt

Die Familien-Katastrophen nehmen zu. Immer mehr Familien gelingt es immer häufiger nicht, die Kinder „komplett zu berücksichtigen" bzw. ihnen zu einem gelingenden Leben zu verhelfen, in allen sozialen Milieus, in allen kulturellen Milieus, in allen Phasen des Familienlebens. Immer häufiger geschieht es, dass die Liebe, vor allem die zwischen den Partnern, zerbricht oder sich ins Gegenteil verkehrt. Das Intimsystem Familie ist gestört. Woran liegt das?
Mit der Antwort ist manch einer schnell bei der Hand: „An der Individualisierung." Mit der Individualisierung habe eine Entsolidarisierung eingesetzt. Mit dem „Tanz um das goldene Selbst" (U. Beck) gehe die Auflösung moralischer Verbindlichkeiten einher, der Zerfall der Werte, die Unfähig-

keit, sich aneinander zu binden, ein mangelnder Wille, füreinander da zu sein. Die Familien scheitern heute, heißt es dort dann konsequenterweise, an der persönlichen Unfähigkeit der Mitglieder. An ihrer Unfähigkeit zur Liebe. Ihrer Unfähigkeit, sich für den anderen komplett zu interessieren. „Das war doch früher anders", heißt es dann.
„Das war doch früher anders", heißt es. Früher, als die Familie noch das System war, in dem sich das ganze Leben abspielte. Da wurde der Mensch in die Familie hineingeboren, und dort blieb er – dort lernte er, liebte und arbeitete er, dort betete er, und irgendwann starb er dort. Früher, als die Familie noch Lebens- und Wirtschaftsgemeinschaft war. Da war sie vor allem eine Arbeits- und Wirtschaftsgemeinschaft, eine „oikonomia". In der Regel ein Bauernbetrieb oder ein Handwerksbetrieb. Früher, als die Familie noch das System war, das das ganze Leben bestimmte. Da bestimmte die Familie den Stand. Hineingeboren in einen Bauernbetrieb wurde man Bauer. Man erbte den Hof oder heiratete in einen anderen ein: „Die Äcker grenzen nachbarlich zusammen – das stiftet gutes Eheband" (F. Schiller). Für persönliche Neigungen, Motive, Gefühle war (ein Umstand, der Stoff für viele Dramen lieferte) wenig Raum. Nicht der Einzelne zählte, sondern die Zwecke und Ziele der Familie und des Hofes. Früher, als das „Zu-einer-Familie-Gehören" dem einzelnen halbwegs Wohlergehen und Sozialprestige, einige Sicherheit in Not, in Krankheit und im Alter versprach. Da fesselte das Zu-einer-Familie-Gehören den Einzelnen aber auch an die Gemeinschaft auf Gedeih und Verderb. Familie war dem Einzelnen Rettungsanker und Bleigewicht, beides zugleich. Früher, als die Familie eine kulturelle, politisch-rechtliche, religiöse und wirtschaftliche Einheit war. Da gab es jenseits von Familie keine existenzielle Grundlage, außer in Kirche und Kloster. Außerhalb der Familie waren Erwachsene wie Kinder arm dran. Da war Familie nicht hinreichende, aber notwendige Bedingung für ein gutes Leben. Früher, im Europa vor der Industrialisierung.
„Das war doch früher anders", heißt es. Früher, als sich mit der beginnenden Industriegesellschaft die Familie veränderte. Da verlor sie ihre Funktion als Arbeits- und Wirt-

schaftsgemeinschaft. Arbeitswelt und Wohnwelt trennten sich. Nicht mehr die Gemeinschaftsanstrengung, die Arbeit des „ganzen Hauses", wurde entlohnt, nur noch die persönliche Anstrengung des Einzelnen im Betrieb. Die des Mannes höher als die der Frauen und Kinder. Da rückte die Person in den Vordergrund, vor die Gemeinschaft. Da lösten sich die bindenden Elemente auf; die, die Personen einst eingeengt und abgesichert hatten. Segen und Fluch zugleich. Früher, als sich ein Wandel in den Familien vollzog. Da vollzog sich in den Arbeiterfamilien das Auseinandertriften von Arbeits- und Lebenswelt langsam. Alle, auch die Kinder, mussten in der Fabrik arbeiten, weil die Familie vom niedrigen Lohn des Mannes nicht leben konnte. Da forderte die erste Sozialenzyklika, Rerum novarum (Leo XIII.) 1891, einen gerechten und angemessenen Lohn für Männer, der ausreichend sein solle, um davon samt seiner Familie gut und sicher leben zu können (RN 34). Da stemmte sich die Kirche gegen einen Zustand, der zur Kinderarbeit zwang und die Mütter zwangsmäßig zu „Doppelarbeiterinnen" machte, für die nach der Lohnarbeit in der Fabrik die zweite Schicht, die Hausarbeit, begann. Früher, als sich allmählich die Zuordnung von Lebens- und Arbeitswelt zu den Geschlechtern vollzog. Da wurde die Aufteilung in weibliche und männliche Lebenszusammenhänge zum einflussreichsten Leitbild bis heute. Während der Mann mit seiner Arbeit den Lebensunterhalt finanziell sicherstellt, richtet die Frau ihre Arbeit auf die Befriedigung elementarer physischer und psychischer Bedürfnisse der Familienmitglieder. Logische Konsequenz daraus war: Die Frau wurde abhängig vom Verdienst des Mannes. Der wiederum brauchte, um funktionsfähig und einsatzbereit zu sein, ihre alltägliche Arbeit und Versorgung. Früher, als die Familie als Raum des Privaten getrennt wurde vom Raum der Erwerbsarbeit, der Wirtschaft. Eine Trennung, die von Wirtschaft, Rechtsprechung, Bildung, Moral zementiert und abgesichert wurde. Im Europa in der Zeit der Industrialisierung.

„Das war doch früher anders", heißt es. Zugegeben: Ein Blick zurück bestätigt tatsächlich, dass die Lebensgemeinschaft Familie, vor allem die Gemeinschaft der Eltern, in

vorindustrieller Zeit und auch in der Industriegesellschaft schon einmal enger und beständiger war. Aber nicht unbedingt nur von selbstloser Liebe gekittet. Mindestens ebenso durch gemeinsame Zwecke und Ziele gestützt. So waren in der Familienform der Industriegesellschaft Männer und Frauen schon durch die Art der Arbeitsteilung aufeinander angewiesen. Nicht: „Ich putze, koche, wasche dir zuliebe", sondern: „Ich putze, koche, wasche, weil du derweil unseren Unterhalt verdienst".
„Das war doch früher anders", heißt es. Zugegeben: In Zeiten der Reinkultur dieser Familienform gab es tatsächlich weniger zerbrochene Familien, mehr Kinder, mehr Familien, denen die gegenseitige „Komplettberücksichtigung" gelang. Aber nicht, weil die Bereitschaft zur Sorge um das Wohl der Kinder größer war, die elterliche Liebe zu den Kindern größer, sondern weil klar war, was Sache der Mutter, was Sache des Vaters war, was Sache der Töchter und Sache der Söhne war. Weil klar war, wer was wie zu tun hatte. Aber: Wie immer man zu dem klassischen Modell der Rollenaufteilung in der Familie stehen mag, ob man ihm etwas abgewinnen kann oder eher nicht, seine Voraussetzungen jedenfalls sind heute nicht mehr gegeben. Diese Aufteilung der Funktionen in der Familie ist nicht mehr plausibel. Die sozial kontrollierte sittliche und rollenspezifische Reglementierung ist nicht mehr plausibel. Die Aufteilung der Funktionen in der Familie ist heute partnerschaftliche Aufgabe. Ein Mehr an Freiheit. Einerseits. Andererseits, weil Freiheit eben nie ohne Risiko zu haben ist, ein Mehr an Konfliktpotenzial: Das Zusammenspiel wird schwieriger, das Ganze labiler.
„Das war doch früher anders", heißt es. Zugegeben: Es gab Zeiten, in denen die „Komplettberücksichtigung" der Kinder durch die Eltern besser gelang. Auch die der alten Eltern durch die Kinder. In der die Inhalte und die Organisation von Erziehung und Pflege in der Familie nur selten ein Diskussionsthema waren. Schon gar keines, an dem sich Geister schieden. Es gab Zeiten, in denen man Hilfe von außen nur dann brauchte, wenn die Funktion der Familie aktuell durch Krankheit oder Tod von Personen in Frage gestellt war. In denen es kaum die „Rabenmütter" gab, die die Kin-

der in den Hort und die Ganztagsschule schickten, und kaum die „egoistischen Töchter", die ihre alten Eltern ins Heim abschoben. Aber: Nicht, weil die Liebe und das Engagement füreinander in der Familie damals größer gewesen wären. Sondern weil die Umwelt, die Politik und das Recht, die Wirtschaft und die Bildung und auch Religion und Moral in der Anerkennung der Leistung der Mütter an der „Keimzelle der Gesellschaft" unterstützend wirkten, oder wenigstens nicht irritierend.
Das Intimsystem Familie wird zunehmend gestört. Nicht nur und auch nicht hauptsächlich durch die Unfähigkeit oder den Unwillen der Menschen, sich in gegenseitiger Liebe und zum Zwecke der Fürsorge aneinander zu binden. Der fragile Zusammenhang von Funktion und Liebe bricht mindestens ebenso häufig an der Veränderung jener Bedingungen, die einst die Erfüllung der Funktion innerhalb der Familie stützten. Der fragile Zusammenhang von Funktion und Liebe bricht an gesellschaftlichen Veränderungen, die die Familie irritieren. Zunächst in ihrer Funktion. Und dass Irritationen der Funktion der Familie wiederum die Liebe in der Familie, ihre Gemeinschaft irritieren, das steht außer Frage.

4. Die familiäre Funktion der „Komplettberücksichtigung" der Person scheitert heute an den veränderten Umweltbedingungen

Familie scheitert heute an den veränderten Bedingungen, unter denen sie gelebt wird. Ein paar Streiflichter auf diese veränderten Bedingungen:
Die Zeiten, in denen für die deutsche Durchschnittsfamilie der Satz galt: Der Vater verdient die Brötchen, die Mutter bestreicht sie, in der Regel für zwei Kinder, sind vorbei. Spätestens seit Anfang der 80er Jahre ist das Verhältnis von Familie und Beruf für Frauen, wenn sie Mütter werden wollen oder sind, Thema Nummer 1. Gleich, wie sie es hält, die Mutter, ob sie sich für Familie statt Beruf entscheidet oder für Familie und Beruf – sie entscheidet sich für Probleme.

Familie statt Beruf: Diese Wahl treffen zunehmend weniger Mütter. Die Risikopotentiale, die dieses Modell enthält, sind zu hoch. Die Erwerbstätigkeit der Mütter sichert heute den Familienunterhalt. Und den eigenen Lebensunterhalt der Mütter auch. Und inzwischen sind auch die sozialen Nachteile nicht von der Hand zu weisen: Die Frau, die nicht mindestens drei Kinder im pflegeintensiven Kleinkinderalter zu versorgen hat und nicht berufstätig ist, muss damit rechnen, mindestens als organisatorisch minderbemittelt zu gelten, wenn nicht schlicht als bequem.

Familie und Beruf: Diese Wahl treffen zunehmend mehr Mütter. In der modernen deutschen Durchschnittsfamilie wird Beruf und Familie gelebt. Die Medien geben es vor: Von den Titelseiten der Illustrierten strahlen uns die neuen Supermütter entgegen, die, auf einen Stab von Hilfskräften zurückgreifend, jeden Zweifel daran, ob es tatsächlich nur eine Frage der gescheiten Organisation sei, reibungslos vom Baby zum Büro oder vom Computer zur Küche zu wechseln, im Keim ersticken. Das stereotype Bild, das die Medien zeichnen, ist das der adretten Frau in leitender Position, die direkt vom Aufsichtsrat in den Entbindungssaal wechselt. Die Bilder von der Verkäuferin, die nachts wach liegt, weil sie in Gedanken Listen erstellt, was am nächsten Tag alles zu erledigen ist, der Büroangestellten, die die Bügelwäsche stets am Sonntagnachmittag erledigt, der allein erziehenden Krankenschwester, die nach einer Nachtschicht nach Hause kommt und die Pausenbrote für die Kinder richtet, der Putzfrau, die spät abends nach Hause kommt und sicher nicht vom gutgelaunten Ehemann samt Kind mit einem Maggifix-Gericht empfangen wird – die kommen nicht vor.

Die Durchschnittsfrau des beginnenden 3. Jahrtausends, die sich für Kinder entscheidet oder sie eben bekommt, passt nicht ins Lifestyle-Magazin. Die übt zwischen Familie und Beruf den Spagat: Wo versucht wird, beide Lebensbereiche, Beruf und Familie, miteinander zu verbinden, da hat der Alltag – das erfahren die meisten von uns am eigenen Leib – meist mehr mit Krisenmanagement zu tun als mit einem ausgeglichenen Zustand von Leben, Lieben und Arbeiten.

Woran scheitert Familienleben? An den Frauen? Es geht um die Frauen: Denn während Frauen sich an beiden Lebensbereichen, Familie und Beruf, orientieren, orientieren sich Männer auch als Väter weiterhin einseitig auf den Beruf hin. Es muss ihn geben, den „neuen familienorientierten Mann". Nicht nur die Medien sprechen davon. Eine Männerstudie aus dem kirchlichen Raum sagte 1999, es gebe ihn, den neuen, familienorientierten Mann: Der wünsche sich eine gleichmäßige Verteilung der Familienarbeit auf beide Partner. Wolle auch selbst Erziehungsurlaub nehmen, während seine Frau erwerbstätig ist. Allerdings: Dieser Männertyp ist, wie auch immer das zusammengeht, in der Regel nicht kirchlich gebunden. Und er ist rar. Nur 19 % der Männer gehören dazu. Und davon sind 70 % unter 46 Jahre. Das hat – abgesehen davon, dass, wie eine neuere Studie aus dem Jahr 2002 erforscht hat, die neue Frau den „neuen Mann" zumindest gewöhnungsbedürftig findet – Gründe, die von außen kommen. Finanzielle Gründe: Der Familienvater hat als Mann in der Regel nach wie vor das höhere Einkommen. Spätestens nach der Geburt des zweiten Kindes ist entsprechend er es, der den Lebensunterhalt verdient. Sie ist „nebenher" erwerbstätig, sozusagen als „Cappuccinoworkerin", um sich das Sahnehäubchen dazuzuverdienen; in Marokko nennt man es „Lippenstiftgeld". Soziale Gründe: Die Abwertung der Familien-Arbeit, die negative Resonanz aus dem sozialen Umfeld, die entsprechenden Probleme im Beruf – das alles trifft Männer noch stärker als Frauen. Wer sich statt auf dem Bau in Küche und Kinderzimmer abschuftet, gilt nach wie vor als „Pantoffelheld".

Woran scheitert Familienleben? An der Unfähigkeit oder dem Unwillen der Eltern, Familie und Beruf unter einen Hut zu bringen? Ein Problem, das, wenn auch auf unterschiedlichem Niveau, vermutlich jede (und jeder), der die Verknüpfung von Familie und Beruf versucht, kennt: Ein alltäglicher Balanceakt erwartet sie (oder ihn): Der Alltag zwischen Familie und Beruf muss ausgehandelt werden, geplant werden. In eigener Regie hergestellt werden. Unter größtem physischem und psychischem Aufwand: Wer muss wann wo wie lange sein? Wer übernimmt welche Aufgaben

und wie lange? Meine, deine, unsere Zeit wird zum Thema. Wer hat wann frei? Gelingt diese Abstimmungsleistungen nicht, dann steht die Familiengemeinschaft vor dem Auseinanderbrechen, die Funktion der Familie auf der Kippe. Aber diese Abstimmung wird immer schwieriger. Denn die einzelnen gesellschaftlichen Teilbereiche Familie und Beruf folgen je eigenen Gesetzmäßigkeiten und Regeln, eigenen Logiken, die nicht nur untereinander verschieden sind, sondern sich nicht selten auch widersprechen.
Die Verknüpfung der Familie mit der Wirtschaft bereitet zunehmend größere Probleme: Oberstes Ziel der Wirtschaft ist Gewinn. Entsprechend organisiert ist der Arbeitsmarkt. Für den Einzelnen, der seine Arbeitskraft auf dem Arbeitsmarkt zur Verfügung stellen will oder muss, ergeben sich daraus bestimmte Anforderungsprofile: Mobil, effizient und flexibel soll er sein. Jederzeit soll ihm überall, alles, immer und sofort zu leisten möglich sein.
Die Wirtschaft braucht den mobilen Menschen. Nesthocker bleiben chancenlos. Die surfende Lebenseinstellung ist gefragt. „Heute hier, morgen dort, bin kaum hier, muss ich fort." Wer nicht mithält, verliert. Im schlimmsten Fall seinen Arbeitsplatz. Wie werden Mütter und Väter dem Beruf und der Familie gerecht?
Die Wirtschaft braucht den effizienten Menschen. Effizienz und Leistung werden zum Maßstab für das Leben der Eltern. Und für das Leben der Kinder. „Wir wollen doch nur ihr Bestes", sagen wir und passen sie den Maßstäben an: Aus dem Kind muss rausgeholt werden, was rauszuholen ist. Das Regime Kinderarbeit wird durch das lückenlose Schulregime ersetzt, das sich mehr und mehr einem Totalanspruch von 3 bis 18 und von morgens bis abends entwickelt. Kindergärten und Schulen werden zu schnellen Brütern für die Wirtschaft. Um jeden Preis. Statt Kinder möglichst früh an Webstühle zu setzen oder sie Kohle aus staubigen Bergwerkgängen kratzen zu lassen, wird überlegt, wie man sie möglichst früh, möglichst schnell, möglichst erfolgreich zum Schulabschluss bekommt. Wie man sie möglichst früh und möglichst effizient auf den Moment der Arbeitsaufnahme vorbereitet. Je eher Hänschen zum Hans wird, desto besser. Die erregten Diskussionen über die

Pisastudie und über unser Bildungssystem, über Zukunftsqualifikationen und Zukunftssicherung sprechen davon. Wer nicht mithält, verliert. Wie sind in der Familie gerechte Zukunftschancen unserer Kinder zu sichern?

Die Wirtschaft braucht den flexiblen Menschen. Flexibilität ist zum Zauberwort geworden. Die Zeiten, als sich das Leben, auch das Arbeitsleben, an die Natur anschmiegte, als der Rhythmus von Sonne und Mond, von Hell und Dunkel, der Rhythmus der Jahres- und Tageszeiten, der Rhythmus der Woche Arbeit und Ruhe bestimmten – die sind vorbei. Jedem ist jederzeit, alles, immer und sofort möglich. Nicht alles zu seiner Zeit, sondern alles zu jeder Zeit. Mit der Zeit hat sich unser Leben verändert. Wir genießen die Vorteile: Auf den ersten Blick: Flexibilität hat ökonomischen Nutzen und kann – richtet sie sich tatsächlich nach unseren Bedürfnissen – auch unseren Beziehungen gut tun. Ein zweiter Blick ernüchtert: Die Flexibilität hat „Nebenfolgen". Wenn alles immer und überall und zu jeder Zeit möglich ist, dann sind wir gezwungen, zu entscheiden, was wir wo wann tun oder nicht tun. Nichts steht mehr fest. Zeit zum Essen, Zeit zum Arbeiten, Zeit zum Beten, Zeit zum Ruhen – sie muss gesucht und verteidigt werden. Wer heute mit gutem Gewissen zu Bett geht, der braucht ein Motiv.

Alles ist immer und zu jeder Zeit möglich. Arbeit und Ruhe, Arbeitszeit und Freizeit – alles ist zu jeder Zeit möglich. Jeder zu einer anderen Zeit. Aber wie gemeinsam? Eigene freie Zeit braucht die freie Zeit der anderen. Nur gesellschaftlich gesicherte freie Zeit ermöglicht gemeinsame Zeit. Aber die schwindet. Nach dem Abend, nach der Nacht, nach dem Samstag bald auch der Sonntag.

Für die Familien hat das „alles zu jeder Zeit" fatale Folgen: Familien kommen nicht aus ohne Zeitmuster, die mittel- und langfristigen Regeln folgen. Die davon entlasten, Zeit immer wieder zum Thema zu machen. Wo dem Zeit-Druck nichts mehr entgegengehalten werden kann, sind die Kinder und die Jugendlichen die Leidtragenden. Gerade auch die Jugendlichen. In die Frage der Fremdbetreuung von Babys und Kleinkindern wird viel Energie investiert: Welche Auswirkungen hat diese oder jene Form der Betreuung? Wann ist es zuviel? Seltener wird danach gefragt, was älte-

re Kinder brauchen und ob sie genug davon bekommen. Unter zuwenig gemeinsamer Zeit leiden aber vielleicht vor allem die älteren Kinder, die von der Fremdbetreuung – die so genannte „Ganztagsschule“ hilft da nicht viel weiter – ihres Alters wegen nicht mehr profitieren. Die sich schwerer tun mit dem Nachholen der über Tag vermissten Aufmerksamkeit. Kleinkinder kommen meist auch spät abends und nachts noch zu der nötigen Aufmerksamkeit der Eltern. Aber welcher Teenager taucht mitten in der Nacht am Bett der Mutter auf, um vermisste gemeinsame Zeit nachzuholen? Die Hoffnung vieler zerstreuter Eltern, der Mangel an gemeinsamer Zeit könne ausgeglichen werden durch eine kurze, aber sehr intensiv erlebte Zeit (dahinter scheint so etwas wie eine effizientere Planung, eine Produktivitätssteigerung am Arbeitsplatz Erziehung zu stehen) scheitert gerade an den Bedürfnissen der älteren Kinder. Sie brauchen lebensbegleitende Aufmerksamkeit. Wie ist Heranwachsenden eine ihren Bedürfnissen gerechte Umgebung zu verschaffen?
Die familiäre Funktion der „Komplettberücksichtigung“ der Person scheitert zunehmend an den veränderten Umweltbedingungen. An gesellschaftlichen Strukturen, die einst das Funktionieren unterstützten, familiengerecht waren, die zunehmend aber die Familie am Funktionieren hindern. An Strukturen, die dem sozialen Wandel von Familie zu einem ausdifferenzierten eigenen System, das sich peu à peu abgegrenzt hat gegenüber den anderen gesellschaftlichen Systemen, Wirtschaft, Politik, Bildung und auch Religion, nicht mehr gerecht werden. Die sozialethische Frage nach Familiengerechtigkeit ist die Frage nach gesellschaftlichen Strukturen, die die Familie in ihrer Funktion und ihrem gesellschaftlichen Auftrag, die Personen komplett zu berücksichtigen, im Wandel der Gesellschaft und ihrer Systeme unterstützen.
Familiengerechtigkeit: Zuerst die Frage: Was ist Familie? Was ist ihre Funktion? Dann die Frage: Woran scheitert sie? Was hindert sie in ihrer Funktion? Dann die Frage: Was braucht es, damit Familie funktioniert? Was wird ihr gerecht? Was ist familiengerecht?

5. Sozial gerechte Rahmenbedingungen für das Funktionieren von Familie

Das Intimsystem ist ein System unter vielen. Für das intime Zusammenleben von Personen, der Partner, der Eltern, der Kinder, der Eltern und der Kinder, ist es von zentraler Bedeutung, wie die übrigen gesellschaftlichen Systeme auf es einwirken, okkupierend, ignorierend oder unterstützend. Die sozialethische Frage nach Familiengerechtigkeit ist die Frage nach der (neuen) Relation der Systeme zueinander: Welche Relation besteht zwischen Familie hier – Wirtschaft, Politik, Bildung und Religion dort? Ist sie förderlich? Wird sie der Familie gerecht?

Seit in Westeuropa mit der Entwicklung des Sozialstaates ein neues Stadium in der Sozialgeschichte begonnen hat, gibt es kontinuierliche Versuche, der gewandelten sozialen Situation der Familie gerecht zu werden. Seither werden immer wieder soziale Strategien entwickelt, die geeignet scheinen, Familien zu stärken und zu schützen. Unterstützende soziale Strukturen werden eingeführt, um die Härten der Logik des Wirtschaftssystems abzupuffern. Kollektive Sicherungs- und Unterstützungsleistungen wirken verstärkt gegen die wirtschaftliche Not von Familien. Arbeitsorganisatorische Regelungen werden getroffen, die es Eltern, vor allem Müttern, ermöglichen sollen, sowohl am Wirtschaftssystem als auch am Intimsystem zu partizipieren, Berufs- und Familienleben zu vereinbaren. Strukturen werden verstärkt, die die Bildung außerhalb der Familie sicherstellen, die die Fürsorge und Pflege alter und kranker Menschen zunehmend auch außerhalb der Familie ermöglichen. Organisationen werden ausgebaut, in denen Kinder zunehmend außerhalb der Familie betreut und auch erzogen werden.

Schrittweise werden Sicherungsleistungen eingeführt, die bei Ausfall oder Teilausfall familiärer Funktionen die Übernahme existenznotwendiger „Berücksichtigung" der Personen garantieren. Die Bindung der materiellen Sicherheit an die Familie lockert sich. Die Bindung der Erziehung und Bildung an die Familie lockert sich, die der religiösen und moralischen auch. Die Bindung der Fürsorge und Pflege an die Familie lockert sich. Die Bindung der kompletten Berücksichtigung der Personen, des Wohlergehens der Personen an die Familie lockert sich. Personengerechte Strategien – wenn man zum Beispiel davon ausgeht, dass es besser für die Großmutter sei, sie im Seniorenstift „Belvedere" der professionellen Pflege anzuvertrauen als zu Hause der gestressten Schwiegertochter. Wenn man davon ausgeht, dass es besser für die Kinder sei, tagsüber der professionellen Erziehung anvertraut zu werden als zu Hause Eltern, die ständig zwischen den Anforderungen des Chefs und denen der Kinder zerrieben werden. Und dass es unumgänglich für das Recht der beteiligten Personen auf Teilnahme und Teilhabe am gesellschaftlichen Wohlstand sei, materielle Unterstützungen aus allen möglichen Töpfen des Sozialstaates zu empfangen. Strategien, die nicht personengerecht sind, wenn man davon ausgeht, dass Kinder und Eltern, die Jungen und die Alten, das Bedürfnis nach Intimleben haben. Und ein Recht darauf, dass alles getan wird, um dieses Bedürfnis zu erfüllen. Dass Personen, die jungen und die alten, einen Raum brauchen, der die Berücksichtigung ihrer körperlichen, geistigen und seelischen Bedürfnisse verspricht – ohne Gegenleistung, aus Liebe. Und dass sie ein Recht darauf haben, dass alles zur Verfügung gestellt wird, was nötig ist, diesen Raum selbstständig herzustellen und ihn zu erhalten.

Personengerechte Strategien, das heißt: Frauen, Männer, Kinder sind als Personen zu sehen, die im Umfeld unterschiedlicher Systeme leben, aber eben notwendig auch im Umfeld des Intimsystems, das sie in Liebe geborgen halten kann.

Schrittweise werden Ersatzleistungen eingeführt, die einen Teil oder mehrere Teile der familiären Funktion auslagern. Familie„unterstützende" Strategien, die Teile der Komplettberücksichtigung der Person auf fremde Systeme übertragen. Fremde Systeme übernehmen Teilfunktionen des Intimsystems. Systemgerechte Strategien? Nicht, wenn man davon ausgeht, dass die Familie das System ist, das als einziges in der Lage ist, die Person komplett, mit allem, was ihr körperlich, geistig und seelisch zukommt, zu berücksichtigen. Die Familie wird in ihrer Funktion und der entsprechend gesellschaftlich notwendigen Leistung beschnitten, ohne dass eine Alternative zur Verfügung stünde, die diese Funktion und diese Leistung übernehmen würde.

Systemgerechte Strategien, das heißt: Das System Familie ist im Blick zu halten – als ein System, als ein eigenständiges Ganzes. Mit einer eigenen besonderen Funktion. Mit einer eigenen Logik, die beibehalten werden muss. Logik und Funktion von Familie müssen gegen Versuche von außen, sie zu biegen, bewahrt werden. Die Funktion der Familie, die Entscheidung darüber, wie sie erfüllt wird, muss in der Familie bleiben. Sie darf ihr nicht genommen werden. Die Katholische Soziallehre beschreibt das immer schon mit dem Prinzip der Subsidiarität (Quadragesimo anno 79). Gegen das andere gesellschaftliche Bereiche nicht verstoßen können, ohne die Operationsfähigkeit der kleineren Einheit Familie zu zerstören. Die Systemtheorie beschreibt es mit der autopoietischen Geschlossenheit der Systeme.

Katholische Soziallehre und Systemtheorie sprechen dafür, nicht nur die Personen innerhalb der Familie zu stützen und vor dem Schlimmsten zu bewahren. Sie sprechen dafür, die „Zelle" Familie bzw. das „System" Familie in ihrer bzw. in seiner Eigenart, der eigenen Logik und Funktion und damit auch der gesellschaftlichen Leistung zu stärken und zu unterstützen. Das ist das sozial gerechte Ziel: Die familiäre Funktion der Komplettberücksichtigung der Person, zu der es Liebe braucht, zu ermöglichen und zu fördern. Auf welchem Weg ist entsprechende soziale Gerechtigkeit für Familie zu erreichen? In welche Richtung können entsprechende Strategien gehen?

Jedenfalls greifen entsprechende Strategien strukturell und personell, durch Prävention und Intervention. Sie beziehen sich auf die Personen, die die Funktion des Systems kompetent tragen können oder eben nicht. Sie beziehen sich auf die soziale Struktur, in der das Familiensystem funktionieren kann oder eben nicht. Sie setzen auf Prävention, darauf, dass Personen in die Lage versetzt werden müssen, kompetent zu agieren, Kompetenzen erlernen können müssen. Und auf Strukturen, die die Risiken, dass das Familiensystem von anderen Systemen okkupiert wird, vermin-

dern und die Chance, dass es zu familiengünstigen Kopplungen kommt, zum Beispiel mit den Systemen Wirtschaft und Politik, vermehrt. Sie setzen auf Intervention, darauf, dass dort, wo Personen nicht in der Lage sind, die Funktion von Familie kompetent zu tragen, verlässlich mit Hilfe zu rechnen ist. Und darauf, dass sich dort, wo das Intimsystem allein nicht in seiner Logik funktionieren kann, verlässliche Kopplung an andere Systeme, z. B. an das der Sozialen Arbeit oder der Religion, bietet.
Jedenfalls steht im Mittelpunkt eine gerechte Wertung der Leistung, die die Gesellschaft von Familie zu Recht erwartet. Eine Familie in Funktion zu halten erfordert Kompetenz. „Ich arbeite zurzeit nicht", sagt die Mutter dreier Kinder. Sie hat Erziehungs-„Urlaub". Hinter dieser Nicht-Arbeit, dem „Urlaub", steckt eine Tätigkeit, die in Bezug auf Anforderung, Belastung und Kommunikationsfähigkeit mit einem Beruf als anerkannte Tätigkeit durchaus zu vergleichen ist. Wie jedes soziale System, zum Beispiel die Wirtschaft, die Pflege, die Soziale Arbeit, Kompetenzen generiert, die dafür stehen, dass das System funktioniert, dass die funktionsgerechte Leistung erbracht wird, generiert auch das Intimsystem Kompetenzen, die die Funktion der Komplettberücksichtigung der Person erst garantieren. Für die Familienfrau ist es selbstverständlich, schwarze Jeans nicht mit weißen T-Shirts zusammen zu waschen, eine minimale Menge phosphatfreien, bleichmittelfreien Waschmittels dazu zu benutzen, Frischmilch im Sommer keine drei Stunden im Auto liegen zu lassen, die ungefähren Preise gängiger Lebensmittel im Kopf zu haben, den Stand des Familienbudgets erst recht, sich mit Nährstoff- und Vitamingehalt der gängigen Lebensmittel auszukennen und auch mit der entsprechend schonenden Zubereitung, Maßnahmen und Mittel gegen Erkältung, Mageninfektion oder Windpocken bereit zu haben, Kindergeburtstage auszurichten, die Termine aller Familienangehöriger so abzustimmen, dass es zu möglichst wenigen Überschneidungen kommt, bei eigener Abwesenheit für Vertretung zu sorgen, eine Babysitterin aus dem Boden zu stampfen, die auf das jüngste Kind achtet, während das ältere zum Arzt begleitet wird, weil es gerade vom Fahrrad gestürzt ist [...] Niemand würde

bestreiten, dass solche Tätigkeit Kompetenz fordert. Allerdings gibt es bisher kaum eine Möglichkeit, dieses zu erlernen. Von den Personen, die familiäre Leistungen erbringen, erwartet man, dass sie die Kompetenz dazu intuitiv besitzen. Wo Eltern oder Großeltern nicht in der Lage sind, solche Kompetenzen zu vermitteln, wo nicht in der Herkunftsfamilie zur Komplettberücksichtigung in all ihren Facetten angeleitet wird, wo nicht die Möglichkeit des „learning by doing" besteht, da verschwindet sie zunehmend. Die Klage über die jungen Eltern, die wohl willens, aber nicht in der Lage sind, eine Familie zu führen, wird häufiger und lauter. Es fehlen Strukturen, in denen die Kompetenz zur Komplettberücksichtigung der Person erworben werden kann.

Eine Familie „in Funktion" zu halten ist wie das In-Funktion-Halten anderer Systeme, zum Beispiel der Wirtschaft, der Pflege, der Sozialen Arbeit, eine kompetente Leistung, die als sozial unersetzlich und gemeinwohlrelevant erkannt wird. Allerdings erwartet man von den Personen, die diese Leistung erbringen, dass sie es unentgeltlich tun. Was nicht zuletzt an der Doppelstruktur der Familie von Funktion und Liebe liegt. Die Doppelstruktur von Funktion und Liebe ist es, die irritiert: Was ist Funktion, was ist Liebe? Funktion ist berechenbar. Liebe ist unberechenbar. Wie ist beidem gerecht zu werden? Am besten immateriell, sagen die einen. Alles andere würde die Liebe pervertieren. Das ist ungerecht der Funktion gegenüber, sagen die anderen. Die Funktion ist Leistung, Arbeit – die kann und muss materiell honoriert werden.

Dass die Doppelstruktur von Liebe und Funktion immer schon zu Problemen führte, wenn es um die Wertung und materielle Bewertung systemspezifischer Leistung ging, zeigt ein Blick auf die mühsame Entwicklung des Leistungsentgelts in Systemen wie dem der Sozialen Arbeit oder dem der Pflege, für die die ursprüngliche Verbindung von Funktion und christlicher Nächstenliebe typisch ist. Lange Zeit galt die Leistung in diesen Systemen ebenfalls als unbezahlbar. Lange Zeit galt sie nicht als Beruf, und bis heute tut man sich schwer, sie als „Profession" zu bezeichnen. Es mag mühsam sein, aber es ist möglich, eine gesellschaftlich unverzichtbare Arbeit, die in der Familie aufgewendet wird für Kinder, Kranke und Alte und die nicht nur denen zugute kommt, die auf diese Fürsorge angewiesen sind, sondern auch der Gesellschaft als Ganzem, gerecht zu werten. Es ist möglich, Personen instand zu setzen, diese Arbeit kompetent zu leisten. Und es ist auch möglich, diese Personen statt hier und da freundlich zu sponsern, gerecht zu entlohnen – was nicht zuletzt auch zur Motivation beiträgt, sich die für die Familienarbeit nötigen Kompetenzen anzueignen.

Man stelle sich vor, die Leistung in der Familie würde als Beruf anerkannt. Als Arbeit, die regulär ist in jeder Hinsicht. Die beschrieben werden kann bezüglich der Tätigkeit, die verrichtet wird, bezüglich der Qualifikationen, die es zur Verrichtung dieser Tätigkeit braucht, der Ressourcen, deren es bedarf, des zeitlichen Umfangs der Tätigkeit und einer leistungsgerechten Bezahlung, Steuer, Versicherungspflicht usw. Man stelle sich vor, zu den Lebens- und Arbeitsmodellen „Familie statt Beruf" und „Familie und Beruf" gesellte sich ein drittes Modell: „Familie als Beruf". Eine Familienarbeit, die von Eltern, von Müttern und Vätern oder von einer dritten kompetenten Person sozusagen als „Kernprofession" des Intimsystems geleistet wird. Man stelle sich vor, die bei der Erziehungs- und Pflegearbeit in der Familie erworbene Kompetenz würde als „berufliche" Kompetenz durch entsprechende Aus- und Fortbildung vermittelt, vertieft – und nachweisbar gemacht. Nicht verpflichtend für eine jede und einen jeden, der Familie gründen will, aber für einen jeden oder eine jede, die einen solchen Lohn für die Familienleistung in Anspruch nehmen will. Man stelle sich vor, dass dann, wenn in der Familie Teilfunktion zeitweise oder auf Dauer nicht abgedeckt werden können, Leistungen nicht erbracht werden können, in der Erziehung der Kinder zum Beispiel oder bei Problemen in der Partnerschaft, die verantwortlichen Personen selbst einen Auftrag zur entsprechenden Ergänzung an Professionen anderer Systeme, z. B. an die Soziale Arbeit, vergeben und tragen würden.

Dass eine solche Vorstellung finanzierbar ist, ist längst in entsprechenden Studien erwiesen worden. Der Philosoph Schopenhauer, den man im Zusammenhang mit dem Thema Familienarbeit wegen seiner beinahe chauvinistischen Äußerungen zur Aufgabe von Frauen vielleicht hier lieber nicht zitieren sollte, hat einmal gesagt: Neue Gedanken und neue Wahrheiten setzen sich in drei Stufen durch. Zunächst werden sie belächelt, dann werden sie heftig bekämpft. Schließlich werden sie als Selbstverständlichkeit angenommen. Der Versuch einer gerechten Wertung der Leistung in der Familie scheint im Augenblick auf Stufe 2 festzuhängen. Er ist in die politische Diskussion geraten. Die Hoffnung, dass wenigstens ein Teil unbeschadet – und ohne durch den notwendigen Diskurs den gesellschaftlichen Frieden fahrlässig zu gefährden – die dritte Stufe, die der Selbstverständlichkeit, erreicht, bleibt.

Weiterführende Literatur:

Döge, Peter / Volz, Rainer, Wollen Frauen den neuen Mann? Traditionelle Geschlechterbilder als Blockaden von Geschlechterpolitik, St. Augustin 2002.

Franks, Susanne, Das Märchen von der Gleichheit. Frauen, Männer und die Zukunft der Arbeit, Stuttgart 1999.

Fuchs, Peter, Liebe, Sex und solche Sachen. Zur Konstruktion moderner Intimsysteme, Konstanz 1999.

Huinik, Johannes / Strohmeier, Klaus-Peter / Wagner, Michael (Hg.), Solidarität in Partnerschaft und Familie. Zum Stand familiensoziologischer Theoriebildung, Würzburg 2001.

Jans, Bernhard / Habisch, André u. a. (Hg.), Familienwissenschaftliche und familienpolitische Signale, Grafschaft 2000.

Jünemann, Elisabeth / Ludwig, Hans (Hg.), Vollbeschäftigung ist möglich! Makroökonomische Simulation der Wirkung eines zusätzlichen Erziehungseinkommens, Merzig 2002.

Köpf, Peter / Provelegios, Alexander, Wir wollen doch nur ihr Bestes, Hamburg 2002.

Krebs, Angelika, Arbeit und Liebe. Die philosophischen Grundlagen sozialer Gerechtigkeit, Frankfurt 2002.

Nacke, Bernhard / Jünemann, Elisabeth (Hg.), Der Familie und uns zuliebe. Für einen Perspektivenwechsel in der Familienpolitik, Mainz 2005.

Schmidt, Renate, S.O.S. Familie, Berlin 2002.

Schmidt, Renate / Mohn, Liz (Hg.), Familie bringt Gewinn. Innovation durch Balance von Familie und Arbeitswelt, Gütersloh 2004.

Zulehner, Paul Michael / Volz, Rainer, Männer im Aufbruch. Wie Deutschlands Männer sich selbst und wie Frauen sie sehen, Stuttgart 1999.

Elisabeth Jünemann

Soziale Gerechtigkeit am Arbeitsplatz Kirche

Eine Revision im Interesse der Katholischen Soziallehre

Eine Revision im Auftrag der Katholischen Soziallehre. Es geht um eine Revision. Also um etwas eher Unangenehmes. Jedenfalls auf den ersten Blick. „Re-vision!" Wörtlich: Rück-Blick. Kritischer Rück-Blick. Oder: Nachprüfung. Auch: Änderung. Zum Beispiel einer Ansicht. „Re-vision!" enthält: Vision. Eine Vorstellung. Es gibt eine Vorstellung, wie es sein könnte. Sein sollte. Wie es gut wäre. Und gerecht. Eine Vorstellung, die als Orientierung dient. Oder als Messlatte. Ein Volk ohne Visionen, sagt das Buch der Sprüche, verwildere (29,18). „Re-vision!" Betriebswirtschaftlich: Kontrolle. Qualitätskontrolle. Kontrolle von Wirtschaftlichkeit. Von Rentabilität. Und Effektivität. Vielfach bei der Aufnahme von Beteiligungen oder großen Krediten. Als „Innenrevision": Die Kriterien stellen wir selbst. Als „Außenrevision": Die Kriterien stellen andere.

Es geht um eine Revision am Arbeitsplatz. Um einen kritischen Blick auf den Arbeitsplatz. Um Überprüfung dessen, was da geschieht. Es geht um die Qualität. Das ist nichts Neues. Wen beschäftigt sie nicht, die Qualität am Arbeitsplatz? Welche Qualität? Die Qualität, die sich an einer Vision misst. An einer Vorstellung vom guten Leben. Einer Vorstellung vom gerechten Zusammenleben. Eine Qualitätskontrolle, die sich orientiert am Ziel, an jedem Arbeitsplatz ein Mehr an gutem Leben unter gerechten Bedingungen für einen jeden und eine jede zu erwirken. Die Qualität, die aus wirtschaftlicher Perspektive gemessen wird. Ja, das auch. Ein ökonomischer Begriff von Qualität hat sich an jedem Arbeitsplatz längst etabliert. Und entsprechende Qualitätskontrollen auch, allüberall. Gerade auch am Arbeitsplatz Kirche: Im Krankenhaus St. Elisabeth, im Kindergarten Arche Noah, in der Pfarrgemeinde und in der

Tagestätte der Caritas, im Zentrum für psychisch Kranke, im kirchlichen Bildungshaus, im Johannes-Gymnasium und in der Katholischen Fachhochschule.
Es geht um Qualitätskontrollen. In wessen Interesse? Im Interesse derer, die hinter den Leistungen stehen, die sie tragen: der Kirche und der Organisationen, die von ihr getragen werden. Ihrer Vision wegen. Und: Im Interesse derer, die der Leistungen bedürfen; der „Kunden" oder der „Konsumenten", wie man sie nennt, die Klienten und Patienten, Schüler und Studenten zum Beispiel. Im Interesse ihrer Zufriedenheit. Das ist notwendig, wenn es stimmt, was über den Multiplikatoreneffekt unzufriedener Kunden erforscht wurde: Neun bis fünfzehn weitere Personen erfahren von seiner Unzufriedenheit. Und früher oder später auch die Leistungsfinanzierer. Deshalb auch Qualitätskontrollen im Interesse derer, die die Leistungen finanzieren. Qualitätskontrollen im Interesse des Bundes und der Länder, der Spender und der Mitglieder zum Beispiel – der externen und der internen Leistungsfinanzierer.
Es geht um Qualitätskontrolle. Was wird kontrolliert? Kontrolliert wird die Qualität der Arbeit, der Profession. Und: Kontrolliert wird der Träger der Profession, die Organisation: „Profession und Organisation – was leisten sie?" Debattiert wird über den Leistungserstellungsprozess. Und über das Leistungsprodukt. Werden hier gute Dienste geleistet? Fachlich kompetent und marktfähig? (Wirtschaftlich) effektiv und (christlich) human? Zukunftsfähig? Revision der Profession und Revision der Organisation. Das ist eine Bringschuld, ohne Zweifel. Gegenüber den Trägern, gegenüber den Adressaten.
Eine Szene aus einem Seminar im Wintersemester: Es geht um Leitbilder kirchlicher Einrichtungen. Was sie beschreiben, woran sie sich orientieren. Zwei Studentinnen haben eine katholische Kindertagesstätte besucht, deren K-spezifisches Arbeiten untersucht. Sie beginnen mit der Präsentation der Ergebnisse, indem sie die Ausschreibung dieser Organisation für eine Leiterinnenstelle vorstellen. Daneben die für eine vergleichbare Stelle bei einer vom westfälischen Landschaftsverband getragenen Tagesstätte. Ihre Eingangsfrage: 1. Wem würdet ihr eure Kinder anvertrau-

en? 2. Frage: Welche Stelle würdet ihr gerne annehmen? 28 von 30 Teilnehmerinnen wollten ihre Kinder in die kirchliche Organisation schicken. 21 von 30 würden auch da arbeiten wollen. Es folgte eine gut recherchierte Beschreibung der professionellen Arbeit beider Tagesstätten. Danach erneut die Frage: Wo würdet ihr eure Kinder hinschicken? Wo wollt ihr arbeiten? Die Beschreibung zeigte Folgen. Ein anderes Ergebnis: Immer noch würden 28 von 30 ihre Kinder zur kirchlichen Organisation schicken. Aber nur noch 9 (statt 21) von 30 wollen dort arbeiten. Grund und Anlass zur Diskussion: Was heißt es denn, dass es bei der Arbeit im Sinne des „K" immer um den Menschen geht? Um den Menschen, der Geschöpf Gottes ist, von Gott kommt und einst wieder bei Gott sein wird? Und der sein Lebtag – geistig und leiblich, psychisch und sozial bedürftig – auf dem Weg zu dieser Vollendung bei Gott ist? Was bedeutet es denn, eine im Bund Gottes mit den Menschen gründende helfende und heil(ig)ende Beziehung herzustellen? Für den Klienten? Wie wird auf den Menschen, auf seine Bedürfnisse und Bedürftigkeiten, eingegangen? Das vor allem. Aber auch: Welche Auswirkungen hat das „K" auf die, die dort arbeiten? „Wir sind ja auch Geschöpfe Gottes, mit seelischen und leiblichen Bedürfnissen [...]", kommentiert eine Studentin.

Es geht um Qualitätskontrolle. Um eine Revision der Profession und eine Revision der Organisation im Interesse der Kunden und Klienten, im Interesse des Trägers und der Leistungsfinanzierer – aber, wenn es nach denen geht, die in Zukunft ihrer Profession in Organisationen der Kirche nachgehen wollen (oder eben nicht), auch im Interesse derer, die die Leistungen erbringen und zur Verfügung stellen: der professionellen Mitarbeiter. „Wird hier gut gearbeitet?" Und: „Lässt es sich hier gut arbeiten?" – „Herrscht Gerechtigkeit in einer Organisation, in der die Religion bzw. die Konfession eine wesentliche Rolle spielt?" Es geht um die Revision eines Arbeitsplatzes in der Kirche, eines Arbeitsplatzes einer Organisation, die der Religion verpflichtet ist. Eine Revision im Sinne der Religion, das heißt, die Frage danach, wer denn die Vision für die Re-Vision am Arbeitsplatz Kirche liefere, wer denn die Kriterien stelle, nach

denen zu überprüfen wäre, ist leicht beantwortet: die Katholische Soziallehre. Die Katholische Soziallehre stellt die Vision für die Revision. Die Katholische Soziallehre, die seit mehr als hundert Jahren ihr Interesse an sozial gerechten Verhältnissen für eine jede und einen jeden zeigt. Die Katholische Soziallehre, die ihr Verständnis von sozialer Gerechtigkeit vor dem Hintergrund der christlichen Offenbarung und der Tradition formuliert.
Soziale Gerechtigkeit – eine Revision am Arbeitsplatz Kirche. Da geht es erstens um die Profession. Und zweitens eben selbstverständlich auch um die Person, die sie ausübt. Drittens geht es um die Organisation, in der die Person ihre Profession ausübt. Und viertens eben selbstverständlich auch um die Religion (oder die Konfession), die hinter der Organisation steht. Als eine Art „Franchisegeber" (so würde man es bei McDonald's nennen). Sie stellt nicht nur die Marke, sie liefert auch Ideen und Inhalte zur ständigen Aktualisierung. Profession, Person, Organisation, Religion – das werden die Stichwörter sein. Religion – denn sie bestimmt den Auftrag zur Arbeit und die Art der Ausführung; sie macht den Arbeitsplatz Kirche zu einem besonderen. Organisation – denn sie realisiert den Auftrag der Religion bzw. Kirche. Profession – denn sie trägt die Leistung der Organisation. Person – denn sie übt die Profession aus.

1. Soziale Gerechtigkeit im Sinne der Religion, denn sie bestimmt den Auftrag zur Arbeit und die Art der Ausführung

Ein Arbeitsplatz in der Kirche ist etwas Besonderes. An einen Arbeitsplatz in der Kirche hat man besondere Erwartungen. Zu Recht. Denn in allem, was Kirche tut oder was in ihrem Namen getan wird, muss das heil(ig)ende und helfende Wirken Gottes erkennbar sein. In allem, was Kirche tut oder was in ihrem Namen getan wird, scheint durch, was sie ist: „Zeichen und Werkzeug für die innigste Vereinigung mit Gott wie für die Einheit der ganzen Menschheit" (LG 1). Sie ist „signum" und „instrumentum", „Zeichen und Werkzeug". Identität, Daseinsberechtigung von Kirche ist es, in Geschichte und Gesellschaft konkretes Zeichen zu sein für die Anwesenheit Gottes und konkretes Werkzeug zu sein für das Fortwirken des heil(ig)enden und helfenden Wirkens Gottes. Kirche ist nur, wenn sie tut, wovon sie erinnernd und hoffend spricht. Das heißt, ihr muss man ansehen können – Zeichen –, dass Gott sich dem Menschen heiligend und heilend zuwendet. Und sie muss bewirken – Werkzeug –, dass die Zuwendung Gottes den Menschen heiligt und heilt. Das macht das Besondere der Kirche aus. Das macht die Besonderheit kirchlicher Vollzüge aus und damit auch kirchlicher Arbeitsverhältnisse.

„Zeichen" – die Notwendigkeit, deutlich in der Nachfolge Jesu zu stehen, für Menschlichkeit zu stehen. Dafür zu stehen, dass das versprochene Gottesreich, das einst kommen wird, heute schon Schatten wirft. Dafür zu stehen, dass alle Menschen eine Vorstellung bekommen vom Reich Gottes. Das Leben, wie es vom Ursprung her sein kann und sein soll und wie es einmal sein wird, das Leben unter der Königsherrschaft Gottes, die „basileia tou theou", das Reich Gottes, so wie sie Jesus in prophetisch-poetischer Sprache beschrieben hat, das muss, so formuliert es die Pastoralkonstitution des 2. Vatikanischen Konzils, zumindest und wenigstens als Schatten („adumbratio", GS 39) erkennbar sein. Was bedeutet, dass, wer immer in diesem Zeichen arbeitet, etwas wissen muss von dem, für das er steht. Er muss etwas wissen von der Verkündigung des Reiches Gottes. Und er muss es erkennbar machen können. Dass er dazu eine entsprechende Haltung braucht, versteht sich von selbst.

„Instrument" – die Notwendigkeit, in der Nachfolge Jesu Menschlichkeit zu üben. Von Anfang an ist Christsein verbunden mit christlichem Handeln. Jesu Botschaft von der Heilung des ganzen Menschen, von Menschen, denen wieder ins Leben zurückgeholfen wird, von Lahmen, die wieder beweglich werden und mitgehen können, von Blinden, die wieder sehend werden und mit offenen Augen durch die Welt gehen, dies muss in der konkreten Kirche erfahrbar sein. Von Anfang an sind Christen die, die sich des anderen, des Fremden, des Armen, des Kranken, des Obdachlosen, des Einsamen annehmen (Mt 25). Von Anfang an gehört zur Christlichkeit das Werk der Nächstenliebe. Der Menschlichkeit. Was bedeutet, dass, wer immer in der Kirche wirkt, wer immer ihre Vollzüge mit trägt, wissen muss, wie Menschlichkeit zu bewirken ist. Er muss wissen, wie zum Wohl des anderen zu verfahren ist. Und er muss es können. Dass das nicht ohne entsprechende Haltung gelingt, versteht sich.

Ein Arbeitsplatz in der Kirche ist etwas Besonderes. An die Qualität eines Arbeitsplatzes in der Kirche stellt man besondere Ansprüche. Zu Recht. Denn immer geht es um zweierlei Qualität. Qualität ist zum einen das, was etwas in seinem Innersten ist, was etwas „essentiell" ausmacht, was seine Identität im Kern ausmacht. Da geht es um die „Kernqualität". Definiert wird die Kernqualität in ständiger wissenschaftlicher Forschung. Dahinter steht die Heilige Schrift, stehen die Texte des Zweiten Vatikanischen Konzils oder eben die Katholische Soziallehre. Dahinter steht die christliche Vision von Gerechtigkeit. An der misst sie sich.

Hinter der Kernqualität „christlich - sozial - gerecht" steht z. B. die Katholische Soziallehre. Von der ersten Sozialenzyklika, Rerum novarum, 1891 bis heute lässt sich, so hat es ihr Nestor, der Jesuitenpater Oswald von Nell-Breuning behauptet, deren Inhalt „auf einen Fingernagel schreiben": die Person. Oder: die Behauptung, dass jedem Menschen eine unhintergehbare Würde zukomme. Was zu dieser Würde gehört, das wird nirgendwo so deutlich gesagt wie in der Enzyklika Papst Johannes Pauls II. über das Arbeiten, in „Laborem exercens": Zum Menschsein gehört die Arbeit. Wesentlich. Denn in der Arbeit kommt der Mensch zu sich selbst. Arbeit ist Selbstausdruck. Oder: Selbstverwirklichung. Wenn wir arbeiten, entdecken wir, wer wir sind. Wir übernehmen Verantwortung für uns und für andere. Legen die Grundlagen für unsere eigene Zukunft und die der Gesellschaft (vgl. LE 4 f.). Zum gelingenden Leben gehört die Arbeit. Und Sinn der Arbeit ist ein gelingendes Leben. Was den Sinn aller Arbeit angeht, so trifft die Enzyklika eine hilfreiche Unterscheidung. Sie unterscheidet zwischen dem subjektiven Sinn der Arbeit – d. h. dem, was die Arbeit mit dem arbeitenden Menschen macht – und dem objektiven

Sinn der Arbeit – d. h. dem, was bei seiner Arbeit herauskommt. Diese Unterscheidung ist nicht wertfrei. Sie legt die Priorität auf das, was die Arbeit dem Menschen (an)tut. Was die Arbeit dem Menschen bringt, an Verantwortung und Selbstausdruck, das bestimmt, was sie ist. Ihre Qualität. Ihre Kernqualität. Dann erst geht es um die Ware, die sie produziert, die Qualität der Dienstleistung. Zum gelingenden Leben gehört die Arbeit. Und: Sinn der Arbeit ist ein gelingendes Leben. Das ist das Entscheidende. Ein Arbeitsplatz, an dem es christlich, sozial, gerecht nach den Prinzipien der Katholischen Soziallehre zugeht, steht für diese Priorität.
Qualität ist aber auch etwas, was von außen zugesprochen wird. Es geht um „attributive Qualität". Definiert wird die attributive Qualität im Dialog der Mitarbeiter und des Trägers mit den Kunden und den Geldgebern. Dahinter stehen Standards, DIN- und ISO-Normen etc. An denen wird sie gemessen. Ein Begriff von Qualität, der sich als Konkurrenzbegriff längst auch in der Kirche und in ihren Organisationen etabliert hat. Entsprechende Qualitätskontrollen kennen wir im Krankenhaus, im katholischen Kindergarten der Gemeinde und in der Kindertagesstätte, im Zentrum für psychisch Kranke und im Seniorenstift, im Bildungshaus und im kirchlichen Gymnasium.
Zum einen ist Qualität also ein Identitätsbegriff. Im Mittelpunkt steht die Ur-Kunde. Was bedeutet, dass, wo immer im Namen der Kirche gearbeitet wird, die Kernqualität, die christliche Identität der Einrichtung, sichtbar werden muss. Zum anderen ist Qualität ein Konkurrenzbegriff. Im Mittelpunkt steht der Jetzt-Kunde. Was bedeutet, dass es auch da, wo im Namen der Kirche gearbeitet wird, um fachliche Qualität, Wirtschaftlichkeit und Effektivität gehen muss. Um entsprechendes doppeltes Wissen, um fachliches Wissen und um christliches Wissen. Um entsprechendes Können. Und um eine entsprechende Haltung.
Ein Arbeitsplatz in der Kirche ist etwas Besonderes. An die Qualität eines Arbeitsplatzes in der Kirche stellt man besondere Ansprüche. Zu Recht. Der Anspruch der Kirche, Zeichen und Werkzeug der Anwesenheit Gottes zu sein, für eine doppelte Qualität zu stehen, der hat Konsequenzen für

die Kultur am Arbeitsplatz Kirche und für eine entsprechende Struktur. Der Hl. Geist, so haben es die Konzilsväter im Konzilsdekret Lumen gentium formuliert, eint die Kirche „in communione et ministratione" (LG 4), in der Gemeinschaft und im Dienst. Kirche hat einen doppelten Auftrag: Gemeinschaft zu sein und Dienst am Nächsten zu leisten.
Wo immer im Namen der Kirche gearbeitet wird, da herrscht eine doppelte Kultur: die der Gemeinschaft und die des Dienstes. Wo immer im Namen der Kirche gearbeitet wird, da herrscht eine doppelte Personal- und Organisationsstruktur: die einer Glaubensgemeinschaft und die eines Dienstleistungsunternehmens. Die einer Überzeugungsgemeinschaft und die einer Interessengemeinschaft. Gemeinsamkeit und Solidarität hier, Arbeitsteilung und Effektivität da. Gleichzeitig familial und zweckrational.
Am Arbeitsplatz Kirche geht es um „communio" und „ministratio", um Gemeinschaft und Dienst. Oder, wie die Grundordnung des kirchlichen Dienstes das Arbeitsverhältnis in der Kirche beschreibt: um eine „Dienstgemeinschaft". Arbeiten in der Gemeinschaft und im Dienst der Kirche heißt, etwas zu wissen über das, was die Gemeinschaft ausmacht, und den Dienst, die Gemeinschaft (aus)halten zu können und seinen Dienst tun zu können, sich zu identifizieren und zu engagieren.
Religion macht den Arbeitsplatz in der Kirche jedenfalls zu einem besonderen. Wo Religion die Vision für die Revision am Arbeitsplatz Kirche stellt, da geht es um ein Arbeiten zum Heil und zum Wohl des Menschen, sichtbar und wirksam, strukturell und kulturell.

2. Soziale Gerechtigkeit in der Organisation, denn dort wird der Auftrag der Kirche realisiert

Systeme, zum Beispiel die Religion, die Soziale Arbeit, die Pflege, die Bildung oder auch die Wirtschaft, unterhalten Organisationen zur Realisierung ihrer Funktion und zur Sicherstellung ihrer Leistung. Krankenhäuser und Pflegeheime, Schulen und Kinderheime, Pfarrgemeinden und Familienbildungsstätten entwickeln strukturelle und habitu-

elle Sicherungen für die Funktion und die Leistung des Systems, für das sie stehen. Entsprechend der Funktion und der Leistung, für die sie stehen, haben sie ihre Eigenart.
Organisationen, die die Kirche unterhält, um ihren Auftrag in der Gesellschaft erfüllen zu können, sind entsprechend zu unterscheiden von denen der Wirtschaft. Es ist etwas anderes, ob man bei der Kirche oder in einem Konzern arbeitet. Und wenn bisweilen von der Diakonie oder der Caritas als von den großen „Sozialkonzernen" der Kirche gesprochen wird, dann ist das zumindest eine folgenschwere Verwechselung.
Warum das so ist, das erklären die Soziologen vielleicht besser als die Theologen: Hier Kirche – da Wirtschaft. Hier Religion – da Ökonomie. Religion und Ökonomie sind, sagen sie, von Grund auf unterschiedlich. Sie haben einen unterschiedlichen Sinn. Sie handeln nach je unterschiedlichen Logiken. Und wenn Kirche und Wirtschaft zur Sicherung und Umsetzung ihres Sinns jeweils Organisationen gründen (hier: Ordinariate, Pfarreien, Bildungshäuser, Krankenhäuser, caritative Einrichtungen, da: Wirtschaftsverbände und Wirtschaftsunternehmen, Konzerne), dann funktionieren auch diese Organisationen unterschiedlich. Sie haben unterschiedliche Verhaltensregeln.
Hier Kirche – da Wirtschaft. Kirche und Wirtschaft, so beschreibt es die Systemtheorie, gehören je unterschiedlichen Systemen an. In der Wirtschaft geht es um Haben oder Nichthaben, um Gewinn. Das ist nicht unanständig. Das ist notwendig. Nur so ist sie. In der Kirche geht es um das Bezeugen der Wahrheit über den Menschen und die Welt. Um das, was den Menschen ausmacht. Was ihm gut tut, was ihm gerecht wird. Nur wenn sie daran festhält, ist sie Kirche. Hier: „Rechnet sich das?" – da: „Ist das menschengerecht?" Die ökonomische Rationalität kollidiert leicht mit der Logik christlich-sozialer Arbeit. Was gut und gerecht ist, kann sich nicht auszahlen. Was sich auszahlt, kann nicht wirklich gut und gerecht sein. Aus der Unterscheidung wächst der Konflikt, ein Dauerkonflikt: Bertold Brecht inszenierte ihn im Parabelstück „Der gute Mensch von Sezuan": Der gute Mensch, (übrigens lange vor der Gender-Debatte um die Konnotierung von Fürsorge ist der gute

Mensch eine Frau) Shen Te, rettet seine wirtschaftliche Existenz nur, indem er die Rolle wechselt, in regelmäßigen, immer kleiner werdenden Abständen als böser Mensch, als Vetter Shui Ta, die Armen vertreibt. „Gut zu sein und doch zu leben, zerriss mich wie ein Blitz in zwei Hälften [...]", ruft der gute Mensch den Göttern zu. Die religiöse Vorstellung von der moralischen Qualität einer Organisation kollidiert im Handumdrehen mit wirtschaftlichen Interessen.
Hier Religion, da Wirtschaft; sie grenzen sich voneinander ab. Auch da, wo es in ihren Organisationen um die Arbeitsbedingungen und deren Regelung geht. Da gehen die Kirchen ihren eigenen Weg. Den „dritten Weg". Und grenzen ihn ab. Zum Beispiel gegen den der Gewerkschaft Verdi. Hier Religion, da Wirtschaft; sie grenzen sich voneinander ab. Mit gutem Grund. Einerseits. Andererseits: Die eigene Grundhaltung bewahren, sich abgrenzen – das heißt nicht, im eigenen abgeschlossenen System wie die Schnecke im Schneckenhaus zu sitzen. Kein System kann sich ausschließlich mit sich selbst beschäftigen. Immer geschieht im anderen System etwas, vor dem es sich nicht verschließen kann – weil es Auswirkungen auf die eigene Logik hat. Wenn die Regeln des anderen Systems Einfluss haben auf das eigene System, diesem im Sinne der eigenen Logik nutzen oder schaden können, dann kommt es zu Kontakten. Zwischen den Systemen. Kirche und Wirtschaft ecken nicht nur aneinander an, sie docken aneinander an – immer da, allerdings auch nur da, wo sie sich voneinander Vorteile im Sinne der eigenen Logik versprechen. Die Ökonomie dockt an die Religion und ihre Vorstellung von Gerechtigkeit an. Betriebsstandards und Managementstrategien, die aus der Vorstellung vom guten Leben unter gerechten Bedingungen wachsen, wirken sich eben auch in ökonomischer Logik positiv aus. Warum sonst plädieren Unternehmensberater und Personaltrainer für die neue Führungspersönlichkeit, die einer Mischung zwischen Mutter Teresa und Bill Gates ähnelt? Der Annäherung der Ökonomie an die Religion folgt die Annäherung der Religion an die Ökonomie. Auch in kirchlichen Organisationen. Ein Blick in die Bibel bestätigt, was sich erahnen lässt: Das gespannte Verhältnis der Kirche zur Wirtschaft hat Tradition. Apg 4,32

berichtet von der Idee der Urgemeinde in Jerusalem, in einer Art perfekten „Gütergemeinschaft" leben zu können, auf Privateigentum verzichten zu sollen. „Keiner nannte etwas von dem, was er besaß, sein Eigentum, sondern sie hatten alles gemeinsam." Das führte schnell zu einem ökonomischen Problem: Paulus musste für die verarmte Gemeinde Kollekten in Griechenland und Kleinasien halten. Auf weitere Experimente mit alternativen Wirtschaftssystemen hat die Kirche in der Folge – mit Ausnahme der Klöster – meist verzichtet.

In kirchlichen Organisationen kommt es spätestens dann zum Kontakt zwischen Religion und Ökonomie, wenn mit finanziellem Verlust gewirtschaftet wurde, wenn der Wettbewerb im Bereich der Sozialen Arbeit, der Gesundheit, der Bildung, der Erziehung etc. härter wird, der wirtschaftliche Druck größer wird, die Kunden- bzw. Klientenzahl abnimmt, Häuser und vor allem Arbeitsplätze zur Disposition stehen. Spätestens dann, wenn die wirtschaftliche Situation unfähig zur Dienstleistung macht, die eigene Logik gefährdet, kommt es zur Kopplung mit der Ökonomie. Dann wird mit ökonomischer Logik nach Instrumenten gesucht, wie die ökonomische Qualität der Organisation zu verbessern sei – ohne die Theo-Logik zu verkaufen. Leidvolle Erfahrungen der letzten Monate und Jahre zeigen: nicht immer mit Erfolg.

Kirchliche Organisationen sind etwas Besonderes. Wo Religion die Vision für die Revision am Arbeitsplatz kirchlicher Organisationen stellt, da geht es um eine Organisationsstruktur und eine Organisationskultur, die zunächst und zuallererst dem Auftrag der Kirche zur Arbeit am Heil und am Wohl des Menschen gerecht wird – die sich aber, um ihres speziellen Auftrags willen, der Logik der anderen sozialen Systeme, vor allem der der Wirtschaft, nicht verschließt.

3. Soziale Gerechtigkeit im Blick auf die Profession, denn sie trägt die Leistung der Organisation

Systeme unterhalten Organisationen, um die Funktion des Systems sicherzustellen. Um die Leistung des Systems, für das sie stehen, zu sichern, braucht es in Organisationen Professionen. Die Profession (lat. „profiteri", das heißt „offen erklären", „sich offen bekennen") ist eine öffentliche Erklärung für ein System. Für die Funktion eines Systems, für das Programm, mit dem es je in der Zeit unter je unterschiedlichen Bedingungen funktioniert, und für die Leistung, die dieses System vorhält. Professionen beherrschen das Kerngeschäft eines Systems. Die Religion, die Soziale Arbeit wie die Pflege, die Politik wie die Wirtschaft – jedes dieser Systeme unterhält eine Profession, die seine gesellschaftliche Leistung sichert.
Zum Beispiel das System Soziale Arbeit: Die Funktion der Sozialen Arbeit ist beschreibbar als „stellvertretende Inklusion". Das heißt, da, wo individuelle Probleme oder gesellschaftliche Rahmenbedingungen die Lebenssituation von Menschen dermaßen tangieren und belasten, dass ihnen „Exklusion", also der Ausschluss aus ihren sozialen Bezügen, droht, greift die Soziale Arbeit ein. Da, wo Menschen selbst nicht oder nicht mehr in der Lage sind, ihren Anspruch auf ein selbstbestimmtes menschenwürdiges Leben zu realisieren, haben sie Anspruch auf Soziale Hilfe. Aus der Funktion der stellvertretenden Inklusion ergibt sich die gesellschaftliche Leistung der Sozialen Arbeit: Sie aktiviert und unterstützt einerseits die eigenen (noch) vorhandenen Ressourcen der Personen und Gruppen, andererseits macht sie notwendige externe Ressourcen zugänglich. Soziale Arbeit leistet so Hilfe zur Selbsthilfe. Das ist ihr Kerngeschäft.
Zum Beispiel die Arbeit von Frau M. als Sozialarbeiterin bei der Caritas. Ihr Ziel ist es, Bedingungen herzustellen, unter denen Menschen wieder in die Lage versetzt werden, ihren Anspruch auf soziale Partizipation zu verwirklichen. Sie stärkt die Kompetenz von Menschen unterschiedlichen Alters, mit unterschiedlichen Lebens(ver)läufen, unterschiedlichen Lebensformen, in unterschiedlichen Lebenslagen im

Umgang mit den sie umgebenden Systemen. Frau M. weiß um entsprechende soziale Theorien. Sie kennt Methoden und Konzepte, nach denen sie ihre beratende und ressourcenerschließende, sozial vernetzende und aktivierende, anwaltschaftliche und partizipationsfördernde, erziehende und bildende, behandelnde und betreuende, persönlichkeitsfördernde und alltagsbegleitende, entstigmatisierende und kompensatorische, verwaltende und organisierende Leistung für Menschen aller Lebensphasen und Lebenslagen erbringt. Das ist ihr Kerngeschäft.

Wie für die Soziale Arbeit lassen sich auch für andere Systeme je funktionsentsprechende Kerngeschäfte bestimmen. Für die Medizin der Erhalt bzw. die Wiederherstellung von Lebensfunktionsfähigkeit angesichts drohender oder realer körperlicher und geistiger Versehrtheit, für die Pflege die Hilfe zum Erhalt eines möglichst selbstständigen Lebens trotz zeitweiligem oder dauerhaftem Teilausfall körperlicher oder geistiger Funktionen, für die Bildung die Ausstattung mit Kompetenzen, die Bedingung sind für die Anschlussfähigkeit an das soziale Leben, für die Religion das Bereithalten von Kontingenzformeln, die das im Leben unerträglich Unbestimmbare aufheben im Glauben an ein bestimmtes, aber unverfügbares gutes Ganzes.

Professionen beherrschen die Leistungsrolle in einem spezifischen System. Professionelle sind Systemkenner. Sie (und nur sie) besitzen die Systemkompetenz.

In Organisationen stellen Professionen die Leistung des Systems sicher. Ärztinnen z. B. sichern die Leistung der Medizin, Pfleger die des davon strikt zu unterscheidenden Systems Pflege, Lehrerinnen die der Pädagogik, Sozialarbeiter die der Sozialen Arbeit, der Betriebswirt die der Wirtschaft. Allerdings gilt nicht passgenau die Formel „pro Organisation ein System und eine Profession, die seine Leistung sichert": Im Krankenhaus zum Beispiel sichern die Ärzte die Leistungen der Medizin, die Krankenschwester die der Pflege, der Priester oder die Gemeindereferentin hin und wieder die der Religion, die Sozialarbeiterin in bestimmten Fällen die der Sozialen Arbeit, der Verwaltungsleiter grundsätzlich die der Ökonomie.

In einer Organisation, die die Funktion eines Systems sichern soll, sichern etliche Professionen mit unterschiedlichen Leistungen diese Funktion. Das Zusammenwirken der unterschiedlichen Systeme und seiner Professionen, gerade auch das Zusammenwirken mit der Religion, macht das Besondere zum Beispiel des Elisabethheims der Caritas aus. Da arbeiten unterschiedliche, von ihrer Logik, ihren Verhaltens- und Verfahrensregeln her zunächst unvereinbare Systeme zusammen, um die Leistung der Organisation sicherzustellen. Professionell zu arbeiten, das heißt da zunächst, seine Kernkompetenz zu besitzen, dann aber auch, offen zu sein für die Kompetenzen, die es braucht, um Funktion und Leistung der übrigen bereichsrelevanten Systeme sicherstellen zu können.
Professionen verstehen sich auf eigennützige Anknüpfung an Programme bereichsrelevanter fremder Systeme. Professionelle sind Kopplungskünstler. Sie besitzen Kopplungskompetenz.
Professionen besitzen also die in einer fundierten Ausbildung erworbene Systemkompetenz, sie beherrschen die Leistungsrolle samt dazugehörigem spezialisiertem Wissen in einem spezifischen System. Und sie verstehen sich auf das meist in berufsbegleitenden Zusatz- oder Fortbildungsmaßnahmen erlernte Koppeln mit bereichsrelevanten fremden Systemen, z. B. mit der Religion samt deren Vorstellung von Moral oder der Wirtschaft. – Eine Professionsbeschreibung, nach der die meisten kirchlichen Berufe unbestritten „Professionen“ wären, wenn nicht die gängige gesellschaftliche Definition von Profession an einem problematischen Kriterium festhalten würde, das genau umgekehrt zur Forderung nach Kopplungskompetenz den Rückzug auf das Kernsystem betont: Professionell ist danach die „autonome Ausübung der Arbeit in einem exklusiven Zuständigkeitsbereich“. Wie viele Mitarbeiterinnen in den „helfenden Berufen“, die einen Großteil der kirchlichen Berufe ausmachen, können für sich behaupten, einen eindeutig umschriebenen Zuständigkeitsbereich zu haben? Und wie viele können behaupten, sie arbeiteten in ihrem Bereich tatsächlich ohne professionsfremde Kontrolle?

In der Konsequenz gilt nun ein Teil dessen, was im Auftrag der Kirche getan wird, als professionelles Tun – ohne Wenn und Aber, voll und ganz. Ein anderer Teil der Arbeit bleibt immer wieder am Professionalisierungsraster hängen, gilt als unvollständig professionell, als „semi-professionell". Die Arbeit des Pfarrers in St. Severin, des Juristen am Generalvikariat, des Chirurgen im Brüderkrankenhaus, des Lehrers am bischöflichen Gymnasium wird als eindeutig professionell gewertet, geschätzt. Dass z. B. die Gemeindereferentin, die Sozialarbeiterin nicht nur ihrer Passion nachgehen, sondern auch einer Profession, ist immer noch Thema einer „Professionalisierungsdebatte", muss immer wieder verteidigt werden. Hier die Professionalisierungskriterien – da die Realität am Arbeitsplatz, die Arbeitswirklichkeit. Hier gesellschaftlich vorgegebene Standards, die sich nicht ohne weiteres verändern lassen – da Mitarbeiterinnen, die sich nicht entsprechend verändern wollen, nicht in ihrer Arbeitsauffassung und nicht in ihrer Praxis. Mit gutem Grund. „Wo die Aufgaben immer komplexer werden, da würde sich", sagt die Gemeindereferentin (umschriebener Arbeitsbereich: Grunddienste in drei Gemeinden und Unfallseelsorge) genauso wie die Caritasmitarbeiterin in der Familienkrisenintervention, „die Reduktion auf einen exklusiven Bereich als kontraproduktiv erweisen." Für das Bestehen auf exklusive Fachaufsicht ohne Dienstaufsicht gelte dasselbe. „Dann lieber professionell handeln und als ‚semiprofessionell' gelten". Aber: Unter gesellschaftlichen Bedingungen, die das Ansehen der Person festmachen an ihrer Möglichkeit zur Teilnahme am gesellschaftlichen Leben, die wiederum abhängig ist von der Erwerbsarbeit und auch dem Lohn, den sie einbringt, was wiederum (mit wenigen Ausnahmen) nicht unabhängig ist vom Grad der Professionalisierung.
Eine Profession in einer kirchlichen Organisation auszuüben, das ist etwas Besonderes. Wo Religion die Vision für die Revision am Arbeitsplatz kirchlicher Organisationen stellt, da geht es mindestens um ein doppeltes „Profiteor": Um das Bekenntnis zur Funktion von Religion und um das Bekenntnis zur Funktion des in der jeweiligen Organisation damit gekoppelten sozialen Systems, der Sozialen Arbeit

oder der Pflege, der Bildung oder der Erziehung. Es geht um eine mindestens doppelte Kompetenz, wenn es darum geht, zum Heil und zum Wohl des Menschen, des Klienten, des Patienten oder der Mitarbeiterin, zu arbeiten. Es geht um ein doppeltes „Profiteor", um entsprechend doppelte Kompetenz, die erwartet werden muss. Zu Recht. Um ein doppeltes „Profiteor" und entsprechende Kompetenz, die honoriert werden müssen. Gerechterweise.

4. Soziale Gerechtigkeit für die Person, denn sie übt die Profession aus

Im Mittelpunkt am Arbeitsplatz Kirche steht die Person. Jedenfalls wenn es nach der Katholischen Soziallehre geht. Was braucht die Person, damit das Arbeiten dem Personsein nicht nur nicht schadet, sondern es verwirklicht? Was tut ihr gut? Was kommt ihr zu? Gerechterweise.

„Die geschaffenen Güter (müssen)", so formuliert es die Pastoralkonstitution „Gaudium et spes", „in einem billigen Verhältnis allen zustatten kommen; dabei hat die Gerechtigkeit die Führung, Hand in Hand geht mit ihr die Liebe." Es „steht allen das Recht zu, einen für sich selbst und ihre Familien ausreichenden Anteil an den Erdengütern zu haben" (GS 69). Und sich diesen Anteil für einen „gerechten Lohn", sagt die Enzyklika „Laborem exercens" (LE 19), zu erarbeiten. Das heißt, es geht um die Implementierung und strukturelle Sicherung gerechter Verteilung von Arbeit und Lohn.

Jede Person braucht Arbeit, die ihr zu Recht das Bewusstsein gibt, „im eigenen Bereich" zu arbeiten („in re propria laborare"), sagt die Enzyklika „Laborem exercens" (LE 15). Oder, so formuliert es die Pastoralkonstitution „Gaudium et spes": „Es geht darum, unbeschadet der erforderlichen einheitlichen Werkleitung die aktive Beteiligung aller an der Unternehmensgestaltung voranbringen" (GS 68). Das heißt, es geht um die Implementierung und strukturelle Sicherung von Beteiligungsrechten und Beteiligungskompetenzen. Arbeit, die der persönlichen Entfaltung dient, braucht Beteiligungschancen. Es geht um Partizipation. Beteiligung, Partizipation, Teilnahme und Teilhabe am Geschehen. Verantwortliches Handeln, das sein Schicksal nicht der Entscheidung eines wohlmeinenden Diktators, in welcher konkreten Gestalt auch immer, überlässt, ist in einer christlich geprägten demokratischen Gesellschaft eigentlich eine Selbstverständlichkeit.

Es entspricht der Freiheit des Menschen, das Geschehen am Arbeitsplatz eigenverantwortlich zu gestalten. In bedrohlichen Situationen an der Entscheidung, was die richtige, die gerechte Lösung des Problems sei, beteiligt zu sein. Und zur Entscheidung befähigt zu werden: durch die Übermittlung entsprechender Informationen und die Vermittlung entsprechender Kompetenzen. Die Konsequenzen seines Handelns mittragen zu können: den wirtschaftlichen Misserfolg, den auch. Aber auch den wirtschaftlichen Erfolg. Was dann Gewinnbeteiligung genannt wird. Es entspricht der Einbindung des Menschen in ein soziales Umfeld, dass der Erfolg oder Misserfolg seines Handelns jeweils vom Handeln auch des anderen abhängig ist. Dass der Erfolg des Ganzen von der Kooperation aller, von der Beteiligung aller abhängt. Beteiligung ist ein Akt der Solidarität (im Wortsinn: Haftung für das Ganze). Sie bedingen einander. Nur mit Beteiligung der Mitarbeiterschaft, eigenverantwortlich und solidarisch, sind Lösungen zu finden, die für alle tragbar sind. Auch die nicht idealen Lösungen, die schmerzhaften Kompromisse. Die erst recht.

Weil sich nun aber deren Menschsein nicht nur im Arbeiten, sondern auch im Lieben äußert, nicht nur am Arbeitsplatz, sondern auch in freundschaftlichen, partnerschaftlichen und vor allem in familialen Beziehungen verwirklicht, orientieren sich Arbeitsbedingungen, die sozial gerecht sind, auch an den privaten Bezügen, in denen der arbeitende Mensch lebt und liebt: „Der ganze Vollzug werteschaffender Arbeit ist daher auf die Bedürfnisse der menschlichen Person und ihrer Lebensverhältnisse auszurichten, insbesondere auf die Bedürfnisse des häuslichen Lebens, dies namentlich bei den Familienmüttern, unter ständiger Rücksichtnahme auf Geschlecht und Alter" (GS 67). Das heißt, es geht um die Implementierung und strukturelle Sicherung von bedürfnisgerechter Arbeit, die sich, was Art oder Ort und Zeit der

Arbeit angeht, zum Beispiel an den nach Alter, Geschlecht und Stand unterschiedlichen Bedürfnissen ausrichtet.

5. Soziale Gerechtigkeit am Arbeitsplatz Kirche für die Person mit einer Profession in der Organisation im Sinne der Religion

Arbeit am Arbeitsplatz Kirche. Arbeit im Generalvikariat und bei der Caritas, in der Schule und in der Hochschule, in der Gemeinde oder im Marienhospital – wir erwarten Bedingungen, die sicherstellen, dass uns unsere Arbeit das Menschsein ermöglicht. Wir trauen es unseren Organisationen zu. Einerseits. Denn die Kultur, die sie prägt, spricht dafür. Was nicht zuletzt im Leitbild proklamiert wird. Andererseits sind unsere Erwartungen eher gebremst. Wir haben unsere Erfahrungen. Zum Beispiel, wenn es um die Frage der Beteiligung an Entscheidungen geht. Oder, wenn es um eine gender- bzw. familiengerechte Arbeitskultur und -struktur geht. Der Verdacht ist nicht ganz aus dem Weg zu räumen, dass sich unsere Organisationen eher schwer damit tun, da radikal aktiv zu werden. Man kennt die durchaus modernen Geschlechterrollen-Theorien des Trägers – in den meisten neu formulierten Leitbildern stehen sie schwarz auf weiß –, traut aber deren organisatorischen Umsetzung – und damit auch der Relevanz der Leitbilder – wenig zu. Man weiß schließlich auch von den traditionellen Geschlechterbildern und Rollenverständnissen. Und dass die sich tief in die Organisationsstrukturen eingeschrieben haben.

Organisationen sind geprägt von ihrer zum Teil langen Geschichte. Von alten Regeln und Gewohnheiten. Die sind nicht ohne weiteres zu verändern. Die haben ihre eigene Kraft. Das merkt man, wenn man als neue Mitarbeiterin in ein Haus kommt. Es liegt nicht immer und nicht nur an den Mitarbeiterinnen und Mitarbeitern, wenn man z. B. in der Gender-Frage nicht vorwärtskommt: Die „zickige Kollegin" und der „machohafte Leiter" sind längst ausgewechselt, aber die Probleme immer noch die gleichen.

Einerseits: In kirchlichen Organisationen müssen zumindest einige (leitende) Menschen an der Umsetzung des kirchlichen Auftrags aktiv mitarbeiten, sonst hat das Christentum in diesem kirchlich behaupteten Kontext keine Substanz. Es ist es nur schwer zu tolerieren, wenn Mitarbeiter aus der Leitungsebene es als Zumutung empfinden, mit der Frage nach der Verbindung von Fachlichkeit und Wirtschaftlichkeit mit Kirchlichkeit konfrontiert zu werden, vielmehr nach dem „anything-goes"-Prinzip handeln, den Markt zum Vorbild haben, auf dem ja auch alles möglich ist, wenn es sich nur verkauft.
Andererseits: Menschenänderung allein reicht nicht. Es gibt eingefahrene Verhaltensmuster, feste Regeln. Die verschwinden nicht von selbst. Die müssen gezielt verlernt werden. Soll sich im Blick auf die Möglichkeiten für Frauen und Männer, Beruf und Familie zu vereinbaren, wirklich etwas verändern, dann müssen zentrale Regeln tangiert werden, modifiziert werden, verändert werden.
Personalentwicklung ist die eine Seite. Die andere ist die Organisationsentwicklung. Der Satz z. B.: „Gute Arbeit ist Arbeit, die es Frauen und Männern möglich macht, das, was zum Leben gehört, Lieben und Arbeiten, miteinander zu verbinden [...]" – der muss nicht nur in den Köpfen des Personals ankommen, sondern in der Struktur unserer kirchlichen Organisation. Da, wo es um Aufbau und Ablauf der Organisation geht. In den Regeln. Aus gut klingenden neuen Grundsätzen müssen neue Routinen werden. Neuer verbesserter Arbeitsalltag. Erst dann zeigen sich auch die prophezeiten positiven Effekte, z. B. einer neuen gendergerechten Organisation, auf die jeder Unternehmer bzw. Träger spekuliert: die höhere Arbeitszufriedenheit. Und in deren Konsequenz die höhere Arbeitsbereitschaft.
Also: Regeländerungen. Und Routineänderung. Aber: Wie kommt es dazu? In unseren Organisationen? Sicher nicht gegen den Willen der Mitarbeiterschaft und der Leitung. Menschenänderung allein reicht zwar nicht. Regeländerung allein aber auch nicht. Allein durch neue Regeln – darauf hoffend, dass die Personen der veränderten organisationalen Realität schon irgendwie folgen würden – ändert sich nichts. Die Notwendigkeit von Gender-Mainstreaming z. B.

oder von neuen Zeitmodellen muss in unseren Organisationen auch zumindest einige (Leitungs-)Menschen interessieren, sonst sind sie schnell vergessen. Personalfragen sind nicht zweitrangig! Auch die Personen müssen sich verändern, vor allem die mit Leitungsfunktionen. Allerdings ist es eine Illusion zu glauben, Personen ließen sich leicht verändern. Ließen sich praktisch mit einem Federstrich zu sensiblen gender- und familienpolitischen Akteuren machen. Und im Blick auf die gewohnte und eingefahrene Rollenverteilung zur „Verhaltensänderung" bewegen. Und es ist ja auch schwer, sich zu verändern. Auch die veränderungswillige Leitungsperson sieht sich immer noch täglich mit den alten sozialen Erwartungen von außen konfrontiert. „Das war doch immer so, das hat doch bisher auch funktioniert." Und umgekehrt: Auch die veränderten Erwartungen von außen treffen immer noch auf dieselbe Leitungsperson und deren Identität, die sie wahren muss – nicht zuletzt der Karriere wegen. „Das hat der doch immer so gemacht, wieso will er das ändern?" Änderung ist nur zu erwarten, wenn gewichtige Gründe vorliegen. Meist ziehen zwei Gründe, der erste und wichtigste Grund: das Absinken der Zahl der Kunden, Klienten oder Patienten. Und als zweiter Grund: massive Probleme mit dem Personal.

Den Willen zur Veränderung in Richtung „person- und professionsgerechter Arbeitsplatz" vorausgesetzt, fällt der Erfolg nicht vom Himmel. Der Veränderungsprozess kann nicht nach dem Motto „Der eine kann es, der andere nicht" der natürlichen Begabung der Personen überlassen werden. Der Frage nach dem „Wohin?" folgt die nach dem „Wie?" Kompetenz ist nötig und muss vermittelt werden. In der betreffenden Organisation, bei allen ihren Mitarbeiterinnen und Mitarbeitern, vor allem bei der Leitung. Fortbildung ist nötig, die das Personal für die Thematik sensibilisiert und für die ganz spezielle Umsetzung in der ganz konkreten Situation der Organisation qualifiziert. Training ist nötig, in dem vor allem Führungskräfte lernen, die Kultur der Organisation mit der konkreten Wirklichkeit der Organisation und ihren Strukturen in Verbindung zu bringen.

Weiterführende Literatur:

DBK, Erklärung der deutschen Bischöfe zum kirchlichen Dienst. Grundordnung des kirchlichen Dienstes im Rahmen kirchlicher Arbeitsverhältnisse, Bonn, 22. September 1993.

Jünemann, Elisabeth, Kirchlich-sozial. Dem Himmel und der Erde verpflichtet, in: Boscheinen, Walter / Nitsche, Hans (Hg.), Freude und Hoffnung. 40 Jahre Pastoralkonstitution – Programm des KSI, Bad Honnef 2005, S. 181-201.

Jünemann, Elisabeth, „Wir brauchen ein Leitbild!", in: Lebendige Seelsorge 54 (2003) S. 298-304.

Jünemann, Elisabeth / Schuster Norbert, Was ist ein kirchliches Krankenhaus?, in: Renovatio. Zeitschrift für das interdisziplinäre Gespräch 60 (2004) Heft 1/2, S. 6-23.

Gärtner, Heribert, Die Verbindung von fachlichen, wirtschaftlichen und wertorientierten Zielen im katholischen Krankenhaus, in: Kresing, Bruno (Hg.), Zum Verhältnis von Trägerintention und betrieblicher Praxis, Paderborn 2000, S. 13-24.

Osmetz, Dirk, Arbeit am Problem der Arbeit, München 2003.

Schuster, Norbert, Theologie der Leitung, Mainz 2001.

Schuster, Norbert, Kirche: Korporation und Konzern? Pastoraltheologische Anmerkungen zu einer nicht unproblematischen Doppelstruktur, in: Pastoralblatt 55 (2003) S. 19-27.

Schuster, Norbert, Zwei Herren dienen. Führen und leiten in einer multiplen Organisation, in: Krankendienst 77 (2004) Heft 10, S. 317-324.

Wilken, Ulrich (Hg), Soziale Arbeit zwischen Ethik und Ökonomie, Freiburg 2000.

Werner Wertgen

Beteiligungsgerechtigkeit und Anwaltschaftlichkeit – Elemente sozialer Gerechtigkeit

1. Gerechtigkeit

Die im Kern noch heute gängige Systematik der Gerechtigkeit (iustitia legalis, iustita commutativa, iustitia distributiva) finden wir bereits im fünften Buch der Nikomachischen Ethik des Aristoteles und – in der Hochscholastik – in der Secunda secundae der Summa theologiae des Thomas von Aquin. Diese beiden Konzeptionen sind nicht deckungsgleich und unterscheiden sich darüber hinaus auch jeweils vom heutigen Verständnis der Gerechtigkeitsformen (wobei auch dieses wiederum durchaus heterogen ist) (vgl. Möhring-Hesse 2004; Bohmeyer 2004; Kersting 2000; Nell-Breuning 1985; Höffner 1983). Gemeinsam ist den beiden Ansätzen der „klassischen" Gerechtigkeitskonzeption (und ihren jeweiligen Varianten) ihr vormoderner Kontext und ein eudämonistisch imprägniertes Weltbild, das – bei allen Unterschieden in der konkreten Füllung („praxisimmanent" bei Aristoteles, „praxistranszendierend" beim Aquinaten, vgl. Forst 1996, S. 309) – die vorgegebene, einem teleologischen Weltkonzept entsprechende Gesellschaftsordnung (in ihrer theoretischen Reinheit) quasi als normativ versteht und Gerechtigkeit als Relation menschlichen Handelns und Sinnens zu dieser objektiv-normativen Sozialordnung.[1] So wird vom griechisch-antiken über das mittelalterliche bis zum modernen Denken Gerechtigkeit als die (vollkommene) Tugend verstanden, gemäß der objektiv-normativen Sozialordnung zu leben, sich also an die Gesetze bzw. an die gesellschaftlichen Regeln zu halten. Damit stellt die

[1] Zum Verhältnis von metaphysischem Weltbild und moralischer Verpflichtung bei Thomas von Aquin, das erheblich differenzierter ist als hier angedeutet, vgl. Kluxen 2001.

legale Gerechtigkeit (iustitia legalis) die Grundform der Gerechtigkeit dar (allgemeine Gerechtigkeit, iustitia generalis). Von den Gesetzen wird freilich – sowohl von Aristoteles wie auch mutatis mutandis von Thomas von Aquin – verlangt, dass ihre Einhaltung die „Glückseligkeit" (eudaimonia) resp. das „Gemeinwohl" (bonum commune) hervorbringt, sie also telos-adäquat und telos-dienlich sind und somit der normativen natürlichen Ordnung entsprechen.[2] In diesem Fall regelt die gesetzliche Gerechtigkeit, was der Einzelne zu tun hat, damit das Gemeinwesen seiner Bestimmung gemäß funktionieren kann. Auf diese Weise sieht die „klassische" Gerechtigkeitskonzeption das Prinzip der Gerechtigkeit, nämlich dass Gleiches gleich und Ungleiches ungleich behandelt werde bzw. dass jedem das Seine zukomme, als im Grundsatz garantiert an. Weil also die Regeln, die „leges", der Verwirklichung der normativen natürlichen Bestimmung des Individuums wie des Gemeinwesens dienen, führt Gerechtigkeit zur eudaimonia resp. zum bonum commune, da sie jeden in der Weise behandelt, wie es ihm zukommt.

Dieses grundsätzliche Gerechtigkeitskonzept (iustitia generalis) wird bei Aristoteles durch drei Prinzipien der besonderen (oder auch speziellen resp. partikulären) Gerechtigkeit (iustitia particularis) entfaltet. Es sind dies: die verteilende Gerechtigkeit (iustitia distributiva), die ausgleichende Gerechtigkeit (iustitia commutativa) und die wiederherstellende Gerechtigkeit (iustitia retributiva). Letztere kann hier vernachlässigt werden, da sie in den Bereich der Rechtsphilosophie gehört und m. E. zudem über die anderen Prinzipien konstituiert oder zumindest rekonstruiert werden kann.

Die distributive Gerechtigkeit regelt die proportionale Verteilung vorhandener Güter in geometrischer Weise. Aristoteles nennt als Gegenstand der Verteilung „Ehre, Geld und

---

[2] Damit wird die Doppelbedeutung von Gerechtigkeit deutlich: Sowohl die Strukturen, die Gesetze, können auf ihre Gerechtigkeit hin geprüft werden (wobei die Prüfung in vormodernen Zeiten anderen Kriterien unterliegt als in modernen) als auch die Handlungen und Gesinnungen sittlicher Subjekte.

die anderen Dinge, die unter die Mitglieder der Gemeinschaft aufgeteilt werden können" (Nikomachische Ethik 1130 b 30). Diese Aufzählung macht bereits deutlich, dass die iustitia distributiva nicht identisch ist mit der Verteilungsgerechtigkeit im Sinne staatlicher Umverteilungspolitik, insbesondere der Reichtumsverteilung; sie ist vielmehr umfassender. Die distributive Gerechtigkeit normiert nämlich auch private oder – in unseren heutigen Zusammenhängen – zivilgesellschaftliche Zuteilungsverfahren. Dies rührt daher, dass die aristotelische Konzeption auf einer eudämonistischen Basis steht, die das gesamte soziale Interagieren orientiert. Somit sind – im heutigen Sprachgebrauch – politische, zivilgesellschaftliche und private Zusammenhänge zu einer einheitlichen Teleologie verwoben. Dementsprechend umfasst auch die Polis-Konzeption des Aristoteles die systemischen wie auch die lebensweltlichen Dimensionen. Das eudämonistische bzw. teleologische Konzept liefert auch den Maßstab distributiver Gerechtigkeit: Es ist die Anspruchsberechtigung der Empfänger, an der sich die Proportionalität der Zuteilung auszurichten hat. Weil sich der Maßstab dieser geometrisch-proportionalen Gleichheit nicht schon aus dem Konzept der iustitia distributiva ergibt, bedarf dieses Anwendungsprinzip der Gerechtigkeit einer eigens begründeten und ausgewiesenen meritorischen Kriteriologie, die bei Aristoteles in seiner eudämonistisch angelegten Poliskonzeption steckt und bei den Scholastikern anderweitig naturrechtlich rekonstruiert wird.

Die iustitia commutativa regelt die Gerechtigkeit von – im weitesten Sinne – Austauschverhältnissen, hauptsächlich, aber nicht ausschließlich zwischen individuellen Handlungssubjekten. Ihr Maßstab ist arithmetisch: Leistung und Gegenleistung müssen gleichwertig sein.

„Für Aristoteles liegt [...] der Unterschied zwischen den beiden Formen der besonderen Gerechtigkeit in verschiedenen Gleichheitsvorstellungen begründet" (Möhring-Hesse 2004, S. 19). Im ersten Fall interagieren Ungleiche miteinander, im zweiten Fall dagegen gleichwertige Rechtsgenossen. Die Scholastik übernimmt diese Systematik mit Modifikationen, in denen sich ihre spezifischen vorgängigen normativen Muster spiegeln. Demnach beziehen sich distributive und kommutative Gerechtigkeit auf unterschiedliche „Agenten“ (Möhring-Hesse 2004, S. 20): Die iustitia distributiva verpflichtet die staatliche Autorität zu einer gerechten Verteilung von Gütern und Belastungen (in einem umfassenden Sinn), die iustitia commutativa regelt das Vertrags- bzw. Tauschverhalten der Individuen (in einem umfassenden Sinn, der auch verteilungsrelevant ist).

Die gesetzliche Gerechtigkeit, die iustitia legalis als allgemeine Gerechtigkeit bzw. iustitia generalis, verpflichtet – erstens – Gesetzgeber und Regierende zu einer gerechten, d. h. naturrechtlich erhobenen gemeinwohldienlichen Gesetzgebung und Regierung und beschreibt im Anschluss daran – zweitens – das Verpflichtungs- bzw. Loyalitätsverhältnis der Individuen der staatlichen Ordnung (resp. dem Gemeinwohl) und der Obrigkeit gegenüber, wobei sich dieses Verpflichtungs- bzw. Loyalitätsverhältnis in der Verpflichtung zur Gesetzestreue ausdrückt. Dieses Verständnis verfestigte sich in der katholischen „Schultheologie“ (vgl. Nell-Breuning 1985; Höffner 1983; Klüber 1964; Wulsdorf/ Marx 2002).

Diese Gerechtigkeitssystematik verliert ihre Operationalisierbarkeit in dem Maß, wie die Gesellschaftsordnung ihre Statik und ihre selbstverständliche Normativität verliert, weil die anscheinend gott- oder naturgegebenen Maßstäbe zur Anwendung der Gerechtigkeitsformen dahinfallen: wenn z. B. die Gemeinwohldienlichkeit von Gesetzen oder der objektive Wert von Gütern oder die objektive Anspruchsberechtigung fraglich werden. Das ist spätestens seit der Aufklärung der Fall. Mit dem Verlust eines als objektiv verstandenen Telos individualisieren und pluralisieren sich die eudämonistischen Konzepte. Damit gibt es keinen allgemein geteilten „Wertehimmel“ mehr. Die Konzeptionen materialer Gerechtigkeit sind allgemeingesellschaftlich nicht mehr durchsetzbar (was sie noch nicht diskreditiert).

In einer modernen – oder gar postmodernen –, funktional differenzierten, pluralistischen und säkularen Gesellschaft muss man die gesamtgesellschaftlich verbindlichen Bezugsgrößen des normativen Relationsverhältnisses, das man mit dem Terminus der Gerechtigkeit (einschließlich seiner Entfaltungen) fasst, prozedural eruieren. Dabei wird die Telos- oder Eudämonievorgabe abgelöst von der „Verwirklichungschance" (Sen 2002) individuell gewählter Ziel- oder Glücksperspektiven. Die nachaufklärerische formal-prozedurale Ethikkonzeption des „Rechten vor dem Guten" zielt auf die Sicherung von „Freiheitsblasen", die es dem Subjekt erlauben sollen, „ein mit Gründen erstrebtes Leben zu führen" (Sen 2002, S. 110). Damit ist auch der Ansatz der formalen Gerechtigkeit nicht frei von teleologischen oder eudämonistischen Vorstellungen. Nicht nur, dass die Freiheitssicherung der individuellen Glücks- oder Sinnverwirklichung dienen soll: Freiheit wird so zum (individuell bestückbaren) Container für Glücks- und Sinnverwirklichung. Sondern die Freiheit selbst wird dabei – zunächst über ihre quasi instrumentelle Funktion, aber dann auch über eine anthropologische Deduktion – zu einem eigenständigen (transzendentalen) Wert.

Dieser nach-aufklärerische, liberale Ansatz hat auch – zum Teil heftige – Kritik erfahren, in unseren Tagen etwa von den Kommunitaristen. So hält Alasdair MacIntyre das Projekt der Aufklärung sogar für gescheitert. Dennoch hat sich in der demokratisch-politischen Praxis und in der Politiktheorie das formal-prozedurale Konzept mehr oder weniger durchgesetzt.

Zwei prominente politisch-ethische Theorien erfahren in diesem Zusammenhang gegenwärtig eine lebhafte Rezeption: die vertragstheoretische Theorie der Gerechtigkeit von John Rawls und die Diskursethik aus den Schulen von Jürgen Habermas und Karl-Otto Apel. Diese Theorien konzipieren einen formalen Rahmen, innerhalb dessen durch ein definiertes Verfahren die legitimen Normen sozialen Interagierens konstituiert werden. Wenn man davon ausgeht, dass sich die Legitimität der Normen sowohl vertragstheoretisch als auch diskursethisch durch ihren gerechten Charakter im Sinne der klassischen Gerechtigkeitssystematik rekonstruieren lässt, dann kann man die Anforderungen, die durch das Theoriedesign der ethischen Theorien von Rawls oder Habermas und Apel an die Normen sozialen Interagierens zur Bestimmung ihrer ethischen Legitimität gestellt werden, als Konzept der „sozialen Gerechtigkeit" verstehen. Denn cum grano salis definieren in dieser Sichtweise die genannten ethischen Theorien die Bedingungen für ein Gemeinwohl, das sich als Zustand sozialer Gerechtigkeit reformulieren lässt. Dieser Standard liefert die Kriterien für die Umsetzung der dann als ausführende Theorien zu verstehenden Formen der klassischen Gerechtigkeitssystematik.

2. Beteiligungsgerechtigkeit[3]

Ein eminentes Kennzeichen der Moderne ist die Wende zum Subjekt. Maßgeblich durch sie sind die gesellschaftlichen, sozialphilosophischen und ethischen Neuausrichtungen verursacht. Zu dieser Neuausrichtung gehört, wie schon erwähnt, auch die Individualisierung der Sinnfrage (und, damit verbunden, der Eudaimonia- und Telosfrage). Sowohl Konzepte der Gerechtigkeit als auch sozialphilosophische Entwürfe gerechter Gesellschaftsverhältnisse unter pluralistischen Bedingungen müssen deshalb vom Individuum ausgehen. Dieser Anforderung der Moderne entsprechend, spielt die Mitwirkung – oder zumindest die Mitwirkungsmöglichkeit – eines jeden Einzelnen bei der Gestaltung der sozialen Verhältnisse in sozialphilosophischen und sozialethischen Theorien eine große, wenn auch unterschiedlich platzierte und unterschiedlich ausgestaltete Rolle. Das kann auch deshalb nicht anders sein, weil die konkreten Gesellschaftsverhältnisse – bei aller systemischer Eigendynamik – letztlich ein anthropogenes Artefakt darstellen, für dessen Konzeption und Wirkungen ihre Urheber im Ausmaß ihrer Mitgestaltungsmöglichkeiten Verantwortung tragen. Aus diesen Gründen bekommt die Teilhabemöglichkeit an der Ausgestaltung der sozialen Verhältnisse eine zentrale Funk-

---

[3] Man kann Beteiligungsgerechtigkeit von Teilhabegerechtigkeit unterscheiden, wobei Erstere ein Akt-, Letztere ein Besitzverhältnis anspricht. Weil beide aufeinander bezogen sind (Beteiligung führt in der Regel zur Teilhabe, Teilhabe setzt in der Regel Beteiligung voraus), wird hier, der Kürze der Darstellung wegen, (auch terminologisch) nicht weiter unterschieden.

tion in modernen Gerechtigkeitskonzeptionen. Sie ist sozusagen eine conditio sine qua non für die Legitimität von sozialen resp. gesellschaftlichen Verhältnissen.
Diese Legitimierungsfunktion hängt freilich an der normativen Begründung des aufklärerisch-modernen Gesellschaftsverständnisses. Der liberale Locke-Rawls'sche Ansatz konstituiert die Ausgangsbedingungen der Vertragssituation bereits implizit beteiligungsgerecht. (Das gilt in Rawls' Neubearbeitung der „Theory of Justice" noch mehr als in seiner ursprünglichen Version wegen der veränderten Beschreibung des ursprünglichen Vertragspersonals.) In der „Theory of Justice" schlägt sich das in der Formulierung der beiden Gerechtigkeitsgrundsätze nieder. Im diskursethischen Ansatz gehört die Beteiligungsgerechtigkeit (zumindest in Form einer Teilnahmegerechtigkeit) zu den Diskursvoraussetzungen. Problematisch hingegen scheint in dieser Sache ein libertinärer Ansatz im Gefolge von Hobbes zu sein, etwa ein solcher, wie ihn James Buchanan vorlegt und wie er auch von Friedrich August von Hayek vertreten wird. Ein Naturzustand ohne jedwede normative oder präskriptive Flankierung führt zu präferenzindividualistisch generierten Strukturen, die lediglich garantieren, dass sie für alle nicht schlechter sind als ihr Fehlen.[4] Wenn man sich jedoch Malte Hossenfelder anschließt (Hossenfelder 2000), dann kommt man auch unter diesen Naturzustandsannahmen zu einer Vertragssituation, die Menschen- und (damit) Beteiligungsrechte einschließt (ohne aber schon einen politisch wirksamen Begriff distributiver Gerechtigkeit zu entwickeln).
Doch gerade diese menschenrechtlich formulierbaren Teilhabemöglichkeiten sind unter den Bedingungen moderner Gesellschaften paradoxerweise gefährdet. Man könnte von einer Dialektik der Moderne sprechen. Der Anspruch auf

[4] Selbst diese Konsequenz scheint mir nicht zwingend, da nicht unbedingt Individuen miteinander konkurrieren, sondern Gruppen bzw. Sippen. Damit können Zwangsstrukturen entstehen, die keineswegs ein Vertragsresultat sind. Davon abgesehen, ist die Homo-Oeconomicus-Annahme nicht nur eine Fiktion, sondern führt auch mit ihrer Rationalität in Aporien; vgl. Kliemt 2004.

Teilhabe einerseits und die durch funktionale Differenzierungen mit ihren Konsequenzen verursachten Gefährdungen derselben andererseits führen zur Formulierung der Beteiligungsgerechtigkeit als einem unverzichtbaren Konstitutivum verfahrensethischer Gesellschaftsgestaltung. So verstanden, ist die Beteiligungsgerechtigkeit keine eigenständige Form der Gerechtigkeit, sondern eine unverzichtbare Bedingung, ein normatives Theorieelement sozialer Gerechtigkeit. Sie löst die anderen Formen der Gerechtigkeit nicht ab (was angesichts von Tendenzen in der deutschen Politik, Verteilungsgerechtigkeit durch Beteiligungsgerechtigkeit zu ersetzen, zu betonen ist; vgl. Möhring-Hesse 2004), sondern macht sie unter modernen Bedingungen erst möglich. Weil nun die allgemeine Teilhabe an gesellschaftlichen Entscheidungsprozessen eine Bedingung für deren ethische Legitimität ist, diese Teilhabe aber nicht unerheblich von der Partizipation an und der Verfügung über bestimmte Güter abhängt (Bildung, Information, geldwertes Vermögen, Arbeit u. v. m.) und die Distribution der Güter wiederum nicht unabhängig ist vom Ausmaß der Beteiligungsmöglichkeiten sittlicher Subjekte am Verteilungsprozess samt seiner Modalitäten, muss die distributive Gerechtigkeit in Ansehung dieser Interdependenz den sittlichen Subjekten die Teilhabe an Gütern in dem Ausmaß garantieren, das die aktive Beteiligung an der Gestaltung des sozialen Lebensraums gestattet (vgl. Möhring-Hesse 2004). Zweierlei ist also erforderlich: Beteiligung an den entscheidenden Prozessen und Teilhabe an Entscheidungsmöglichkeiten und Gütern.

In diesem Sinne formulierten die Bischöfe der USA in ihrem Wirtschaftshirtenwort von 1986: „Soziale Gerechtigkeit bedeutet, dass Menschen verpflichtet sind, sich aktiv und produktiv am Leben der Gesellschaft zu beteiligen, und dass es der Gesellschaft obliegt, ihnen die Möglichkeit einer solchen Beteiligung zu schaffen" (Katholische Sozialakademie Österreichs u. a. (Hrsg.) 1987, n. 71). Friedhelm Hengsbach erläutert diesen Ansatz: „Beteiligungsgerechtigkeit ist sowohl Verhaltensnorm als auch Strukturnorm. Sie überträgt die christliche Inspiration der grundlegenden Gleichheit aller Menschen, die jeder Differenzierung nach

Begabung, Rasse und Geschlecht vorausliegt, in die Ordnungsstruktur einer solidarischen Gesellschaft" (Katholische Sozialakademie Österreichs u. a. (Hrsg.) 1987, n. 22). So unpathetisch dieser Satz auch formuliert ist, so weitreichend sind seine Konsequenzen, wenn man ihn ernst nimmt. Demnach ist der systematische Ausgangspunkt der Beteiligungsgerechtigkeit wie auch der Gerechtigkeit insgesamt nicht ein kontingenter eudämonistischer Standard, sondern der Mensch mit seiner nicht-relativierbaren Würde. Es gibt also aus theologischer Perspektive einen allen Vertragsabschlüssen und Diskursen vorgängigen normativen Standard, der freilich näher zu begründen und zu explizieren ist. Die Gleichheit, auf die sich Gerechtigkeit bezieht, liegt demnach nicht in einer für alle gleichen normfreien Ausgangssituation (wie z. B. bei James Buchanan, wo die Freiwilligkeit der Vertragswähler auf einseitig gestaltbaren Zwangsverhältnissen, also letztlich auf Unterdrückungssituationen im Sinne Youngs [Young 2002] basiert), sondern in einer allen naturalen und anthropogenen Konstellationen vorgängigen metaphysisch-anthropologischen Verständigung.[5] Von diesem Person(wohl)prinzip und seinen ausführenden Prinzipien (wie Solidarität, Subsidiarität und Nachhaltigkeit) her wird das Gemeinwohl gedacht und gerechtigkeitstheoretisch rekonstruiert. Dieses Instrumentarium

[5] Einer solchen Gleichheit, die sich – im Sinne von Koller 2002 – als soziale Gleichheit versteht, geht es nicht „egaliatristisch" um eine bedingungslos identische Ausstattung, sondern um einen definierten Referenzpunkt für Ausstattungs-, Tausch- und Verteilungsmodalitäten, also um einen inhaltlich gefüllten normativen Standard. Insofern ist sie „egalitär". Soziale Gleichheit muss als eine mehrstellige Relation verstanden werden. Sie beschreibt das Verhältnis von A zu Y und B zu Y in Relation zu S, wobei A und B die Subjekte, Y das distributive Gut und S den normativen Standard repräsentiert. Es geht also nicht, wie im kruden Egalitarismus, um eine identisch große Zuteilung von Y an A und B, sondern um die Zuteilungsration im Verhältnis zum normativen Standard S, der selbst noch einmal ausdifferenziert ein kann. Damit greifen die Non-Egalitarismus-Argumente der Egalitarismus-Debatte (vgl. Krebs [Hrsg.] 2000) nur sehr begrenzt. Vgl. dazu auch Koller 2002.

bildet das kritische Potential bei der Gestaltung einer modernen, differenzierten Gesellschaft. Menschenwürdig kann eine solche Gesellschaft nur sein, wenn die sie tragenden und von ihr betroffenen Subjekte sich in Freiheit selbst auslegen können. Das meint mehr als ein ggf. versklavtes Leben unter den frei gewählten Bedingungen eines Buchanan'schen Vertrags. Denn nicht nur der Freiheitsbegriff, der einen solchen Kontrakt legitimiert, ist problematisch, sondern auch die Absehung von menschenrechtlichen Standards. Legt man solche Standards an (wobei hier offen bleiben kann, ob man dies mit John Rawls, Martha Nussbaum oder auf völlig andere Weise tut, etwa über theologische Begründungsfiguren), dann weiß man spätestens seit der Industrialisierung, dass die liberalen, negativen Freiheiten nicht ausreichen. Freiheit bedarf auch ausreichender ökonomischer Grundlagen und einer Teilhabe an den gesellschaftlichen Prozessen (vgl. hierzu Köhler 2002; Kersting 2002, S. 120 f.). Dabei beruht die Verteilung ökonomischer Potenz keineswegs alleine auf persönlicher Tüchtigkeit. Zudem wird sich die bereits deutlich bestehende Ungleichverteilung unter libertinären Bedingungen ohne korrigierende sozial-politische Flankierung extrem verschärfen (vgl. Quaißer/Welter 2004). Damit schwinden für die ökonomisch Schlechtgestellten auch die Möglichkeiten freier Selbstauslegung und der Teilnahme an gesellschaftlichen Gestaltungsprozessen (dazu Koller 2002, S. 96). („Wenn Ungleichheit ein bestimmtes Maß übersteigt, geht sie über in Unfreiheit", Prantl 2005, S. 135.) Aus diesem Grund ist eine staatliche Verteilungspolitik von bleibender Bedeutung (vgl. Möhring-Hesse 2004). Die Möglichkeit freier Selbstauslegung wird von noch weiteren Umständen beeinflusst, etwa von (Aus-)Bildungsmöglichkeiten, von politischen Partizipationsmöglichkeiten (zu denen auch angemessene Formen direkter Demokratie gehören), von zivilgesellschaftlichen Gestaltungsmöglichkeiten, vom Zugang zu einer angemessenen Gesundheitsversorgung, von Informations- und Kommunikationsmöglichkeiten und von vielem mehr: in zentraler Weise in unserer Arbeitsgesellschaft jedoch von fairen Teilnahmechancen auf dem Arbeitsmarkt. Dabei sind die Bildungschancen wiederum grundlegend für die Wahr-

nehmung vieler und weiterer Möglichkeiten. Bei diesen nicht-materiellen Gütern handelt es sich nur zum Teil um öffentliche Güter. Folglich sind hier Distributionsmaßnahmen nötig.
Wenn die Teilhabe an diesen Gütern eine Voraussetzung für ein menschenwürdiges Leben in einer modernen, differenzierten Gesellschaft ist, dann sind die Teilhabemöglichkeiten ein Kriterium für die moralische Qualität einer gesellschaftlichen Ordnung. Wenn weiterhin die Bedingungen menschenwürdigen Lebens Gegenstand der Menschenrechte sind und der Staat als Minimalaufgabe die Sicherstellung der Menschenrechte hat (in Deutschland auch noch im Rekurs auf GG Art. 1 Abs. 1), dann gehört die Garantierung ausreichender Beteiligungs- und Teilhabemöglichkeiten zum Kerngeschäft des modernen Verfassungsstaats.
Diese elementaren Beteiligungsmöglichkeiten gibt es nur, wenn die Prinzipien der Subsidiarität und der Solidarität greifen, wenn (unverschuldete) Beteiligungsbarrieren in einer rechts- und sozialstaatlich verbürgten Subsidiarität beseitigt oder überbrückt werden und wenn diese staatliche Funktion von den Bürgerinnen und Bürgern (nötigenfalls auch entgegen deren Bereitschaft) solidarisch getragen wird.
Aus dieser Erkenntnis folgt zweierlei. Erstens: Eine Sozialpolitik, die auch Reichtumsverteilung als Instrument kennt, muss – ebenso wie distributive Maßnahmen bei bestimmten nicht-materiellen Gütern – zu den Aufgaben eines demokratischen Staates gehören. Zweitens: Es obliegt den Teilnehmenden und den Akteuren dieser staatlichen Veranstaltung, sich an der Bewältigung der Aufgaben zu beteiligen, die nötig sind, um einen solchen Staat funktionsfähig zu halten. Beide Aspekte dürfen nicht gegeneinander ausgespielt werden, weil dann ein Standbein der Beteiligungsgerechtigkeit wegbricht und damit die Gerechtigkeit dahinfällt.
Zu dem ersten Aspekt gehören auch alle Fragen nach einer Ausgestaltung der Wirtschaftsordnung. Die Wirtschaftsordnung ist ein Artefakt. Wenn es darum geht, welche Ordnung und welche Maßnahmen die besseren sind, dann muss sich dies mit der Frage verbinden: besser für wen? Es

gibt keine objektiv richtige oder falsche Wirtschaftspolitik, also eine von partikulären Interessen freie (vgl. Quaißer/ Welter 2004). Deshalb sind wirtschaftspolitische Maßnahmen stets mit Gerechtigkeitskriterien zu konfrontieren.

Beteiligungsgerechtigkeit darf nicht mit Sozialabbau verwechselt werden. „Wenn ein Krieg zu Ende ist", schreibt Heribert Prantl (Prantl 2005, S. 17 ff.), „braucht man kein Feldlazarett mehr. [...] So ergeht es heute der Sozialpolitik. Sie war das Feldlazarett hinter den Fronten des Industriezeitalters; die Postmoderne braucht es nicht mehr. [...] Die Sozialpolitiker werden nach Hause geschickt. [...] Das System funktioniert ja auch so, es funktioniert ohne solche Rücksichtsmaßnahmen, genannt Sozialpolitik, vermeintlich sogar noch besser." Und zur Diskrepanz zwischen hohen Firmengewinnen und Dividendenausschüttungen für Shareholder einerseits und gleichzeitigen Entlassungen andererseits meint Prantl: „Arbeitslosigkeit ist [...] schwere Körperverletzung [...], schwerer Diebstahl. [...] Sie lässt [den Menschen] verkümmern [...]. Sie forciert den Ausschluss von immer mehr Menschen aus der Gesellschaft. [...] Sie zerstört die Gesellschaft" (Prantl 2005, S. 23 f.). „Arbeit ist also nicht nur ein ökonomisches, sondern ein lebensethisch wichtiges Gut, eine Autonomiechance" (Prantl 2005, S. 25). Mehr noch, Arbeit ist ein Gut, durch das sich der Mensch als Mensch verwirklicht und das die geradezu genetische Grundlage des Kapitals ist. Deshalb verlangt es nach einer Art „Gleichberechtigung" mit diesem (vgl. Johannes Paul II. 1981). Aus demselben Grund gibt es auch einen Anspruch auf eine humane Qualität von Arbeit und Arbeitsverhältnissen.

„Verschlechtert sich das Einkommen massiv, dann ändert sich parallel zum schwindenden Geld die seelische Verfassung der Menschen" (Prantl 2005, S. 27). „Sozialpolitik ist die Basispolitik der Demokratie. Eine moderne Sozialpolitik sorgt dafür, dass der Mensch Bürger sein kann" (Prantl 2005, S. 31).

Sozialpolitik in diesem Sinne bedeutet nicht, bloß Finanztransfers zu leisten, sondern kreativ Arbeitsplätze zu schaffen (vgl. auch hierzu Prantl 2005), (Aus-)Bildung zu verbessern, Vereinbarkeit von Familien- und Berufstätigkeit besser zu ermöglichen, Teilzeitarbeit stärker zu fördern und vieles mehr. Dies funktioniert freilich nicht ohne Distributionsmaßnahmen auch im Sinne der Reichtumsverteilung. Wenn man Beteiligungsgerechtigkeit will (und sie zu wollen ist gerechtigkeitstheoretisch nicht freigestellt), dann muss man einschlussweise auch distributive Gerechtigkeit wollen. Dieser Zusammenhang wird – nicht nur in Deutschland – (meist mit dem nur begrenzt zutreffenden Hinweis auf Globalisierung und Wettbewerbsfähigkeit) immer weiter aufgelöst, ja, distributive Gerechtigkeit wird diskreditiert.[6] Verteilungsfragen sind stets interessenimprägniert. Deshalb lohnt es sich, den eigeninteressierten Kern von scheinbar objektiven Argumenten herauszuschälen. (Man denke an die Steuer[senkungs]politik der letzten Jahre, die, volkswirtschaftlich teils kontraproduktiv, die oberen Einkommensgruppen überproportional entlastet; vgl. dazu Quaißer/Welter 2004.) Detlef Grieswelle, wissenschaftlicher Mitarbeiter im Bundesarbeitsministerium, stellt sogar hinsichtlich des Memorandums „Mehr Beteiligungsgerechtigkeit" einer Expertengruppe der Kommission VI der Deutschen Bischofskonferenz von 1998 fest: „Leitfigur ist der Selbstverantwortung ausübende, weitgehend integrierte Mensch, Bedürftigkeit und Not haftet eher etwas Negatives an" (Grieswelle 1999). Wenn nicht strukturell induzierte Benachteiligung und Exklusion der Skandal sind, sondern die Forderung nach Gerechtigkeit, dann wird im Kern die Geschäftsgrundlage unserer deutschen Demokratie thematisiert.

Der zweite Aspekt der Beteiligungsgerechtigkeit ist allerdings ebenso wichtig: die aktive Beteiligung aller am Erhalt unserer demokratisch-sozialen Ordnung nach Maßgabe des jeweils Möglichen. „Die Idee ist einfach, aber weitreichend: Jeder Mensch hat ein Recht auf Teilhabe. Jeder hat die Fähigkeit, aber auch die Pflicht, seinen ihm möglichen Teil

[6] Dies geschieht in zweierlei Hinsicht: Erstens wird – etwa im Anschluss an Buchanan – die distributive Gerechtigkeit als solche verabschiedet. Zweitens wird sie unter einen – prinzipiell gerechtfertigten – Ermöglichungsvorbehalt gestellt, der jedoch faktisch ein Definitionsinteresse der Starken (im Sinne Buchanans) ist.

zum Gelingen des Ganzen beizutragen. Jeder wird gebraucht, keiner darf ausgegrenzt werden, und keiner darf sich selber ausgrenzen, weder auf den unteren noch auf den oberen Sprossen der Gesellschaft. [...] Jeder gibt, was er hat und was er kann" (Dettling 2001, S. 72 f.), und jeder bekommt, was er zu einem menschenwürdigen, auskömmlichen Leben und zur Teilhabe am sozialen Prozess braucht. Damit ist wieder die Verteilungsgerechtigkeit angesprochen, aber besonders Solidarität und Subsidiarität. Solidarität ist nicht nur die Verpflichtung der Starken gegenüber der Gemeinschaft und somit gegenüber den Schwachen, sondern auch die Verpflichtung der Schwachen, das ihnen Mögliche und Zumutbare zu tun. Subsidiarität meint nicht nur das Recht der kleineren Einheit auf Selbstbestimmung und ihren Anspruch auf Unterstützung, sondern auch das Recht und die Pflicht der kleineren Einheit bis hin zum Individuum, die gesellschaftlichen Spielregeln mitzubestimmen. Damit kommen zwei Aspekte ins Spiel: das der angemessenen Reziprozität und das der Diversität (vgl. Dettling 2001, S. 74). Reziprozität meint das angemessene Gegenseitigkeitsverhältnis, das im beschriebenen Solidaritätsprinzip steckt: die Balance zwischen Nehmen und Geben, zwischen Eigenverantwortung und Solidarität. Diversität (oder neudeutsch: diversity) bezeichnet die Vielgestaltigkeit und Verschiedenartigkeit, die durch das Subsidiaritätsprinzip in Verbindung mit dem ihm inhärenten Recht auf Mitgestaltung des sozialen Lebens geschützt und gefördert wird bzw. werden soll. Dem Diversitätsprinzip entspringt somit eine Verpflichtung gesellschaftlicher Lenkungssysteme – z. B. des Staates –, bei der Gestaltung des Gemeinwesens den Verschiedenartigkeiten der Subjekte nach Möglichkeit zu entsprechen („diversity management"). (Hierhin gehört auch der – von Hegel herkommende und in der jüngeren politisch-philosophischen Debatte wieder reüssierende – Begriff der Anerkennung, der aber weder den der Gerechtigkeit insgesamt noch den der Umverteilung im Speziellen ersetzen kann, vielmehr deren grundlegende Bedingung darstellt. Zu dieser Debatte: Fraser/Honneth 2003).

3. Anwaltschaftlichkeit

Nun gibt es Menschen und Personengruppen, die weder sich beteiligen noch sich Gehör verschaffen können. Bei manchen ist dieses Handicap kontingent und prinzipiell behebbar, bei anderen ist es strukturell und unveränderlich. Zu Ersteren gehören faktisch Marginalisierte, die sich jedoch prinzipiell Gehör und Gerechtigkeit erstreiten können. Im historischen Rückblick erscheint die Arbeiterschaft als eine solche Gruppe, von der Franz von Baader – bedeutendster Vertreter der Sozialkritik der Romantik – sagte, sie sei – unter den damaligen Verhältnissen – „zum nicht mehr gehört werdenden Teil des Volkes heruntergekommen" (Brüls 1958, S. 21) und damit faktisch rechtlos. Baader verlangte die Vertretung der Proletarier in den Parlamenten durch Advokaten bzw. Fürsprecher. Seine Diagnose war sicherlich zutreffend, sein Problemlösungsvorschlag jedoch unzureichend. Wenn immer möglich, sind Beteiligungsgerechtigkeit und Teilhabe unmittelbar umzusetzen. So war es gewiss der bessere Weg, Gewerkschaften zu fördern, das Dreiklassenwahlrecht zu überwinden und Mitbestimmungsformen zu installieren.

Allerdings gibt es, wie schon angedeutet, auch Personengruppen, denen eine persönliche oder unmittelbare Teilhabe an der Gestaltung der sozialen Verhältnisse grundsätzlich unmöglich ist: Unmündige, Säuglinge, Ungeborene, Demente, manche Schwerstkranke und andere. Apel und Habermas fordern für diese Fälle advokatorisch, also anwaltschaftlich geführte Diskurse, damit die Positionen und Interessen aller Betroffenen in den Diskurs eingebracht werden können (Habermas 1983, S. 104; Apel 1992, S. 123). So verstanden, ist Anwaltschaftlichkeit ein in bestimmten Fällen notwendiges Substitut für aktive Beteiligung mit dem Ziel der Teilhabe, sie ist ein Instrument zur Korrektur von Ohnmachtskonstellationen (Hilpert 2001, S. 84). In der US-amerikanischen Advocacy-Diskussion verband bereits 1965 Charles Grosser, Sozialarbeiter in New York, die advokatorische Tätigkeit mit dem Ziel, seinen Klienten Partizipationsmöglichkeiten zu verschaffen (Beck 2003, S. 41 f.). Zwar lässt sich das Anwaltschaftlich-

keitsverständnis aus der Sozial- bzw. Gemeinwesenarbeit mit ihren verschiedenen Konzepten und methodischen Ansätzen nicht umstandslos in eine strukturenethisch konzipierte Gerechtigkeitstheorie übernehmen, doch lässt sich der sozialarbeiterische Advokat als ein spezieller Anwender der gerechtigkeitstheoretischen Vorgaben verstehen, dessen Arbeit und Praxisreflexion für das ethische Konzept aufschlussreich ist.
Das Ziel anwaltschaftlichen Handelns hat sich also am Ideal der Teilhabe und Beteiligung zu orientieren. Das heißt: ähnlich wie in der Diskursethik (nach Apel) unter diskurswidrigen Umständen strategisches Handeln notwendig, aber nur insoweit legitim ist, als es (1) diskursiv rechtfertigbar ist und (2) Konstellationen erzeugt, die diskursiver sind als die Ausgangssituation, muss advokatorisches Handeln (1) von der Position tatsächlicher Beteiligung der advokatorisch Vertretenen her legitimierbar sein und (2) die tatsächliche Teilhabe und Beteiligung in weitestgehendem Maße anstreben. Diese anwaltschaftliche Konkretisierung diskursethischer Normfindung ist auch ein Anliegen von Micha Brumliks advokatorischer Ethik (Brumlik 1992).
Ein Anwalt ist jemand, der – in der Regel aufgrund einer Beauftragung durch den Klienten, in besonderen Fällen aber auch ohne diese – für jemanden auftritt, der sich selber in einer Sache nicht ausreichend vertreten kann. Anwaltschaftlichkeit verfehlt sich dort, wo ihr emanzipatorischer Charakter zurücktritt und sich die Asymmetrie der Gestaltungsmöglichkeiten paternalistisch auswirkt.
Aus dieser kurzen Skizze ergibt sich bereits ein grobes Profil anwaltschaftlicher Tätigkeit (vgl. Hilpert 2001, S. 86 ff.): Hinschauen, Beraten, Zur-Geltung-Bringen. Letzteres erfordert auch, im Diskurs die Anliegen der Vertretenen ausreichend plastisch darzustellen, um in einer funktional differenzierten Gesellschaft, die Not und Leid in die dafür zuständigen Teilsysteme delegiert, den Handlungsbedarf sichtbar zu machen.
Gerechtigkeit, Beteiligung bzw. Teilhabe und Anwaltschaftlichkeit stehen also in einem hierarchischen Verhältnis zueinander, wobei Teilhabe und Beteiligung geradezu Möglichkeitsbedingungen für gerechte Verhältnisse in moder-

nen Gesellschaften darstellen und Anwaltschaftlichkeit als Substitut verstanden werden muss. Insofern ist es – im Rückschluss – ein Gerechtigkeitskriterium, ob eine Gesellschaft möglichst umfangreiche Teilhabe- und Beteiligungsmöglichkeiten schafft und anwaltschaftliche Diskursvertretungen institutionalisiert. Und jedes Eintreten für den Nächsten aus Nächstenliebe muss auf institutioneller, systemischer Ebene zu einem – nötigenfalls anwaltschaftlichen – Einsatz für Teilhabe und Beteiligungsgerechtigkeit werden.

Weiterführende Literatur:

Apel, Karl-Otto, Diskurs und Verantwortung. Das Problem des Übergangs zur postkonventionellen Moral, Frankfurt 2. Auflage 1992.

Baum, Hermann, Theorien sozialer Gerechtigkeit. Politische Philosophie für soziale Berufe, Münster 2004.

Beck, Christian, Anwaltschaft. Begriff und ethischer Auftrag am Beispiel der Caritas-Schuldnerberatung, Freiburg 2003.

Bohmeyer, Axel, Was meinen wir, wenn wir von Gerechtigkeit sprechen?, in: Wissenschaftliche Arbeitsstelle des Oswald-von-Nell-Breuning-Hauses (Hg.), Gerechtigkeit für Anfänger, Münster 2004, S. 9-16.

Brüls, Karlheinz, Geschichte der katholisch-sozialen Bewegung in Deutschland, Münster 1975.

Brumlik, Micha, Advokatorische Ethik – Zur Legitimation pädagogischer Eingriffe, Bielefeld 1992.

Brunkhorst, Hauke, Demokratie und Differenz. Vom klassischen zum modernen Begriff des Politischen, Frankfurt 1994.

Buchanan, James, Die Grenzen der Freiheit. Zwischen Anarchie und Leviathan, Tübingen 1984.

Dettling, Warnfried, Raus aus dem Jammertal, in: Lehner, Markus / Manderscheid, Michael (Hg.), Anwaltschaft und Dienstleistung. Organisierte Caritas im Spannungsfeld, Freiburg 2001, S. 67-76.

Die deutschen Bischöfe – Kommission für gesellschaftliche und soziale Fragen, Mehr Beteiligungsgerechtigkeit. Beschäftigung erweitern, Arbeitslose integrieren, Zukunft sichern: Neun Gebote für die Wirtschafts- und Sozialpolitik. Memorandum einer Expertengruppe berufen durch die Kommission VI für gesellschaftliche und soziale Fragen der Deutschen Bischofskonferenz, Bonn 1998.

Forst, Rainer, Kontexte der Gerechtigkeit. Politische Philosophie jenseits von Liberalismus und Kommunitarismus, Frankfurt 1996.

Fraser, Nancy / Honneth, Axel, Umverteilung oder Anerkennung. Eine politisch-philosophische Debatte, Frankfurt 2003.

Grieswelle, Detlef, „Mehr Beteiligungsgerechtigkeit". Zu einem Memorandum der katholischen Kirche, in: Die neue Ordnung 53, Heft 1 (1999), S. 57-63.

Habermas, Jürgen, Moralbewusstsein und kommunikatives Handeln, Frankfurt 1983.

Hayek, Friedrich August von, Recht, Gesetzgebung und Freiheit. Eine neue Darstellung der liberalen Prinzipien der Gerechtigkeit und der politischen Ökonomie. Band 2: Die Illusion der sozialen Gerechtigkeit, Landsberg/Lech 1981.

Hilpert, Konrad, Prinzip Anwaltschaftlichkeit, in: neue caritas 100, Heft 1 (1999), S. 8-16.

Hilpert, Konrad, Prinzip Anwaltschaftlichkeit. Annäherungen, in:, Lehner, Markus / Manderscheid, Michael (Hg.), Anwaltschaft und Dienstleistung. Organisierte Caritas im Spannungsfeld, Freiburg 2001, S. 77-94.

Höffner, Joseph, Christliche Gesellschaftslehre. Studienausgabe, Kevelaer 4. Auflage 1983.

Hossenfelder, Malte, Der Wille zum Recht und das Streben nach Glück. Grundlegung einer Ethik des Wollens, München 2000.

Johannes Paul II., Enzyklika „Laborem exercens", hg. vom Sekretariat der Deutschen Bischofskonferenz, Bonn 1981.

Katholische Sozialakademie Österreichs u. a. (Hg.), Wirtschaftliche Gerechtigkeit für alle. Hirtenbrief der katholischen Bischofskonferenz der USA, Oberursel 1987.

Kerber, Walter, Sozialethik, Stuttgart u. a. 1998.

Kersting, Wolfgang, Theorien der sozialen Gerechtigkeit, Stuttgart 2000.

Kliemt, Hartmut, Der Homo Oeconomicus – Fakten, Fiktionen, Fehleinschätzungen, in: Bizer, Christoph u. a. (Hg.), Menschen Bilder im Umbruch – Didaktische Impulse. Jahrbuch der Religionspädagogik – Band 20, Neukirchen 2004, S. 42-50.

Klüber, Franz, Artikel „Gerechtigkeit", in: Katholische Sozialakademie Österreichs (Hg.), Katholisches Soziallexikon, Innsbruck u. a. 1964, S. 315-320.

Kluxen, Wolfgang, Lex naturalis bei Thomas von Aquin, Wiesbaden 2001.

Köhler, Michael, Iustitia fundamentum regnorum. Gerechtigkeit als Grund der Politik, in: Schmücker, Reinold / Steinvorth, Ulrich (Hg.), Gerechtigkeit und Politik. Philosophische Perspektiven, Berlin 2002, S. 25-40.

Koller, Peter, Grundriss einer liberalen Sozialstaatsbegründung, in: Schmücker, Reinold / Steinvorth, Ulrich (Hg.), Gerechtigkeit und Politik. Philosophische Perspektiven, Berlin 2002, S. 117-132.

Korff, Wilhelm u. a. (Hg.), Handbuch der Wirtschaftsethik. 4 Bände, Gütersloh 1999.

Krebs, Angelika (Hg.), Gleichheit oder Gerechtigkeit. Texte der neuen Egalitarismuskritik, Frankfurt 2000.

Krebs, Angelika, Einleitung: Die neue Egalitarismuskritik im Überblick, in: Krebs, Angelika (Hg.), Gleichheit oder Gerechtigkeit. Texte der neuen Egalitarismuskritik, Frankfurt 2000, S. 7-37.

Leggewie, Claus / Münch, Richard (Hg.), Politik im 21. Jahrhundert, Frankfurt 2001.

Lehner, Markus / Manderscheid, Michael (Hg.), Anwaltschaft und Dienstleistung. Organisierte Caritas im Spannungsfeld, Freiburg 2001.

Möhring-Hesse, Matthias, Die demokratische Ordnung der Verteilung. Eine Theorie des sozialen Gerechtigkeit, Frankfurt / New York 2004.

Nell-Breuning, Oswald von, Gerechtigkeit und Freiheit. Grundzüge katholischer Soziallehre, München 2. Auflage 1985.

Nothelle-Wildfeuer, Ursula, Soziale Gerechtigkeit und Zivilgesellschaft, Paderborn 1999.

Nussbaum, Martha C., Menschliches Tun und soziale Gerechtigkeit. Zur Verteidigung des aristotelischen Essentialismus, in: Brumlik, Micha / Brunkhorst, Hauke (Hg.), Gemeinschaft und Gerechtigkeit, Frankfurt 1993, S. 323-361.

Prantl, Heribert, Kein schöner Land. Die Zerstörung der sozialen Gerechtigkeit, München 2005.

Quaißer, Gunter / Welter, Ralf, Ein kurzer Blick auf eine (ökonomisch) gerechte Verteilung, in: Wissenschaftliche Arbeitsstelle des Oswald-von-Nell-Breuning-Hauses (Hg.), Gerechtigkeit für Anfänger, Münster 2004, S. 27-38.

Schlothfeldt, Stephan, Ein Recht auf Beteiligung an der Erwerbsarbeit: in: Kersting, Wolfgang (Hg.) 2000: Politische Philosophie des Sozialstaats, Weilerswist 2000, S. 372-403.

Schneider, Martin, Soziale Gerechtigkeit, in: Baumgartner, Alois / Putz, Gertraud (Hg.), Sozialprinzipien. Leitideen in einer sich wandelnden Welt, Innsbruck 2001, S. 31-78.

Sen, Amartya, Ökonomie für den Menschen. Wege zu Gerechtigkeit und Solidarität in der Marktwirtschaft, München 2002.

Wulsdorf, Helge / Marx, Reinhard, Christliche Sozialethik. Konturen, Prinzipien, Handlungsfelder, Paderborn 2002.

Young, Iris Marion, Fünf Formen der Unterdrückung, in: Horn, Christoph / Scarano, Nico (Hg.), Philosophie der Gerechtigkeit. Texte von der Antike bis zur Gegenwart, Frankfurt 2002, S. 428-445.

Werner Wertgen

Gerechtigkeit im Gesundheitswesen

Ethische Überlegungen zu aktuellen Entwicklungen

Steckt das deutsche Gesundheitswesen in einer Strukturkrise? Während manche vom „Märchen von der Kostenexplosion" (vgl. Braun/Kühn/Reiners 1998) sprechen, das von interessierter Seite lanciert werde, verweisen andere (z. B. Fetzer/Raffelhüschen 2002; Krämer 1997) auf die steigende durchschnittliche Lebenserwartung der Deutschen, ihre geringe Fertilität (die Geburtenzahl in Deutschland liegt gegenwärtig bei ca. 1,37 Kindern pro Frau; vgl. Informationen zur politischen Bildung 2004, 18; Engstler/Menning 2003, S. 71) und die zu erwartenden produktinnovativen Add-on-Technologien in der Medizin (vgl. Krämer 1997; Fetzer/Raffelhüschen 2002), die entweder zu Beitragssteigerungen in der Gesetzlichen Krankenversicherung (GKV) auf ca. 25 % des Bruttolohns im Jahr 2050 führten (vgl. Fetzer/Raffelhüschen 2002; Breyer 2002, S. 11-27) oder das jetzige System der umlagefinanzierten Sozialversicherung kollabieren ließen. Wenn man sich letzterer Diagnose, die mit einiger Plausibilität ausgestattet ist, anschließt, dann bieten sich mehrere Möglichkeiten zur Lösung des sich abzeichnenden Gerechtigkeitsproblems im deutschen Gesundheitswesen, des Spagats „zwischen dem moralisch Notwendigen und dem ökonomisch Vertretbaren" (Kersting 1997, S. 173). Es gibt u. a. folgende Möglichkeiten (vgl. auch Wertgen 2005):

(1) Man nimmt die prognostizierten Beitragssteigerungen in Kauf. Abgesehen von den damit verbundenen Auswirkungen auf den Arbeitsmarkt und den zirkulären Rückwirkungen auf die Einnahmesituation der Sozialversicherungen könnte dies zu einer Aufkündigung des solidarischen Versicherungssystems durch die beitragszahlende Bevölkerung führen, die (a) das Prinzip der Generationengerechtigkeit

verletzt sehen könnte und (b) die Gesamtabgabenbelastung (alle Sozialversicherungen zusammen werden ohne Reform im Jahr 2050 etwa zwei Drittel des Bruttolohns verschlingen; hinzu kommt die Steuerlast) möglicherweise nicht zu tragen bereit ist (vgl. Breyer 2002; Dallinger/Liebig 2004).

Es ist richtig, dass die Generation der jetzt 35-Jährigen eine doppelte Last trägt: Sie muss mit ihren Beiträgen (sofern sozialversicherungspflichtig!) die Kosten für die Finanzierung der Leistungen an Ältere übernehmen und zugleich, weil das Umlageverfahren in der bisherigen Form ihr in der Zukunft keine ausreichende Sicherung bieten kann, für die eigene Versorgung zusätzliche Finanzmittel aufbringen. Diese Belastung wird nicht dadurch geringer, dass man auf die niedrige Fertilitätsrate dieser Generation verweist, die das Problem wahrscheinlich[1] weiter verschärft. Sofern die geringe Nachwuchsfreudigkeit mit ungünstigen familienpolitischen Rahmenbedingungen zusammenhängt, liegt hier ein enormer Reformbedarf vor; von der Gerechtigkeitsproblematik der aktuellen Familienpolitik ganz zu schweigen (vgl. Jünemann/Ludwig [Hrsg.] 2002; Aus Politik und Zeitgeschichte 23-24/2005).

Allerdings gilt, unbeschadet dieser Überlegungen, auch der Hinweis von Norbert Blüm:

„Was die Belastung der jungen Generation durch die Alten anbelangt, so ist es richtig, dass die Enkel meiner Eltern heute einen doppelt so hohen Beitrag zahlen wie ihre Großeltern. Doch der Lebensstandard meiner Eltern war ungefähr halb so hoch wie der ihrer Enkel. Zehn Prozent von niedrigem Einkommen lassen eben weniger zur Verfügung als 20 Prozent von höherem [...]" (Blüm 2004, S. 154).[2]

---

[1] Man kann dies nur mit Wahrscheinlichkeit behaupten, da eine hohe Geburtenrate in Verbindung mit anhaltend hoher Arbeitslosigkeit ebenso verschärfend wirken würde. Zu einer steigenden Fertilität muss noch eine hohe Beschäftigungsrate hinzukommen.

[2] Reinhardt 2004, S. 17, betont im Aventis-Magazin (!), der Gesundheitssektor sei ein volkswirtschaftlicher Faktor, weswegen sein relativ hoher Anteil am Bruttoinlandsprodukt unbedenklich sei. Die Klage über die Anteilshöhe spiegele die mangelnde Solidaritätsbe-

(2) Das Sozialversicherungsprinzip wird gegen ein rein marktwirtschaftliches eingetauscht. Damit wäre die Gesundheitsversorgung an die jeweilige ökonomische Potenz der Patientin oder des Patienten geknüpft. Angesichts des fundamentalen und bedingenden resp. des transzendentalen bzw. konditionalen Charakters der Güter Gesundheit und Leben (vgl. Kersting 2002; Schüller 1980, S. 124-132) ist diese Lösung ethisch nicht hinnehmbar. Denn Gerechtigkeit würde dabei ausschließlich kommutativ verstanden und bezöge sich alleine auf die Gleichwertigkeit marktfähiger Güter bei deren Tausch. Jede Gleichheitsvorstellung, die menschenrechtliche Annahmen einbezieht – und damit die Basis „alteuropäischen" Verfassungsstaatsdenkens sowie die Grundlage theologischer Sozialethik –, wäre damit verabschiedet (vgl. Kersting 1997, S. 185 ff.).
(3) Man nimmt verdeckte Rationierungen in Kauf. Dabei werden Einsparungen dadurch erreicht, dass bestimmten Personengruppen aus ökonomischen Gründen und ohne explizite oder legitimierte Kriteriologie Leistungen vorenthalten werden (meist mit einer medizinisch getarnten Begründung). Die Kriterien, das zeigen Erfahrungen aus dem Nationalen Gesundheitsdienst Großbritanniens, sind recht beliebig und im Kern diskriminierend (vgl. Smith 2000). Hierbei würde bzw. wird jede von der Selbstwertigkeit des Menschen abgeleitete Gleichwertigkeit ausgeblendet und missachtet. Damit greift hier eine ähnliche Kritik wie die gegenüber dem Vorschlag einer reinen Marktgängigkeit der Gesundheitsgüter. Dieser Weg ist deshalb ethisch unakzeptabel und auch aus rechtlichen Gründen nicht gangbar.
(4) Man führt explizite Rationierungen ein. Dazu müssten die Rationierungskriterien verbindlich und explizit definiert werden. Die Probleme des „Oregon Health Plan", einer Positivliste von Leistungen des Gesundheitsfürsorgesystems im US-Staat Oregon, zeigen die Schwierigkeiten auf, mit denen dabei zu rechnen ist (vgl. Marckmann/Siebert 2002). Es sind nicht nur Schwierigkeiten bei einer Konsensfindung über die Rationierungsliste, sondern es sind viel mehr Ge-

---

reitschaft der Wohlhabenden, die die „Ökonomie des Teilens" in Lastenverteilungssystem der GKV gerne abgeschafft sähen.

rechtigkeitsprobleme, die sich hier auftun: Was ist das „Seine", das einem jeweiligen Beteiligten des Gesundheitsfürsorgesystems unter Knappheitsbedingungen bei zugleich bestehender hoher Nachfrage an Leistungen zukommt? Zwar ist richtig, dass Menschen im Alltag Gesundheit und Leben gegen andere Güter abwägen (bereits, wenn sie das Risiko eingehen, mit dem Auto zu fahren), aber Rationierungen im Gesundheitswesen nach dem Vorbild von Oregon verrechnen Nutzen und Kosten interpersonell. Damit diskriminieren solche Ansätze auf der Basis utilitaristischer wohlfahrtsökonomischer Kriterien und ziehen sich die Kritik zu, die man dem Utilitarismus überhaupt entgegenbringt. Namentlich und in erster Linie ist dies die Kritik an der Nutzendefinition sowie die an der Nutzenaggregation als Entscheidungskriterium (vgl. Lübbe 2002; Leist 2002; Gutmann 2002). Das Kalkül einer aggregierten Nutzensumme steht einer menschenrechtlichen Vorstellung von unbestreitbaren, unabtretbaren und gleichen individuellen Grundrechten entgegen.
Es werden auch Rationierungsmodelle diskutiert, die individuelle Nutzenabwägungen mit wohlfahrtsökonomischen Kalkülen verbinden, etwa der „QALYs"-Index, die „prudential life-span account"-Berechnung, die Vorstellung von einer „natürlichen Lebensspanne" (vgl. Breyer/Zweifel 1997; Daniels 1996; Breyer/Schultheiss 2002) oder andere. Dabei wird, verkürzt dargestellt, entweder den Individuen ein bestimmtes Quantum sozialversicherungsfinanzierter Gesundheitsleistungen zugestanden, das nach individuellen Präferenzkriterien verbraucht werden kann, oder aber dieses Quantum ist nur im Rahmen vorher (gesellschaftlich) festgelegter Kriterien abrufbar. Solche Modelle gehen oft mit dem Vorschlag einer Altersrationierung einher, von der behauptet wird, sie sei deshalb gerecht, weil sie jeden treffe, der nicht in jungen Jahren sterbe. Allerdings sind diese Nutzendefinitionen zu hypothetisch, um Ausschlusskriterien für absolut bedingende Güter zu konstruieren. Hinzu kommt, dass sowohl die hypothetische Bewertung der Qualität von Lebensjahren als auch die Klugheitsberechnungen von Daniels vom Individuum projektive Fähigkeiten verlangen, über die es alleine kaum

verfügen dürfte (vgl. Breyer/Zweifel 1997, S. 45 ff.; Krämer 1997, S. 65 ff.). Darüber hinaus braucht man für eine verlässliche Projektion auch verlässliche Daten, über die bezüglich seines zukünftigen Lebens – zumindest, was die Gesundheit und die Präferenzen betrifft - aber niemand verfügt. (Bohrmann 2002, S. 115, meint, dass Menschen ihre zukünftigen Gesundheitsbedürfnisse eher zu gering veranschlagen.)[3] Schließlich dürften alte Menschen - unabhängig von früheren Einschätzungen - faktisch an ihrem Leben - trivialerweise dem einzigen, das sie haben und das für sie das absolut bedingende Gut darstellt - und an ihrer Gesundheit hängen und im Ernstfall keineswegs zu einer Mangelversorgung bereit sein. Außerhalb eines utilitaristischen, nutzenaggregierenden Ansatzes ist eine solche Bereitschaft in der Regel auch kaum einzufordern, jedenfalls nicht aus marginalen Kostengründen. Und dass die Einsparungen möglicherweise bei einer Altersrationierung nur relativ gering sein dürften, behauptet die - freilich nicht unumstrittene - sogenannte „Kompressionsthese" (vgl. Fetzer/Raffelhüschen 2002, S. 8), der zufolge die Gesundheitsausgaben erst kurz vor dem Tod deutlich ansteigen, gleichgültig, „ob dieser mit 60 oder 90 Jahren eintritt" (Hoffritz 2003, S. 4).[4] Teuer, so kann man fast zynisch sagen, ist das (intensiv-)medizinisch betreute Sterben - gleich, in welchem Alter. Aus nicht-utilitaristischer, menschenrechtsethischer Sicht wird man zu Rationierungsvorschlägen - das heißt: zu diskriminierenden Zuteilungsverfahren - keine Zustimmung finden. Das gilt auch für eine Altersrationierung.

So, wie man seine Grundrechte nicht abtreten kann, kann man seinen Anspruch auf Gleichbehandlung nicht abtreten. Dieser Anspruch ist kein begrenztes Gut, das irgendwann aufgezehrt sein könnte. Eine utilitaristische Bemessung der Lebensqualität im Alter ist ein pauschalierendes und paternalistisches Verfahren aus einer externen Position heraus,

---

[3] Zur Problematik des „prudential life-span account"-Ansatzes vgl. Leist 2002.

[4] Demgegenüber behauptet die Medikalisierungsthese, dass die Morbidität mit dem Alter kontinuierlich ansteige.

das den Eigenwert dieser Lebensphase verkennt. (Dass Menschen in aller Regel ihre Lebensqualität im Alter nicht schwinden sehen – anders als der rationale Lebenszeitplaner in verschiedenen gesundheitsökonomischen Kalkülen (z. B. Breyer/Schultheiss 2002) – zeigt sich u. a. auch darin, dass Menschen in der Regel ihr Vermögen nicht in einer altersdiskontierenden Weise verbrauchen.) Und selbst für den Bettlägerigen ist das Leben noch wertvoll.[5] Empfindet er es anders, wird er auf eine therapeutische Lebensverlängerung verzichten. Doch dazu bedarf es keiner Klugheits-Lebensplanung nach Daniels, bzw. diese Entscheidung entzieht sich einer solchen projektiven Diskontierung. Selbst aus präferenzutilitaristischer Sicht dürfte das Lebensalter kein Ausschlusskriterium sein, denn die Präferenz, zu leben und gesund zu sein, ist vom Lebensalter unabhängig. Wenn ausschließlich Präferenzen abzuwägen sind, unabhängig von sonstigen empirischen Eigenschaften der Interessenträger, dann lässt sich eine Altersrationierung auch präferenzutilitaristisch nicht begründen.
Wenn man deshalb utilitaristische Ansätze nicht in Anwendung bringt und stattdessen von diskurs- oder verfahrensethischen Ansätzen ausgeht, weil diese das konsequentialistische Anliegen der Folgenberücksichtigung mit dem deontologischen Anliegen der unbedingten Werthaftigkeit des sittlichen Subjekts in einer Weise verbinden, die den Modi politischer Entscheidungsfindung und Verständigung am ehesten entspricht und so einen Einfluss ethischer Reflexion auf das politische Handeln am ehesten zu garantieren vermag, dann trifft man auf einen weiteren Vorschlag:
(5) Das Sozialversicherungssystem wird unter Hineinnahme bestimmter marktwirtschaftlicher Elemente, der Stärkung der Eigenverantwortung und der Differenzierung von Leistungsangeboten umgestaltet (vgl. dazu z. B. Thielmann/ Rohr/Schade 2002). Diese Variante scheint im Prinzip ethisch akzeptabel zu sein (bringt aber Umsetzungs- und

[5] Selbst wenn das nicht der Fall wäre, dürfte dies nach dem in der deutschen Verfassungstradition geläufigen Grundsatz der „Lebenswertindifferenz" der Rechtsgüter Leben und Gesundheit kein Diskriminierungsgrund sein (vgl. Gutmann 2002).

Konkretisierungsprobleme mit sich). Das solidarische Element bleibt bei gleichzeitiger Stärkung der Prinzipien der Subsidiarität und der Beteiligungsgerechtigkeit erhalten. Allerdings kommt es sehr auf die konkrete Ausgestaltung an. Eine solche Umgestaltung wird auch von den deutschen Bischöfen präferiert (vgl. Die deutschen Bischöfe 2003). Wichtig ist, dass die individuelle ökonomische Potenz nicht über das Ausmaß der Gesundheitsversorgung entscheidet. Deshalb müssten die Tarife der verschiedenen wählbaren Kategorien[6] entweder vermögens- und nicht nur erwerbseinkommensabhängige Beiträge einfordern oder über steuerfinanzierte Subventionen Geringverdienenden auch die Wahl von Zusatztarifen ermöglichen. (Das dürfte sich aus dem Rawls'schen Differenzprinzip ergeben.) Reine Lifestyle-Maßnahmen sollten jedoch völlig privat finanziert werden müssen. Ein solches Wahlsystem liefe auf chancengleiche intra-personelle statt auf inter-personelle Verteilungsentscheidungen hinaus.
Die Entscheidung für Marktelemente, die zuallererst die Anbieterseite zu treffen hätte, könnte zugleich auch dem Phänomen des *moral hazard* entgegenwirken. Inwieweit gesundheitsschädliche Lebensweisen für eine Beitragsbemessung eine Rolle spielen sollten, müsste unter Praktikabilitäts- und Gerechtigkeitsaspekten, aber besonders unter Legalitätsaspekten eigens diskutiert werden (vgl. dazu Kersting 2002; Leist 2002; Pöltner 2002, S. 302 ff.; Kirchhof 2004).
(6) Freilich befinden sich noch weitere Modelle in der politischen Diskussion, so gegenwärtig besonders das der Bürgerversicherung sowie das Gesundheitsprämienmodell („Kopfpauschale") (vgl. Bundesministerium für Gesundheit und Soziale Sicherung [Hrsg.] 2003a).
Die Bürgerversicherung wird ohne weitere Regeln der Leistungsgewährung die Probleme nur verschieben, aber nicht auf Dauer lösen können. Ein Gerechtigkeitseffekt mag darin bestehen, dass vom System unterschiedlicher Versicherungsarten aufgrund ökonomischer Potenz und damit von

---

[6] Es muss eine Standardkategorie geben, die nicht abgewählt werden kann; zur Begründung vgl. Wiemeyer 2002, S. 177.

unterschiedlichen Leistungskatalogen Abschied genommen wird. Doch die soeben beschriebene Problematik der Qualität und Quantität medizinischer Versorgung unter den Bedingungen begrenzter Finanzmittel sowie die Problematik verantwortungsvoller Begrenzung der Finanzmittel bleibt erhalten.

Das Kopfpauschalenmodell wird ebenfalls mit dem Problem der finanziell-qualitativ-quantitativen Balance zu kämpfen haben. Sein Gerechtigkeitsgewinn, so seine Protagonisten, liege nicht so sehr in der Idee, dass die Kosten medizinischer Behandlungen vom jeweiligen Aufwand und nicht von der ökonomischen Potenz des Patienten abhingen, weswegen eine personbezogene Pauschalierung des Krankenkassenbeitrags die kommutativ ausgewogenste Finanzierungsform des Gesundheitssystems sei, sondern darin, dass diese Pauschale unter bestimmten Bedingungen steuersubventioniert werde. Weil nun die Steuern nach einem progressiven Tarif erhoben würden, liege damit auch eine distributiv ausgewogene Beitragstabelle vor. Zudem sei zu berücksichtigen, dass Besserverdienende durch die Steuerprogression bereits relativ größere Lasten zu tragen hätten, weswegen eine Gleichbehandlung bei der Gesundheitsprämie nicht ungerecht sei. Das Argument der Unabhängigkeit der Krankheitskosten vom Einkommen verfängt schon deshalb nicht, weil bereits die ökonomische Potenz der Individuen unter Gerechtigkeitsvorbehalten steht, die bei der Ausgestaltung sozialer Sicherungssysteme (entgegen libertinären Vorstellungen Hobbes-Buchanan'scher Linie) nicht ausgeblendet werden dürfen. Das Argument progressiver Stärkerbelastung Besserverdienender durch das Steuersystem, weswegen gleiche Krankenversicherungsprämien legitim seien, bezieht sich nicht nur auf die Besteuerung von Erwerbseinkommen, sondern läuft in diesem Argumentationsstrang darauf hinaus, die Steuerprogression durch eine relative Begünstigung Besserverdienender im Krankenkassentarif abzumildern. In ihrem Kern besagt diese Begründungsfigur: Es ist gerecht, die Steuerprogression abzumildern. Das Mittel der Abmilderung ist dabei der Kopfpauschalentarif der Krankenversicherung. Sollte die Steuerprogression tatsächlich ungerecht sein, was erst zu prüfen

wäre, dann müsste sie selbst verändert, nicht jedoch über den Umweg der Sozialversicherungsbeiträge abgemildert werden.
Diese knappen Bemerkungen zeigen: Die Problematik von Finanzierung und Leistungssicherung im Gesundheitswesen ist keine rein technisch-ökonomische, sondern (auch) eine gerechtigkeitstheoretische. Deshalb dürfen die Organisationsfragen nicht ohne Gerechtigkeitsdiskurse einer Lösung zugeführt werden.
Ein gesellschaftliches Problem dürfte mittelfristig unumgehbar sein: eine Diskussion über das Verständnis von Gesundheit und Krankheit und eine Verständigung über Ziel und Zweck des Gesundheitswesens (vgl. Schallenberg 2002; Körtener 2002; van Aaken 2002; Marckmann 2001). Dazu gehört auch eine Verständigung über Gesundheitsziele (vgl. Beske 2003; Bundesministerium für Gesundheit und Soziale Sicherung [Hrsg.] 2003). Denn vom Ergebnis dieser gesellschaftlichen Diskussion wird die konkrete Ausgestaltung eines Krankenversicherungssystems abhängen.

Weiterführende Literatur:

Aufderheide, Detlef / Dabrowski, Martin (Hg.), Gesundheit – Ethik – Ökonomik. Wirtschaftsethische und moralökonomische Perspektiven des Gesundheitswesens, Berlin 2002.

Aus Politik und Zeitgeschichte 23-24/2005: Familienpolitik.

Beske, Fritz, Das Gesundheitswesen zukunftsfähig machen. Kieler Alternative, Kiel 2003.

Blüm, Norbert, Katholische Soziallehre quo vadis? Anmerkungen zum bischöflichen Impulstext „Das Soziale neu denken“, in: Stimmen der Zeit 129 (2004), Heft 3, S. 147-156.

Bohrmann, Thomas, Solidarität und Wettbewerb: Ethische Ordnungsprinzipien im Gesundheitswesen, in: Aufderheide/Dabrowski (Hg.), 2002, S. 95-123.

Braun, Bernhard / Kühn, Hagen / Reiners, Hartmut, Das Märchen von der Kostenexplosion. Populäre Irrtümer zur Gesundheitspolitik, Frankfurt 1998.

Breyer, Friedrich / Schultheiss, Carlo, „Alter" als Kriterium bei der Rationierung von Gesundheitsleistungen. Eine ethisch-ökonomische Analyse, in: Gutmann/Schmidt (Hg.), 2002, S. 121-153.

Breyer, Friedrich / Zweifel, Peter 1997: Gesundheitsökonomie, 2. Auflage, Berlin 1997.

Breyer, Friedrich, Ökonomische Grundlagen der Finanzierungsprobleme im Gesundheitswesen. Status quo und Lösungsmöglichkeiten, in: Aufderheide/Dabrowski (Hg.), 2002, S. 11-27.

Bundesministerium für Gesundheit und Soziale Sicherung (Hg.), gesundheitsziele.de. Forum zur Entwicklung und Umsetzung von Gesundheitszielen in Deutschland, Bonn 2003.

Bundesministerium für Gesundheit und Soziale Sicherung (Hg.), Nachhaltigkeit in der Finanzierung der Sozialen Sicherungssysteme. Bericht der Kommission, Berlin 2003.

Dallinger, Ursula / Liebig, Stefan, Gerechtigkeit zwischen den Generationen in der wohlfahrtsstaatlichen Alterssicherung, in: Liebig, Stefan u. a. (Hg.), Verteilungsprobleme und Gerechtigkeit in modernen Gesellschaften, Frankfurt 2004, S. 97-131.

Daniels, Norman, Justice and Justification. Reflective Equilibrium in Theory and Practice, Cambridge 1996.

Die deutschen Bischöfe, Solidarität braucht Eigenverantwortung. Orientierungen für ein zukunftsfähiges Gesundheitssystem, hg. vom Sekretariat der Deutschen Bischofskonferenz, Bonn 2003.

Engstler, Heribert / Menning, Sonja, Die Familie im Spiegel der amtlichen Statistik. Erstellt im Auftrag des Bundesministeriums für Familie, Senioren, Frauen und Jugend in

Zusammenarbeit mit dem Statistischen Bundesamt. Erweiterte Neuauflage, Bonn/Berlin 2003.

Fetzer, Stefan / Raffelhüschen, Bernd, Zur Wiederbelebung des Generationenvertrags in der gesetzlichen Krankenversicherung. Die Freiburger Agenda (Diskussionsbeiträge Nr. 103 des Instituts für Finanzwirtschaft der Albert-Ludwigs-Universität Freiburg im Breisgau), Freiburg 2002.

Gutmann, Thomas / Schmidt, Volker H. (Hg.), Rationierung und Allokation im Gesundheitswesen, Weilerswist 2002.

Gutmann, Thomas, Gleichheit vor der Rationierung. Rechtsphilosophische Überlegungen, in: Gutmann/Schmidt (Hg.), 2002, S. 179-210.

Hoffritz, Jutta, Gesundheit – kein Produkt wie jedes andere, in: Aus Politik und Zeitgeschichte, B 33-34 (2003), S. 3-6.

Informationen zur politischen Bildung, Bevölkerungsentwicklung, hg. von der Bundeszentrale für politische Bildung, 1. Quartal 2004, Bonn.

Jünemann, Elisabeth / Ludwig, Hans (Hg.), Vollbeschäftigung ist möglich! Makroökonomische Simulation der Wirkungen eines zusätzlichen Erziehungseinkommens, Merzig 2002.

Kersting, Wolfgang, Recht, Gerechtigkeit und demokratische Tugend. Abhandlungen zur praktischen Philosophie der Gegenwart, Frankfurt 1997.

Kersting, Wolfgang, Egalitäre Grundversorgung und Rationierungsethik. Überlegungen zu den Problemen und Prinzipien einer gerechten Gesundheitsversorgung, in: Gutmann/ Schmidt (Hg.), 2002, S.41-89.

Kirchhof, Paul, Das Recht auf Gesundheit, in: Stimmen der Zeit 129 (2004), Heft 1, S. 3-14.

Körtner, Ulrich H. J., Gesundheit nicht um jeden Preis. Ziele und Kosten des medizinischen Fortschritts aus ethischer Sicht, in: Aufderheide/Dabrowski (Hg.), 2002, S. 51-75.

Krämer, Walter, Wir kurieren uns zu Tode. Rationierung und die Zukunft der modernen Medizin, Berlin u.a. 1997.

Leipert, Christian (Hg.), Demographie und Wohlstand, Opladen 2003.

Leist, Anton, Gleichheit in Grenzen statt Altersrationierung, in: Gutmann/Schmidt (Hg.), 2002, S. 155-177.

Lübbe, Weyma 2002: Idealnormen und Praxisnormen bei der Rationierungsdebatte, in: Gutmann/Schmidt (Hg.), 2002, S. 111-119.

Marckmann, Georg / Siebert, U., Prioritäten in der Gesundheitsversorgung. Was können wir aus dem „Oregon Health Plan" lernen?, in: Deutsche Medizinische Wochenschrift 127 (2002), S. 1601-1604.

Marckmann, Georg, Prioritäten im Gesundheitswesen, in: Ethik in der Medizin 13 (2001), S. 204-207.

Möhring-Hesse, Matthias, Lehren aus dem Generationenvertrag. Sozialethische Überlegungen zur intergenerationellen Gerechtigkeit, in: Theologie und Philosophie 80 (2005) Heft 1, S. 31-55.

Pöltner, Günther, Grundkurs Medizin-Ethik, Wien 2002.

Reinhardt, Uwe E. 2004, Warum es viele Wege gibt Kosten zu senken, in: Future – Das Aventis-Magazin 1 (2004), Gesundheit und Ökonomie, S. 16-19.

Schallenberg, Peter, Ethik und Rationierung. Theologisch-ethische Probleme im ökonomisch organisierten Gesundheitswesen, in: Aufderheide/Dabrowski (Hg.), 2002, S. 39-49.

Schüller, Bruno, Die Begründung sittlicher Urteile. Typen ethischer Argumentation in der Moraltheologie, 2. Auflage, Düsseldorf 1980.

Smith, Richard, Plädoyer für eine offene Rationierungsdebatte, in: Wiesing, Urban (Hg.), Ethik in der Medizin, Stuttgart 2000, S. 258-260.

Thielmann, Lars / Rohr, Manfred / Schade, Diethard 2002, Szenarien für mehr Selbstverantwortung und Wahlfreiheit im Gesundheitswesen. Arbeitsbericht, Akademie für Technikfolgeabschätzung in Baden-Württemberg (http://elib.uni-stuttgart.de/opus/volltexte/2003/1565/ [Januar 2005]).

Van Aaken, Anne, Zieldefinitionen im Gesundheitswesen, in: Aufderheide/Dabrowski (Hg.), 2002, S. 77-87.

Wertgen, Werner, Solidarität und Eigenverantwortung – oder Rationierung? Ethische Überlegungen zur Strukturkrise des deutschen Gesundheitswesens, in: Münchener Theologische Zeitschrift 56 (2005), Heft 3, S. 258-272.

Wiemeyer, Joachim, Dimensionen und Perspektiven der Verteilungsgerechtigkeit im Gesundheitswesen, in: Aufderheide/Dabrowski (Hg.), 2002, S. 169-180.

Christopher Beermann

Recht und Gerechtigkeit

Rechtliche Rahmenbedingungen und soziale Gerechtigkeit – zu den Thesen Hernando de Sotos aus juristischer Sicht

Der peruanische Wirtschaftswissenschaftler Hernando de Soto hat mit seinen provozierenden Vorschlägen zur Lösung der Armutsproblematik in Entwicklungs- und postsozialistischen Staaten einen gewissen Bekanntheitsgrad erlangt. Insbesondere seine Hauptthese, dargelegt in seinem Buch „The Mystery of Capital: Why capitalism triumphs in the West and fails everywhere else", ruft heftigen Widerspruch hervor:

Die armen Länder benötigen keine finanziellen Zuwendungen von außen. Sie benötigen auch keine staatlich verordnete Umverteilung von oben nach unten. Sie benötigen mehr als alles andere eine Rechtsreform, die es der armen Bevölkerungsmehrheit erlaubt, ihre gegenwärtigen Besitzpositionen in vollwertiges und rechtlich anerkanntes Eigentum umzuwandeln.

De Soto stellte sich die Frage, warum es den westlichen Industriestaaten weitgehend gelungen ist, ein in der menschlichen Zivilisationsgeschichte bislang so nicht erreichtes Maß an sozialem Ausgleich zu erreichen. Diese Frage drängte sich ihm umso mehr auf, als er die Zustände in den Entwicklungsländern aus erster Hand kannte. Denn dort sind bislang alle gut gemeinten Bemühungen, den krassen Gegensatz zwischen Arm und Reich auszugleichen, fehlgeschlagen. Er begnügt sich dabei nicht mit den einfachen Antworten („Ausbeutung der Dritten Welt" etc.). Am Anfang steht bei ihm eine ganz andere und erstaunliche Feststellung:

Potentiell ist die Bevölkerungsmehrheit in den Entwicklungsländern und den postsozialistischen Staaten, die regelmäßig 80 % bis 90 % der Gesamtbevölkerung stellt, reich. Sie verfügt über eine Vermögensmasse, die um ein Vielfaches die jeweiligen nationalen Werte der Wertpapierbörsen, der staatlichen Unternehmen und sämtlicher bislang erfolgter ausländischen Investitionen übersteigt. Seine Schätzungen beruhen insoweit vornehmlich auf den wertmäßig relativ leicht zu erfassenden Immobilien. Noch wichtiger erscheinen ihm aber weitere Potentiale, die wertmäßig schwieriger zu erfassen wären. So verweist er insbesondere auf den Unternehmergeist mittelloser Geschäftsleute, die alle möglichen Hindernisse überwunden haben, um ein kleines Gewerbe zu betreiben. Diese sind, so de Soto, nicht Teil der Armutsproblematik, sondern deren Lösung.

Das Problem dieser immensen Vermögensmasse ist aber: Es handelt sich um totes Kapital, also solches, das nicht nutzbar gemacht werden kann, wie es bei uns der Fall ist. Es stellen sich daher für uns die Fragen, wie wir uns Eigentum nutzbar machen und wie wir aus einer bloßen Besitzposition, z. B. einem Grundstück, Kapital erzeugen. Man kann auch mit Marx fragen, auf welche Weise eine Immobilie Mehrwert produziert.

Dies geschieht auf eine Weise, die uns selbstverständlich ist und sofort einleuchtet, nämlich, indem wir das Grundstück als Sicherheit für einen Kredit verwenden. Denn die Bank, die uns etwa den Hausbau finanzieren soll, wird nur gegen entsprechende Sicherheit dazu bereit sein. Dem Besuch in der Bank wird sich daher der Besuch bei einem Notar anschließen, der für die formwirksame Bestellung einer Hypothek oder Grundschuld und deren Eintragung im Grundbuch sorgt. Damit ist die Bank auf der sicheren Seite, da ihr mit Eintragung des Grundpfandrechts das Grundstück haftet, sollte der Kreditnehmer den Kredit nicht mehr zurückzahlen können. Natürlich sind auch weitere Finanzierungen an der Tagesordnung, die entsprechend abgesichert werden, etwa Sanierungen, geschäftliche Aktivitäten, wirtschaftliche Expansion usw.

Wie aber macht sich der Bewohner eines Stückchens Land in einem Slum von Lima, Manila, Kairo, Mexiko-Stadt oder Port-au-Prince diesen Fleck Erde zunutze?

Der Masse dieser Slumbewohner nützt ihr Fleckchen Erde in wirtschaftlicher Sicht überhaupt nichts, weil es an einer wirtschaftlichen Nutzungsmöglichkeit fehlt. Das Fehlen dieser Möglichkeit ist offenbar auch der Grund, warum sich die Art und Weise, sich und seiner Familie ein Heim zu schaffen, derartig eklatant unterscheiden. Anstatt wie in unseren Breiten planvoll vorzugehen, alle Einzelheiten der Finanzierung eines Hausbaus vorab zu klären, die Pläne zu entwerfen, das Bauvorhaben durchzuführen und schließlich in den Neubau einzuziehen, macht es der Slumbewohner genau umgekehrt. Er besetzt ein Stück Land und errichtet dort innerhalb kürzester Zeit behelfsmäßig eine Behausung. Um mögliche Konkurrenten auszuschalten und einem vermeintlich vorrangig Berechtigten zuvorzukommen, muss er schnell handeln. Alles Weitere erfolgt wenn überhaupt erst später. De Soto findet eingängige Vergleiche für diese unterschiedlichen Vorgehensweisen: Der Slumbewohner ziehe sich zuerst den Schuh und dann den Socken an. Wir dagegen begännen selbstverständlich mit den Socken.

In einem weiteren schönen Vergleich beschreibt de Soto das nutzlose, tote Kapital einer wenn auch noch so kleinen Parzelle als das ungenutzte Potential eines stillen Bergsees. Erst mit Hilfe seiner Wasserkraft kann elektrische Energie erzeugt und können damit weitere Prozesse in Gang gesetzt werden. Der See steht gleichsam für das Eigentum und Vermögen. Die Nutzung seiner Wasserkraft als Energiequelle und Produktionsfaktor steht für seinen Kapitalwert. Das deutsche Wort „Vermögen" müsste uns diesen Vergleich noch eingänglicher machen, deutet es doch schon die darin enthaltenen Möglichkeiten an.

Es drängt sich also die Frage auf, worin die entscheidenden Unterschiede zwischen dem Slumbewohner und dem Bauherrn begründet liegen. An dieser Stelle bedarf die bislang überwiegend wirtschaftliche Sicht des Problems einer zusätzlichen juristischen Betrachtung. Denn der entscheidende Unterschied liegt darin, dass der westliche Bauherr auf ein allgemein anerkanntes, genau dokumentiertes und vermessenes, staatlich geschütztes (ideelles) Konstrukt zurückgreifen kann, das wir Eigentum nennen.

Der Slumbewohner in einem Entwicklungsland kann dagegen nur seinen tatsächlichen Besitz, die kleine, behelfsmäßig bebaute Parzelle verteidigen, die allenfalls im Bereich

der näheren Nachbarschaft aufgrund informeller Absprachen anerkannt, aber weder offiziell dokumentiert noch vermessen ist. Auf staatlichen Schutz kann er nicht bauen. Denn seine Heimstatt liegt nicht im Bereich des staatlich geschützten Eigentums, sondern außerhalb, in der Extralegalität (extralegality). Es handelt sich um einen Zustand „legaler Apartheid", da den Migranten aus den ländlichen Gegenden der Zugang zu rechtsstaatlichen Verfahren verwehrt ist, auch wenn sie formell und für einen privilegierten Teil der Bevölkerung sogar real existieren. Der Slumbewohner hat keinen Zugang zu legaler Beschäftigung, legaler Geschäftsaktivität und zu einem Baugenehmigungsverfahren.
De Soto vermeidet wohlgemerkt den Rechtsbegriff der „Illegalität". Auch der deutsche Ausdruck „rechtsfreier Raum" könnte diese Situation rechtlich nicht zutreffend beschreiben. Denn tatsächlich ist in den Slums der Entwicklungsländer keine Anarchie anzutreffen. Die dortigen Bewohner schaffen sich ihre eigenen Regeln außerhalb des staatlich gesetzten (oftmals importierten) Rechts, also extralegal. De Soto bezeichnet dieses Gewohnheitsrecht als „gesellschaftliche Vereinbarungen" (social contracts) oder, mit Rousseau rechtsphilosophisch übersetzt, als Gesellschaftsvertrag. Er gelangt damit zu einer Erkenntnis, die Kant folgendermaßen formuliert hatte: Ein Gesellschaftsvertrag muss wahrem Eigentum vorausgehen. Alle Eigentumsrechte entspringen der gesellschaftlichen Anerkennung der Legitimität eines Anspruchs.
Die unterschiedlichen Rechtspositionen in westlichen Staaten einerseits, in Entwicklungs- und postsozialistischen Staaten andererseits treten nur dann klar vor Augen, wenn der Betrachtung eine fundamentale Unterscheidung westlicher Rechtstradition zugrunde liegt, nämlich die zwischen Besitz und Eigentum. Der Besitz ist danach nur die tatsächliche Herrschaftsbeziehung zu einer Sache, während das Eigentum die rechtliche Herrschaftsbeziehung zu einer Sache beschreibt. Der Besitz ist kein Recht, wenn auch der Besitzer sich gegen verbotene Eigenmacht wehren darf. Aber erst das Eigentum gibt die rechtlich geschützte Möglichkeit, eine Sache dauerhaft zu nutzen, insbesondere

darüber zu verfügen. Anders als es außerhalb der Rechtssprache geschieht, unterscheidet der Jurist also streng zwischen dem Besitz und dem Eigentum. Die Erkenntnis dieses Unterschieds ist der Dreh- und Angelpunkt der beschriebenen Problematik.
Denn im Gegensatz zum Eigentümer eines Grundstücks kann der Slumbewohner seine Behausung im besten Fall nur für das nackte Überleben nutzen. Selbstverständlich könnte er seinen Besitz, auch wenn dieser dank seiner eigenen tatkräftigen Arbeit erheblich an Wert gewinnt, nicht als Sicherheit für einen Bankkredit nutzen. Er könnte seinen Besitz also nicht, wie es für uns selbstverständlich ist (auch wenn das Wort bei uns keinen guten Klang hat), kapitalisieren. Denn im strengen, rechtstechnischen Sinn hat er kein Eigentum, sondern eben nur Besitz. Sein Staat versagt ihm den Zugang in den privilegierten und nur von einer kleinen, wohlhabenden Minderheit bevölkerten Bereich der Legalität. Von dieser Erkenntnis ist es nur noch ein kurzer Schritt zur Lösung, die de Soto vorschlägt: Dem Slumbewohner muss der Weg in die Legalität eröffnet werden. Der Staat muss den bloßen Besitzer einer Hütte zum Eigentümer eines Hauses machen. Wie soll das geschehen?
Praktischerweise gibt es für diese Lösung Vorbilder in der jüngeren Rechtsgeschichte, nämlich die westlichen Industriestaaten. In diesen begann vor ziemlich genau zweihundert Jahren eine Modernisierung des Rechts. Insbesondere das Besitz- und Eigentumsrechts wurde gründlich entrümpelt und rationalisiert. Am Ende dieser Aufräumaktion – in Deutschland mit der Einführung des Bürgerlichen Gesetzbuches und des modernen Grundbuchsystems im Jahre 1900 – waren nicht nur die Eigentumsverhältnisse klar geregelt und durch das Grundbuch transparent gemacht. Noch wichtiger war für den im 20. Jahrhundert erreichten Wohlstand der Massen ein weiterer Umstand, den Juristen häufig unterschätzen (Ökonomen dafür häufig ohne die rechtlichen Grundlagen beschreiben): Die neue Transparenz, freie Übertragbarkeit und freie Belastbarkeit des Eigentums, produzierte das Kapital, den Mehrwert, der erforderlich war, um schließlich den modernen Wohlfahrtsstaat zu ermöglichen.

Allerdings sieht sich de Sotos Lösungsvorschlag an dieser Stelle einem gewichtigen Einwand ausgesetzt. Warum übernehmen die Entwicklungsländer und postsozialistischen Staaten nicht einfach ein erfolgreiches westliches Rechtssystem? Wirtschaftlicher Erfolg und sozialer Ausgleich müssten dann von selbst folgen. Und da ein solcher Rechtsimport schon in zahlreichen Fällen stattgefunden hat, müsste sogleich weiter gefragt werden: Warum hat die Übernahme westlichen Rechts in diesen Ländern nicht funktioniert? Das Problem war, kurz gefasst, dass die Juristen die Rechnung ohne die eigentlich Betroffenen machten.

Wir hatten bereits oben festgehalten, dass die Bewohner eines Slums keinesfalls in einem rechtsfreien, illegalen Raum leben. Sie haben sich vielmehr untereinander auf bestimmte Regeln geeinigt, die auf engem Raum ein gedeihliches Zusammenleben ermöglichen sollen. Diese gesellschaftlichen Vereinbarungen sind nicht widerrechtlich, sondern gelten außerhalb des staatlich gesetzten Rechts, also extralegal. Diese extralegalen Regeln müssen den Ausgangspunkt für die Reform der Eigentumsordnung bilden. Die bisherigen Besitzverhältnisse müssen staatlich anerkannt und dadurch in vollwertige Eigentumsverhältnisse umgewandelt werden. Mit dieser Umwandlung in Eigentum muss gleichzeitig gewährleistet sein, dass der Staat dieses Recht umfassend schützt. Zu diesem Schutz muss auch die Gewährung funktionierender Verwertungsmöglichkeiten, also vor allem als Kreditsicherungsinstrumente, gehören.

Die andere Seite der Medaille ist natürlich die Möglichkeit, zur Rechenschaft gezogen werden zu können, sollte man den Verpflichtungen, etwa als Kreditnehmer, nicht nachkommen. Andererseits steigert diese Rechenschaftspflicht auch das Verantwortungsgefühl. Vor allem aber: Das Fehlen rechtlich umfassend anerkannten Eigentums erklärt etwas, was uns selbstverständlich ist. Im Gegensatz zu den Menschen in Entwicklungsländern und postsozialistischen Staaten bereitet es uns grundsätzlich keine Probleme, mit Fremden Verträge abzuschließen. Wir erhalten in der Regel Versicherungsschutz, Kredit, Strom und Wasser, ohne dass die dahinterstehenden Unternehmen uns persönlich kennen

gelernt hätten. Im extralegalen Bereich eines Slums dagegen ist die persönliche Kreditwürdigkeit auf die unmittelbare Familie und Nachbarschaft beschränkt. De Soto: Menschen, die nichts zu verlieren haben, sind Gefangene des schmuddeligen Kellers der vor-marktwirtschaftlichen Welt.
Aber zurück zu den Juristen, denen de Soto übrigens äußerst skeptisch gegenübersteht (er hält sie für inkompetent, reformfeindlich und – neben den Terroristen – für die gefährlichsten Gegner eines marktwirtschaftlichen Systems). Diese haben bislang stets das Pferd vom Schwanz her aufgezäumt. Daher scheiterten alle bisherigen Versuche, westliche Rechtsordnungen zu importieren. Die Juristen verglichen das importierte Recht mit den vorgefundenen Verhältnissen und kamen zu dem Schluss, dass diese erst einmal gründlich aufzuräumen wären. Statt den langjährigen Besitzer einer Parzelle zum Eigentümer zu machen, suchten sie zunächst den rechtlich ausgewiesenen, also mit einem Eigentumstitel versehenen Eigentümer. Die existierenden extralegalen Gewohnheitsrechte, also die gesellschaftlichen Vereinbarungen, ignorierten sie. Das Problem der Extralegalität und Armut beseitigten die Juristen damit nicht. Sie verschärften es aber.
Im besten Fall erfasste man das Problem als ein technisches. Dank moderner Hilfsmittel konnten Vermessungsingenieure exakt ganze Stadtbezirke und Grundstücke vermessen und kartographieren. Doch fehlte es an der gleichzeitigen Zuordnung und grundbuchmäßigen Absicherung eines Eigentumsrechts für den Besitzer der genau abgemessenen Parzelle. Die quantitative Erfassung des Materials ist zwar notwendiger Bestandteil einer gerechten Eigentumsordnung, aber nicht allein ausreichend. Hinzukommen muss die qualitative Einordnung der nur ideell erfassbaren Rechtsstellung als Eigentümer in die Rechtsordnung.
Denn die Menschen streben nicht in die formelle Eigentumsordnung, weil sie begierig danach wären, kartographiert, registriert und besteuert zu werden. Sie möchten an diesem System teilnehmen, weil ihnen die wirtschaftlichen Vorteile einer geschützten Eigentumsordnung klar vor Augen liegen und sie gerade diesen Schutz ihrer Rechte genießen möchten.

Die Geschichte des westlichen Eigentumsbegriffs hat gewissermaßen die Entwicklungen vorgezeichnet, an denen heute die Entwicklungs- und postsozialistischen Länder Orientierung finden könnten. So war die Systematisierung des Rechts innerhalb verschiedener Gesellschaften nur möglich, weil sich zuvor eine informelle Struktur rechtlicher Beziehungen in diesen Gesellschaften entwickelt hatte. Die westliche Rechtstradition erwuchs in der Vergangenheit aus diesen Strukturen sozialer und ökonomischer Wechselbeziehungen innerhalb und zwischen Gruppen an der Basis. Verhaltensmuster dieser Wechselbeziehungen erwarben normative Dimensionen: Verhaltensweisen verwandelten sich in Gewohnheitsrecht und dieses in Gesetz. Der Autor des Schweizer Zivilgesetzbuches, Eugen Huber, zitierte gerne: „Das Gesetz muss aus dem Gedanken des Volkes gesprochen sein." Das wiederum führt zu dem großen deutschen Juristen Savigny und seiner Rechtsphilosophie vom Volksgeist und noch weiter zurück in die Frühzeiten römischer Rechtsgeschichte. Den römischen Juristen war der Gedanke vertraut, dass sich das Eigentum aus dem Besitz entwickelt hat. Genau der gleiche Gedanke liegt der Idee de Sotos zugrunde.
Gerade der rechtsgeschichtliche Aspekt der Entwicklung des Eigentums und seiner Nutzbarmachung verdiente noch größere Beachtung. Der offensichtlich enge Zusammenhang zwischen unserem Eigentumsbegriff und marktwirtschaftlicher Ordnung einerseits, westlichem Lebensstandard und sozialem Wohlfahrtsstaat andererseits wird immer noch in Zweifel gezogen. Ein vorurteilsfreier Blick über unseren westlichen Tellerrand hinaus könnte uns das Verständnis für diesen Zusammenhang vielleicht näher bringen.
Zentraler Punkt der Lösungsvorschläge, die de Soto den Regierungen der betroffenen Ländern unterbreitet, ist daher die Einführung einer rechtlich integrierten Eigentumsordnung, die die Arbeit und Ersparnisse der Armen in Kapital umwandeln kann. Dem muss eine bessere Erfassung der Situation und des Potentials der Armen vorausgehen. Die Wirkung einer erfolgreichen Reform wäre aber nicht nur auf die Armutsbekämpfung beschränkt. Sie würde auch erlau-

ben, die Probleme einer weltweiten massiven Wanderungsbewegung vom Land in die Städte zu lösen. Denn die Armen sind nicht das Problem, dessen Erscheinungsformen ziviler Ungehorsam und mafiose Strukturen sind. Die Armen sind vielmehr die Lösung dieses Problems.

Weiterführende Literatur:

De Soto, Hernando, The Mystery of Capital. Why Capitalism triumphs in the West and fails everywhere else, London 2001.
In deutscher Übersetzung erschienen unter dem (irreführenden) Titel: Freiheit für das Kapital! Warum der Kapitalismus nicht weltweit funktioniert, Rowohlt 2002. (Die Übersetzung ist schon wegen des Titels nicht zu empfehlen. Wie so häufig wird der amerikanische Begriff „capitalism" einfach und falsch mit dem negativ besetzen deutschen „Kapitalismus" übersetzt. Richtig, aber auch unspektakulär wäre die Übersetzung als „Marktwirtschaft". De Sotos Thesen sind allerdings provozierend genug und bräuchten nicht auch noch einen reißerischen Titel). Weitere Informationen zum Institute of Liberty and Democracy in Lima, dessen Direktor de Soto ist, finden sich unter www.ild.org.pe

Zu den rechtsgeschichtlichen Aspekten sind sehr zu empfehlen:

Stein, Peter, Legal Evolution. The Story of an Idea, Cambridge 1980.

Berman, Harold, Law and Revolution. The Formation of the Western Legal Tradition, Cambridge 1983.

Kaser, Max, Eigentum und Besitz im älteren römischen Recht, Köln 2. Aufl. 1959.

Wesenberg, Gerhard / Wesener, Gunter, Neuere deutsche Privatrechtsgeschichte im Rahmen der europäischen Rechtsentwicklung, Wien 4. Aufl. 1985.

Michael Bösch

Zeit teilen

Zur Temporalität der Gerechtigkeit

Tarifstreite um Arbeitszeitregelungen füllen regelmäßig die Schlagzeilen. Sinn und Nutzen der verschiedenen Modelle sind heftig umstritten, die nicht endenden Debatten offenbaren eine gewisse Ratlosigkeit angesichts des nicht zu bewältigenden Problems der Erwerbslosigkeit. Intuitiv spüren wir, wie hier die Verteilung von Zeit zu einer Gerechtigkeitsfrage wird, zur Frage nach einer gerechten Verteilung der Chancen, berufstätig zu sein. Die Philosophie kann hierzu keine konkreten Lösungsvorschläge unterbreiten. Doch ihre Aufgabe besteht in der Prüfung der Kriterien, nach welchen eine Ordnung als gerecht angesehen werden kann. Worauf gründen sich gerechte Ansprüche? Gibt es einen gerechten Anspruch auf Zeit? Wenn wir die Frage so umfassend stellen, dürfen wir uns nicht auf das Problem der Arbeitszeit beschränken. Die eigene Zeit frei gestalten zu können gehört unaufgebbar zur Lebensqualität. Wir brauchen Zeit zur Verwirklichung wichtiger Lebensaufgaben, Zeit zur Ausbildung etwa oder die Zeit, die wir für die Erziehung unserer Kinder einsetzen. Dabei stehen viele Zeiträume in Konkurrenz zueinander, besonders Erziehung und Beruf. Eine gerechte Zeitteilung muss die berechtigten Ansprüche dieser verschiedenen Lebensdimensionen im Blick haben.

1. Lebenschancen und Zeiteinsatz

Die Forderung nach sozialer Gerechtigkeit bezieht sich auf die ausgleichende Organisation von Ungleichheit. Ausgleichung hebt die Differenzen nicht auf, sondern versucht sie in dem Maße zu begrenzen, wie es die Sicherung grundlegender Lebenschancen erfordert. Nicht alle Ungleichheiten

sind ungerecht, vielfach bereichern sie unsere Lebensqualität. Die Unterschiede werden dann zu Ungerechtigkeiten, wenn Grundbedürfnisse des Lebens nicht befriedigt werden können. Hierzu gehören auch Zeitansprüche, die wir für die Verwirklichung unserer Lebenschancen benötigen: Ausbildungszeit, Arbeitszeit, Erziehungszeit, Freizeit. Lebenschancen sind Lebenszeitchancen. Der Ausgleich von Ungleichzeitigkeiten ist eine Aufgabe sozialer Gerechtigkeit.
Der Ausdruck „Zeit-Teilen" ist mehrdeutig, wir können ihn einmal verstehen im Sinne der Verteilung von Zeit (z. B. der verfügbaren Arbeitszeit), zum anderen aber auch im Sinne von: „die Zeit miteinander teilen". Ich möchte beide Bedeutungen ins Spiel bringen, um verschiedene Dimensionen der Zeit-Gerechtigkeit anzusprechen. Geht es bei der Verteilungsgerechtigkeit vor allem um rechtliche Rahmenbedingungen, um sozialstaatliche Aufgaben, so betont das Miteinander des Zeit-Teilens soziale Tauschprozesse, ohne die eine gerechte Ordnung niemals realisiert werden kann. Meine Überlegungen beziehen sich somit nicht auf einen eng umgrenzten Begriff der sozialen Gerechtigkeit (im Sinne einer Rechtsverpflichtung des Sozialstaats), sondern bemühen sich um ein Verständnis von Lebenskonzepten, die in sozialer Verantwortung gerecht zu organisieren sind. Dabei greifen die Ebenen der Sozialstaatlichkeit und der Bürgersolidarität ineinander. Von dieser Schnittstelle aus soll die Relevanz des Zeit-Teilens für eine gerechte Lebensordnung erschlossen werden.
Ich gehe aus vom Begriff der *Lebenszeit*, um die verschiedenen Dimensionen des Zeit-Habens und -Einsetzens miteinander in Beziehung setzen zu können. Lebenszeit ist nicht einfach eine quantitativ messbare Dauer (wie sie etwa in der Frage anklingt: Wie alt sind Sie?, oder: Wie viele Tage Urlaub haben Sie?). Sie ist qualitativ gefüllt mit den Erfahrungen und Erwartungen unseres Lebens, sie teilt sich in sehr verschiedene Lebensphasen. Doch soll die Zeit damit nicht individualistisch verstanden werden. Sie ist eine soziale Kategorie, geprägt von kulturellen Gewohnheiten. Dies gilt auch für die Lebenszeit, die eingebunden ist in soziale Zeitkonzepte. So hat sich mit der Industrialisierung eine Rationalisierung der Arbeitszeit durchgesetzt, die die

Lebensrhythmen bis heute entscheidend beeinflusst. Der Umgang mit der Lebenszeit betrifft sowohl die persönliche Lebensführung als auch die soziale Zeit-Kultur.

Für die Gerechtigkeitsfrage ist nun entscheidend, dass wir zur Wahrnehmung grundlegender Lebenschancen Zeit brauchen, die in den verschiedenen Phasen unterschiedlich gewichtet sein können: z. B. in Kindheit und Jugend als Chance zur Ausbildung, im mittleren Alter als Chance, einen Beruf zu ergreifen und Kinder zu erziehen. Darauf haben wir einen gerechten Anspruch, die hierzu nötigen Zeitspielräume müssen miteinander ausgeglichen werden. Auch die kulturellen Zeit-Muster gilt es daraufhin kritisch zu überprüfen. Dies verstehe ich als Frage nach einer Lebenszeit-Gerechtigkeit.

Wir stellen unsere Zeit zur Verfügung – in Beruf und Familie, in öffentlichem Engagement. In welchem Verhältnis steht dieser Lebenszeiteinsatz zu den eigenen Lebenszeitchancen, in welchem Verhältnis zu Einsatz und Chancen anderer Menschen? Das sind die gerechtigkeitsrelevanten Fragen des „Zeit-Teilens".

Lebenschancen sind als Grundgüter zu betrachten, die gerecht zu verteilen oder auszutauschen sind. Die Rede von Grundgütern hat John Rawls eingeführt, um zu klären, welche Güter prinzipiell gerecht verteilt werden müssen. Der Begriff des „Gutes" ist hier nicht allein materiell zu verstehen. Grundgüter sind solche, die unabdingbar zu den Voraussetzungen freien Lebens gehören. W. Kersting formuliert prägnant: Sie sind nicht alles, aber alles ist ohne sie nichts (vgl. Kersting 2000, S. 27).

Wir wollen nach einer Zeit-Gerechtigkeit fragen, die verschiedene Zeit-Ansprüche der Lebensphasen berücksichtigt. Eine Sensibilität für diese Differenzen ist Voraussetzung gerechter Entscheidungen. Ebenso spielen geschlechtsspezifische Lebenszeitkonzepte eine Rolle, so dass die Problematik der gerechten Zeit-Teilung auch aus der Gender-Perspektive zu betrachten wäre. Die Zeit-Gerechtigkeit betrifft biografische Muster, die von kulturellen Voraussetzungen geprägt sind: z. B. dem Zusammenhang von Erwerbsarbeit und Normalbiografie. Neue Formen des Zeit-Teilens verändern diese kulturellen Muster. Soziale Tauschverhältnisse erfordern eine individuelle Lebenszeitkompetenz. Sie ist Teil der „Biografizität", die der Pädagoge P. Alheit (1990) als neue Schlüsselqualifikation ansieht. So ergeben sich Bildungsaufgaben, die den Prozess gerechter Zeit-Teilung unterstützen.

2. Nachhaltige Entwicklung

Zeit ist nicht nur ein *Gegenstand* gerechten Ausgleichs. Die Gerechtigkeit selbst hat ihre eigene Zeitdimension. Verteilungs- und Tauschprozesse sind temporal, sie müssen langfristige Entwicklungen im Auge haben. Die soziale Gerechtigkeit ist von einer *strukturellen Ungleichzeitigkeit* geprägt, insofern die künftigen Generationen in der Gegenwart nicht über Bedingungen mitentscheiden können, die ihr Leben wesentlich beeinflussen werden. Das führt zu der Forderung, die gerechten Entscheidungen von der Gegenwartsperspektive zu lösen. Sie haben sich an einer Nachhaltigkeit zu orientieren, die der Gegenwart keinen Vorrang einräumen darf. Eine gerechte Ordnung kann nicht statisch gedacht werden. Die Verteilungs- und Tauschprozesse verlangen einen Zeiteinsatz, der auf die verschiedenen Lebensalter unterschiedlich verteilt ist.
Erforderlich ist Interessen-Ausgleich zwischen den Generationen. Dazu bedarf es einer Ausrichtung an nachhaltiger Entwicklung, die die zukünftigen Lebensbedingungen sichert. Die Idee des Generationenvertrags hat zunächst die ökonomische Absicherung des Alters im Blick, doch die ökologischen Probleme haben die Perspektive der Nachhaltigkeit wesentlich erweitert. Alle Fragen sozialer Gerechtigkeit ergeben sich aus der Knappheit der zur Verfügung stehenden Güter. Der Verbrauch nicht erneuerbarer natürlicher Ressourcen verlagert das Problem der Güterknappheit in eine zeitliche Perspektive. Nachhaltige Planung stellt den Sozialstaat vor Ordnungsfragen, die noch kaum gelöst worden sind, und sie werden umso dringlicher, als die Prozesse sich radikal beschleunigen, z. B. durch das globale Bevölkerungswachstum. Wir haben es mit einer Zeit-

Schere zu tun, die der Nachhaltigkeit diametral entgegensteht.
Über die ökologischen Probleme hinaus wird zunehmend deutlich, dass die Langzeitperspektive auch in ökonomischer Hinsicht eine Infragestellung bisheriger Ordnungsvorstellungen beinhaltet. Sie ergibt sich aus der Verschuldungsproblematik. Deutlich aufweisbar ist der immense Raub an Entwicklungszeit schon heute anhand der Überschuldung der Entwicklungsstaaten. Auch hier wirkt eine Zeit-Schere der Ungerechtigkeit. Die Schuldenfalle unterhöhlt aber auch unsere eigene sozialstaatliche Ordnung. W. Kersting spricht gar von einem *„gerechtigkeitstheoretischen Paradoxon"* des Sozialstaats, insofern die auf Staatsschulden beruhende Verteilungsgerechtigkeit des gegenwärtigen Sozialstaats eine Ungerechtigkeit gegenüber den *„ökonomischen Lebensbedingungen zukünftiger Generationen"* (Kersting 2000, S. 12) darstelle:
„Kommt der Gesichtspunkt einer intergenerationellen Verteilungsgerechtigkeit ins Spiel, dann zeigt sich, dass unser Sozialstaat an einer merkwürdigen gerechtigkeitstheoretischen Dialektik leidet: Er produziert ungerechte Gerechtigkeit, da er die gerechtigkeitstheoretisch geforderte Verbesserung der sozialen Verhältnisse in der Gegenwart mit einer gerechtigkeitstheoretisch zu verwerfenden Verschlechterung der sozialen Verhältnisse in der Zukunft bezahlt" (Kersting 2000, S. 14).
Diese Diagnose erhellt die Notwendigkeit der Nachhaltigkeitsperspektive. Gerechte Zukunftsplanung muss gegen die natürliche Tendenz zur Bevorzugung des gegenwärtigen Zeitpunkts eingesetzt werden. Die gegenwärtigen Interessen dürfen nicht prinzipiell im Vordergrund stehen. Die Zeitdimension der Gerechtigkeit ist schon vom Klassiker der neueren Gerechtigkeitstheorie, John Rawls, ins Spiel gebracht worden. Er spricht von der „Ablehnung einer reinen Zeitpräferenz" (vgl. Rawls 1975, S. 327 ff.). Mit „Zeitpräferenz" ist gemeint, dass einem bestimmten Zeitpunkt innerhalb der Lebensplanung ein bestimmter Vorrang eingeräumt wird. Rawls bezieht sich also auf die Vorstellung rational planender Menschen, um von hier aus die Kriterien sozialer Gerechtigkeit verständlich zu machen. Von diesem

Ansatz aus sieht er die reine Zeitpräferenz innerhalb einer individuellen Lebensplanung als „unvernünftig" an, weil sie die Dauer des Lebens nicht in die Planung einbezieht. In gesellschaftlicher Dimension zeigt sich eine solche Unvernünftigkeit als Ungerechtigkeit gegenüber künftigen Generationen:

„Im Falle des Einzelmenschen ist die reine Zeitpräferenz unvernünftig: Sie bedeutet, dass nicht alle Zeitpunkte gleichermaßen als zu einem Leben gehörig gesehen werden. Im Falle der Gesellschaft ist die reine Zeitpräferenz ungerecht: Sie bedeutet (in dem gewöhnlicheren Falle, dass die Zukunft diskontiert wird), dass die jetzt Lebenden aus ihrer Stellung in der Zeit einen Vorteil ziehen" (Rawls 1975, S. 329).

Ungerecht ist es, wenn die gegenwärtige Gesellschaft ihre eigenen Interessen auf Kosten der künftigen Generationen durchsetzt. Auch der einzelne Mensch muss gegenwärtige persönliche Interessen mit zukünftigen zu verbinden suchen. Das ist für Rawls eine Frage rationaler Lebensplanung, betrifft aber noch nicht die soziale Gerechtigkeit. Die Begründung einer gerechten Gesellschaft ist bei Rawls jedoch abhängig von der Annahme rational planender Menschen. Seine Theorie fußt auf Überlegungen zum vernünftigen Umgang mit unserer Lebenszeit. Wir wollen prüfen, in welcher Weise hierbei die Verschiedenheit der Lebensphasen zur Sprache kommt. Schauen wir zunächst, wie der Begriff der Planung mit seiner Gerechtigkeitstheorie verbunden ist.

Rawls versucht die Gerechtigkeit als einen fairen Prozess der Verteilung von Grundfreiheiten und -gütern zu begründen. Er geht dabei nicht von einer natürlichen Solidarität aus. Wie kann aus der Perspektive eigener Lebensinteressen die Möglichkeit einer überparteilichen Gerechtigkeitsperspektive begründet werden? Das ist eine typische Fragestellung der neuzeitlichen politischen Philosophie. Hierzu wird ein Gedankenexperiment gemacht: Wie würden Menschen über eine gesellschaftliche Ordnung entscheiden, wenn sie nicht wüssten, welche Stellung sie in dieser Gesellschaft einnehmen würden. Rawls spricht von einem „Schleier des Nichtwissens" und nennt die fiktive Entscheidungssituation „Urzustand" (Rawls 1975, S. 29). So würde die gesellschaftliche Ordnung fair gestaltet, d. h. auch die schlechtesten Positionen würden möglichst angenehm ausgestattet. Diese Entscheidung muss die Möglichkeiten eines ganzen Lebens umfassen, so dass Rawls auf die *Zeitstruktur langfristiger Pläne* zu sprechen kommt. Er fordert „zeitbezogene Grundsätze für die Entscheidung zwischen Plänen" (Rawls 1975, S. 458):

a) Grundsatz der Ablehnung der reinen Zeitpräferenz:
Das Leben muss als Ganzes betrachtet werden, jeder Lebensabschnitt ist gleich bedeutsam.
„Man soll sein Leben als Ganzes sehen, als die zeitlich ausgedehnten Handlungen *eines* vernunftgeleiteten Menschen. [...] Die Bedeutung, die wir den verschiedenen Abschnitten unseres Lebens geben, sollte jederzeit die gleiche sein. Sie sollte sich aus dem Gesamtplan ergeben, soweit er sich festlegen lässt, und unabhängig von den Zufälligkeiten unseres gegenwärtigen Blickwinkels sein" (Rawls 1975, S. 458 f.)

b) Grundsatz der Kontinuität:
Es gibt ein Hauptthema des Lebensplans, kein Abschnitt hat eine besondere Nutzenfunktion.
„Der gesamte Plan hat eine gewisse Einheitlichkeit, ein Hauptthema. Es gibt gewissermaßen für die einzelnen Zeitabschnitte keine besonderen Nutzenfunktionen. Man muss nicht nur Wirkungen zwischen den Zeitabschnitten berücksichtigen, sondern wohl auch ein stärkeres Auf und Ab zu vermeiden suchen" (Rawls 1975, S. 459).

c) Grundsatz steigender, jedenfalls nicht fallender Erwartungen:
Frühere Lebensabschnitte sollten mit Blick auf späteres Glück zu gestalten sein. Bei sonst gleichen Umständen wird eine Möglichkeit vorgezogen, die steigende Erwartungen bietet.
„Es gibt verschiedene Lebensabschnitte, die im Idealfall ihre eigenen Aufgaben und Freuden haben. Unter sonst gleichen Umständen sollte man die Dinge in früheren Le-

bensabschnitten so einrichten, dass in den späteren ein glückliches Leben möglich ist. Meistens dürften im Zeitverlauf steigende Erwartungen vorzuziehen sein." (Rawls 1975, S. 459)

Um die Möglichkeit einer fairen Verteilung von Lebenschancen zu gewährleisten, will Rawls von einem Modell vernünftiger Lebensplanung ausgehen. Deshalb darf keine Lebensphase eine vorrangige Bedeutung haben, wenn es um die Gesamtheit unserer Glückserwartungen geht. Doch es ist eine abstrakte Vorstellung von Lebenszeit, wenn nur die Kontinuität möglichst steigender Zufriedenheitserwartung zählt. Darin liegt eine anthropologische Verkürzung unserer Lebenszeitkonzepte, die den konkreten Differenzen der Lebensphasen nicht gerecht zu werden vermag. W. Kersting bemerkt zu Recht: „Lebensplanung erschöpft sich nicht in einer geordneten Sequenz von Präferenzen und Handlungen" (Kersting 2000, S. 372). Gegenüber dem Rawlsschen „Verfahren des Wegsehens", wie Kersting die Methode des „Schleiers des Nichtwissens" bezeichnet, befürwortet er ein „Verfahren des Hinsehens", wenn es um Differenzen geht, „deren Existenz wie Auswirkungen gerechtigkeitsethisch von Belang sind" (Kersting 2000, S. 357). Eine solche Differenz-Perspektive möchte ich mit Blick auf die Lebenszeitchancen als *Lebensphasensensibilität* vorschlagen.

3. Lebenszeit-Gerechtigkeit

Der Zeiteinsatz ist wesentlicher Faktor eines qualitativen Sozialprodukts, einer sozialen Lebensqualität, zugleich aber auch Teil individueller Selbstverwirklichungskonzepte. Die Selbstverwirklichung braucht Zeitchancen, die in sozialem Zeiteinsatz gewährleistet werden. Die Erziehung der Kinder ist ein Zeiteinsatz der Eltern, um die Lebenschance der Kinder zu wahren, zugleich ist sie eine eigene Lebenschance der Eltern, die wiederum abhängig ist von anderen Zeiteinsätzen. Die natürlichen Differenzen der Lebensalter prägen die Möglichkeiten ihres Zeiteinsatzes. Es besteht ein

gerechter Anspruch auf die für eine grundlegende Lebenschance nötige Zeit.
Kriterium der Gerechtigkeit kann nicht eine rein quantitative Verrechnung von Lebenszeit sein, es geht vielmehr um eine kulturell zu ermittelnde Gleichwertigkeit verschiedener Formen des Zeiteinsatzes. Die Gerechtigkeit des Zeit-Teilens bezieht sich dabei nur auf die grundlegenden Chancen: Hierzu gehören Ansprüche auf Ausbildungszeit, Arbeitszeit, Erziehungszeit, Freizeit, Krankenzeit, Ruhestand, Pflegezeit – und zuletzt auch noch eine humane Lebenszeit des Sterbens. In all diesen Dimensionen geht es um die prinzipielle Wahrung humaner Lebensmöglichkeiten, dies ist die Forderung einer Lebens-Zeit-Gerechtigkeit.
Zeitchancen müssen als Spielräume unserer Freiheit angesehen werden. Nicht allein an der Verfügbarkeit von Freizeit im Sinne arbeitsfreier Zeit bemisst sich die gerechte Verteilung von Lebenszeitchancen, sondern an der Angemessenheit des Zeiteinsatzes für die Gewährleistung menschlicher Grundbedürfnisse.
So erfüllt die Berufstätigkeit nicht nur ökonomische Funktionen, sondern stellt eine wichtige Dimension des individuellen Lebenskonzeptes dar. In den verschiedenen Lebensphasen wird diese Dimension sehr unterschiedlich gewichtet. Das Interesse an der Berufstätigkeit kann in Konkurrenz stehen zu Interessen der Erziehung, der Weiterbildung, des kulturellen und politischen Engagements, des Ruhestandes usw.
Die Freiheit der eigenen Zeit nur der Freizeit zuzuordnen hieße die Lebensqualität der Berufstätigkeit leugnen. So können zentrale Fragen des Zeit-Teilens nicht angemessen bestimmt werden. Das gilt besonders für das Verhältnis von Erwerbsarbeits- und Erziehungszeit. Denn hierbei geht es nicht nur um die Verteilungsgerechtigkeit des Lebensunterhalts, sondern auch um die Realisation individueller Lebenspläne in den Dimensionen Beruf und Familie. Erforderlich ist nicht nur die finanzielle Ausgleichung des Zeiteinsatzes, so wichtig diese Fragestellung auch ist. In dieser Hinsicht sind Modelle der Entlohnung der Familienarbeit, der Anrechnung als Sozialversicherungsleistung, der Steuerentlastung etc. zu diskutieren. Ein gerechtes Zeit-Teilen

muss sich darüber hinaus um die *Vereinbarkeit der Zeiträume* Familie und Beruf bemühen, z. B. durch erweiterte Möglichkeiten der Kinderbetreuung und flexible Arbeitszeitmodelle.
Das Thema „Zeit teilen" verdichtet sich zur Frage nach der Teilzeit-Arbeit. Deren Funktion wäre zu verkürzt gesehen, wenn wir sie nur aus der Perspektive des Arbeitsmarkts oder des familiären Zuverdienstes betrachten. Sie erschließt sich erst, wenn es um die Realisation von Lebenschancen im Spannungsfeld von Beruf und Familie geht. Die Gender-Perspektive gerechter Zeit-Teilung spielt gerade an dieser Stelle eine besondere Rolle. Die Diskontinuitäten, wie sie etwa die Soziologin M. Funder (1992) an weiblichen Lebenslaufkonzepten herausgestellt hat, stehen der abstrakten Rawls-schen Vorstellung einer Kontinuität der Lebensplanung entgegen. Dabei geht es um eine diskontinuierliche Entwicklung des normal biographischen Verhältnisses von Kindererziehung und Erwerbsarbeit. Die Beurteilung des Lebenszeitkonzeptes als „diskontinuierlich" bleibt somit gebunden an die kulturellen Standards der biografischen Zeitmuster, die in weitem Maße noch durch geschlechtsspezifische Zuschreibungen geprägt sind. Die Diskontinuität auf Lebensphasen-Präferenzen und nicht auf feste Geschlechtsrollen zurückzubeziehen, öffnet Perspektiven einer Zeit-Gerechtigkeit zwischen den Geschlechtern. Hier klafft immer noch eine Lücke zwischen Anspruch und Wirklichkeit, auch wenn rechtliche Rahmenbedingungen z. B. zum Erziehungsurlaub nicht mehr geschlechtsspezifisch formuliert sind (anders ist dies natürlich für den Mutterschutz, der ein konkretes Beispiel für eine gerechte Berücksichtigung der Geschlechter-Differenz ist).
Auch für die *Phase des Alters* ist eine rein finanzielle Leistung unzureichend, um die spezifischen Lebenschancen zu wahren. Wenn z. B. die noch vorhandenen Bedürfnisse und Fähigkeiten zur Berufstätigkeit berücksichtigt werden, so kann der Übergang in den Ruhestand etwa durch Teilruhestandsregelungen gerechter gestaltet werden. Die gerechte Verteilung muss natürlich mit anderen gerechten Ansprüchen auf Berufstätigkeit in Ausgleich gebracht werden, d.h. auf die Möglichkeiten des Arbeitsmarktes bezogen bleiben.

Das Zeit-Teilen gewinnt eine besondere Qualität, wenn es um die Unersetzbarkeit menschlicher Zuwendung in Phasen der Pflegebedürftigkeit und des Sterbens geht. Wir haben es mit Phasen besonderer Hilflosigkeit zu tun, die einen helfenden Einsatz von Lebenszeit fordern. Diese Grundbedürftigkeit nicht zu achten wäre Gewalt gegenüber pflegebedürftigen Menschen, wie O. Höffe betont (vgl. Höffe 1996, S. 238 ff.). Er fordert eine *normative Gerontologie*, die auf einem „diachronen Tausch" beruht: „diachron", weil der gegenwärtige Einsatz für das Pflegesystem dieses auch für die Zukunft sichert, in der wir selbst möglicherweise pflegebedürftig sind. In dieses Konzept ist also eine Temporalität der Gerechtigkeit eingebaut, die den Bedürfnissen verschiedener Lebensphasen gerecht zu werden vermag. Höffe spricht von einer *Tausch*gerechtigkeit statt von Verteilungsgerechtigkeit, weil die zu verteilenden Güter nicht einfach natürlich gegeben sind, sondern von menschlichem Einsatz (z. B. an Arbeitszeit) abhängig sind. Diese Überlegung ist für die Frage der Zeit-Gerechtigkeit besonders einsichtig, da das Zeit-Teilen nur durch den Einsatz von Lebenszeit möglich ist.
Familiärer Zeit-Einsatz oder freiwilliges Engagement der Bürger(innen) stützen das Netzwerk solidarischer Hilfe. Diese Tätigkeiten haben eine sozialkonstitutive Funktion, die in Tauschprozessen angemessen berücksichtigt werden sollte, etwa durch Formen der materiellen oder immateriellen Anerkennung. Der Staat trägt eine Verantwortung für die Rahmenbedingungen solch qualitativer Zeit-Teilung. Die teilweise Entkoppelung des sozialen Sicherungssystems vom System der Erwerbsarbeit weist in eine Richtung, in der das Zeit-Engagement der Bürger(innen) den nötigen Freiraum gewinnen kann. U. Beck sieht das Konzept einer entlohnten Bürgerarbeit als Teil einer notwendigen „Entstandardisierung der Erwerbsarbeit" (Beck 1986, S. 220 ff.); und W. Kessler (2004) hat jüngst solche Vorschläge in die Vision einer „Tätigkeitsgesellschaft" münden lassen, die auf finanzieller *Grundversorgung* im Sinne eines Bürgergeldes beruht.

Die genannten Überlegungen sollen Hinweise auf mögliche gesellschaftliche Umstrukturierungen sein, die einen Beitrag zur gerechteren Verteilung der Lebenszeitchancen leisten könnten. Teilweise sind hiermit Forderungen an den Sozialstaat verbunden, teilweise handelt es sich um soziale Tauschprozesse. Soziale Gerechtigkeit wird unter den Bedingungen moderner Individualisierung im Spannungsfeld von Sozialstaat und Bürgerengagement zu verorten sein.

4. Zeit als symbolisches Tauschmedium

Die Zeit ist ein soziales Kapital. Zeit-Teilung bindet Lebenszeitressourcen an die Zeit-Räume anderer Menschen, darin entwickelt sich der Lebensraum gemeinsamer Zeit. Alle umgangssprachlichen Wendungen vom „Zeit füreinander haben", „Zeit miteinander verbringen", „sich Zeit schenken" wurzeln in dieser sozialen Grunderfahrung. Freilich ist damit kein Rechtsanspruch verbunden, sie gehören nicht unmittelbar in den Bereich sozialer Gerechtigkeit. Doch die Netzwerke bürgerlichen Engagements, die zu einer gerechteren Verteilung der Lebenschancen beitragen, bedürfen des sozialen Kapitals geteilter Zeit. Eine Theorie sozialer Gerechtigkeit muss die Notwendigkeit des qualitativen Zeit-Tauschs betonen. Sie setzt dabei an der Schnittstelle zwischen sozialen Netzwerken und staatlicher Verantwortung an.
Die Zeit ist ein Tausch-Medium, das neben dem abstrakten Medium des Geldes eine unaufgebbare soziale Funktion hat. Die Qualität des Zeit-Teilens prägt den Charakter gemeinsamer Freiheitsräume. In diesem Sinne möchte ich von der Zeit als einem symbolischen Tausch-Medium sprechen. Als „symbolisch" werden jene Tauschhandlungen bezeichnet, in denen nicht der Wert der getauschten Güter im Vordergrund steht, sondern die Handlung des Tauschens selbst als eine soziale Geste. Es werden Geschenke ausgetauscht, um Beziehungen zu festigen. Wir alle kennen solche Gesten der Freundschaft, in denen der materielle Wert der Gabe von untergeordneter Bedeutung ist. Sich Zeit zu schenken enthält über die Qualität des Zeitaufwandes hin-

aus jene symbolische Qualität der Verbindlichkeit, der Freundschaft, der Solidarität. All dies ist nicht Gegenstand sozialstaatlicher Regulierung, somit auch nicht im engeren Sinne eine Frage sozialer Gerechtigkeit. Doch wird eine gerechte Ordnung ohne diese Prozesse niemals zu realisieren sein. Deshalb sollte eine Theorie sozialer Gerechtigkeit auch die Übergänge zwischen rechtlichen Rahmenbedingungen und individueller sozialethischer Verantwortung im Blick haben.

Lassen Sie mich dies abschließend nochmals am Beispiel der Teilzeit-Arbeit verdeutlichen. Deren Verbreitung stößt auf Grenzen, die sich aus der kulturellen Bewertung der Berufstätigkeit, insbesondere der männlichen, ergeben. Eng damit verbunden ist die geschlechtsdifferente Zuschreibung der Familienarbeit. Hier ist vieles in Bewegung gekommen, doch weitgehend sind die Normalbiografien noch von solch kulturellen Vorgaben geprägt. Dass sich dies stärker wandeln kann, als es zurzeit in Deutschland geschieht, zeigen Erfahrungen aus anderen Staaten mit der Teilzeit-Arbeit. An dieser Stelle spüren wir die Notwendigkeit eines symbolischen Tauschs, der uns eine neue Symbolik der Arbeitskultur vermittelt. Die persönliche Entscheidung für Teilzeit-Arbeit ist in einer kulturellen Umbruchssituation nicht nur von ökonomischer, sondern auch von symbolischer Bedeutung. Sie trägt zur Schaffung neuer Lebensbedingungen bei, die das kulturelle Selbstverständnis sozialer Gerechtigkeit berühren.

Ohne Sensibilität für solche kulturellen Wandlungen zementiert ein Gerechtigkeitskonzept die normalbiografischen Muster. Die Wertung der Berufstätigkeit ist hierfür signifikant. Sensibilität für eine Neubewertung der Erziehungstätigkeit, auch in den Lebenslaufkonzepten der Männer, ist von großer Bedeutung für die gerechte Entwicklung des Zeit-Teilens. Die Verwirklichung sozialer Gerechtigkeit ist eine mehrdimensionale kulturelle Aufgabe, die nicht auf die politisch-rechtliche Dimension der Sozialstaatlichkeit reduziert werden darf. Eine neue Kultur des Zeit-Teilens schafft gemeinsame Lebensräume der Freiheit.

Weiterführende Literatur:

Alheit, Peter, Biographizität als Projekt. Der „biographische Ansatz" in der Erwachsenenbildung, Bremen 1990.

Beck, Ulrich, Risikogesellschaft. Auf dem Weg in eine andere Moderne, Frankfurt/M. 1986. (bes. Kap. V und VI)

Bergmann, Werner, Die Zeitstrukturen sozialer Systeme, Berlin 1981.

Bertram, Hans, Familie leben. Neue Wege zur Gestaltung von Lebenszeit, Arbeitszeit und Familienzeit, Gütersloh 1997.

Funder, Maria, Die (Dis-)Kontinuität weiblicher Lebensläufe – das Vereinbarkeitsdilemma zwischen betrieblicher und außerbetrieblicher Lebenswelt, in: Raehlmann, Irene u. a. (Hg.), Alles unter einem Hut? Arbeits- und Lebenszeit von Frauen in der „Dienstleistungsgesellschaft", Hamburg 1992.

Gorhammer, Manfred, Balanceakt Zeit. Auswirkungen flexibler Arbeitszeiten auf Alltag, Freizeit und Familie, Berlin 1994.

Gräbe, Sylvia (Hg.), Alltagszeit – Lebenszeit: Zeitstrukturen im privaten Haushalt, Frankfurt/M., New York 1992.

Hiller, Petra, Der Zeitkonflikt in der Risikogesellschaft, Berlin 1993.

Höffe, Otfried, Soziale Gerechtigkeit als Tausch: ein neues Paradigma, in: Bayertz, Kurt (Hg.), Politik und Ethik, Stuttgart 1996, S. 229-248.

Kersting, Wolfgang, Theorien der sozialen Gerechtigkeit, Stuttgart, Weimar 2000.

Kessler, Wolfgang, Die Arbeitsgesellschaft von morgen, in: Hebel, Stephan / Kessler, Wolfgang (Hg.), Zukunft sozial: Wegweiser zu mehr Gerechtigkeit, Oberursel 2004.

Nassehi, Armin, Die Zeit der Gesellschaft: Auf dem Weg zu einer soziologischen Theorie der Zeit, Opladen 1993.

Negt, Oskar, Lebendige Arbeit, enteignete Zeit. Politische und kulturelle Dimensionen des Kampfes um die Arbeitszeit, Frankfurt/M., New York 1984.

Rawls, John, Eine Theorie der Gerechtigkeit, Frankfurt/M. 1975.

Raehlmann, Irene u.a. (Hg.), Alles unter einem Hut? Arbeits- und Lebenszeit von Frauen in der „Dienstleistungsgesellschaft", Hamburg 1992.

Rinderspacher, Jürgen P., Gesellschaft ohne Zeit. Individuelle Zeitverwendung und soziale Organisation der Arbeit, Frankfurt/M. 1985.

Schöps, Martina, Zeit und Gesellschaft, Stuttgart 1980.

Wotschak, Frank, Zeit und Klasse: Soziale Ungleichheit im Licht moderner Zeitstrukturen, Hamburg 1997.

Rainer Dillmann

„Das Recht ströme wie Wasser, die Gerechtigkeit wie ein nie versiegender Bach" (Am 5,24)

Anmerkungen zum Begriff „Gerechtigkeit" aus biblischer Sicht

1. Hinführung zum Thema

In der Analyse der Gesellschaft seiner Zeit muss Amos feststellen, dass Recht und Gerechtigkeit gleichsam gegen null tendieren. Die Indizien, an denen Amos dies festmacht, sind: Rechtsbeugung, Korruption und Bestechung, Ausbeutung durch überhöhte Zinsen und ausufernde Steuern (vgl. Am 5,7.10-12). Wie Amos sich die Gesellschaft vorstellt, hat er in die Worte gekleidet, die diesem Beitrag als Überschrift vorangestellt sind: „Das Recht ströme wie Wasser, die Gerechtigkeit wie ein nie versiegender Bach" (Am 5,24). Wie eine Sozialordnung konkret aussieht, in der Recht und Gerechtigkeit strömen, darüber verliert der Prophet kein Wort.

Im Alten Testament ist das Begriffspaar „Recht und Gerechtigkeit" (mišpat we sedaqa) eine geprägte Formel. Sie findet sich überwiegend bei den Propheten Amos und Jesaja sowie in den Psalmen (vgl. Am 5,7.24; 6,12; Jes 16,5; 29,9; 32,1; 51,4f; Ps 33,5; 36,7; 72,2; 89,15; 97,2; 99,4; 106,3) und betont den Zusammenhang von Gerechtigkeit und Rechtspflege.

Zwischen beidem besteht ein enger Zusammenhang. Dies ist kaum zu bestreiten. Diesen Zusammenhang aber näher zu beschreiben scheint schwierig. Das Alte Testament sieht diesen keineswegs darin, dass das Zusammenleben der Menschen in einer Gesellschaft durch Einzelbestimmungen normiert wird. Es sieht diesen Zusammenhang vielmehr in der Fähigkeit und der Möglichkeit, entstandene Konflikte in der Gemeinschaft überparteilich zu lösen (= Recht). Vor-

aussetzung dafür ist eine Grundhaltung der Einzelnen, die ihr Handeln an der Förderung der Gemeinschaft orientieren und dabei besonders die Schwachen und Armen im Blick haben (= Gerechtigkeit). Beide Aspekte sind also engstens miteinander verknüpft und bedingen sich gegenseitig. Recht und Gerechtigkeit dienen Amos gerade nicht als „handlungsleitende Ideale", sie sind vielmehr von Gott vorgegebene Größen, Israel eingestiftete Qualitäten, die es nicht selbst schaffen, wohl aber korrumpieren kann.
Diese von Amos inspirierten Gedanken führen mitten in das Thema „Gerechtigkeit" hinein. Was Gerechtigkeit ist, scheint nicht so klar, wie es auf den ersten Blick den Anschein hat. Damit ist aber auch das Verständnis dessen, was „soziale Gerechtigkeit" ausmacht, nicht eindeutig. Es scheint, dass „Recht und Gerechtigkeit" nicht einfach mit dem gleichzusetzen sind, was normatives Recht gebietet. Im Folgenden wird deshalb auf die beiden Begriffe in ihrem alttestamentlichen Kontext näher eingegangen.

2. Recht und Gerechtigkeit im Alten Testament – Begriffsklärung

2.1 Gerechtigkeit – zdk

Die Grundbedeutung der hebräischen Wurzel zdk ist gemeinschaftstreu, heilvoll sein. Die Übersetzung mit „Gerechtigkeit" bzw. „gerecht" ist durch die griechische Übersetzung mit „dikaiosyne" in der Septuaginta und die lateinische mit „iustitia" in der Vulgata beeinflusst. Die Wiedergabe mit „Gerechtigkeit ist keine angemessene Übersetzung für zdk; aber es ist schwer, eine bessere zu finden" (Neues Bibellexikon).
Der hebräische Begriff zdk ist ein Verhältnisbegriff. Er bezieht sich auf ein wirkliches Verhältnis zwischen zwei Personen bzw. einer Person und einer Sache – nicht aber zu einer Idee! Er wertet bestimmte menschliche und göttliche Verhaltensweisen als positiv. Dabei ist es gleichgültig, ob die beiden Personen gleichrangig einander gegenüber stehen oder ob zwischen beiden ein Abhängigkeitsverhältnis

bzw. eine Über-/Unterordnung besteht. Das Verhältnis zwischen dem König und seinen Untertanen wird dann als zdk („gerecht") bezeichnet, wenn es von gegenseitiger Loyalität und der gemeinsamen Sorge für eine gedeihliche Ordnung des Miteinander geprägt ist. Die jeweilige soziale Stellung bleibt davon unberührt.
Darüber hinaus kennt das Hebräische eine Differenzierung, die in modernen Sprachen kaum wiederzugeben ist. Von der Wurzel zdk werden zwei Substantive gebildet: saedaek und sedaqa. Saedaek bezeichnet die Gemeinschaftstreue und ist ein Kollektivbegriff. Das, was inhaltlich mit saedaek gemeint ist, lässt sich gut mit „Solidarität" wiedergeben; mit sedaqa wird die Tat bzw. das Handeln bezeichnet, in der sich die Gemeinschaftstreue ausdrückt: das solidarische Handeln.
Was sedaqa ist, ist jedoch nicht an einer abstrakten Norm zu messen; vielmehr wird das als sedaqa bezeichnet, was für ein gegebenes Gemeinschaftsverhältnis förderlich ist und zu seiner positiven Entwicklung beiträgt. Saedaek wird gebraucht, wenn es sich um die Richtigkeit und die Ordnung handelt, um einen Zustand zu beschreiben, der so ist, wie er sein soll. Sedaqa bezeichnet Handlungen, mittels derer jemand sein Rechtsein, seine „Normgemäßheit" erweist (vgl. Dtn 6,25; Gen 15,6). Sedaqa steht meist in Verbindung mit Verben des Tuns. Die sedaqa Gottes oder eines Menschen erweist sich durch seine Taten.
Gerechtigkeit ist – biblisch betrachtet – also keine abstrakte Größe. Von Gerechtigkeit reden heißt, immer auch zu bedenken, durch welches konkrete Tun diese Haltung sich als gerecht erweist. In späterer Zeit werden die beiden Begriffe nicht mehr exakt unterschieden und können dann auch synonym verwendet werden.

2.2 Recht – mišpat

Der zweite Begriff, der hier zu bedenken ist, ist mišpat (Recht); mišpat leitet sich von der Wurzel špt (= richten) ab. Es ist ein Terminus aus der Zivilverwaltung und der Rechtsprechung. Eine Einengung auf richterliches Entscheiden ist nicht gerechtfertigt. Das Verb bezeichnet vielmehr jegliches Handeln, durch das die gestörte Ordnung einer Gemeinschaft wiederhergestellt wird. Dieses Handeln findet in einem Dreiecksverhältnis statt: Zwei Menschen bzw. zwei Gruppen von Menschen, deren Beziehung untereinander gestört oder zerbrochen ist, werden durch das Handeln eines Dritten wieder in den Zustand einer intakten Beziehung gebracht. Dies geschieht dadurch, dass die Ursache der Störung beseitigt wird. Die Bibel bezeichnet diesen Zustand einer intakten Beziehung als „shalom", als einen heilvollen, Leben fördernden und bewahrenden Zustand. Dies soll an einem Beispiel verdeutlicht werden.

In Gen 16 wird erzählt, dass die Beziehung zwischen Sara und ihrer Sklavin Hagar zerrüttet ist, weil Letztere sich über ihre Herrin setzte. In dieser Situation greift Gott ein und veranlasst den Abraham, Hagar wieder zur Sklavin Saras zu degradieren und damit die Störung der Beziehung zu beseitigen. Insofern richtet Abraham zwischen Sara und Hagar und verhilft Sara zu ihrem Recht. – Aus unserer modernen Sicht scheint dies eher ungerecht zu sein; denn Sklaverei widerspricht der Würde des Menschen – so unsere Einsicht. Eine Handlung, durch die eine Frau zur Sklavin einer anderen wird, kann deshalb nicht als gerecht bezeichnet werden. Hier wird deutlich, wie modernes Denken von abstrakten Normen her urteilt unabhängig von der konkreten Sozialordnung einer Gesellschaft. Dies aber entspricht nicht dem biblischen Denken.

Špt hat somit eine doppelte Bedeutung: „jemanden verurteilen" und „jemandem zum Recht verhelfen". In dieser doppelten Bedeutung dieses Wortes wird der Prozess vor Gericht in seiner ganzen Dimension erfasst. Ein „gerechter" Richter verurteilt den, der die Leben fördernde Ordnung der Gemeinschaft zerstört hat. Zugleich verhilft er dem, der die negativen Folgen dieser Störung zu tragen hat, zu seinem Recht. Die Bitte: „Verschaff mir Recht" setzt somit voraus, dass jemand die schlimmen Folgen eines gestörten Verhältnisses zu tragen hat und unter diesen Folgen leidet. Die eindringliche Bitte der Witwe im Gleichnis vom gottlosen Richter in Lk 18,1-8 ist kein Pochen auf Einhaltung konkreter Normen, die verletzt wurden. Diese Bitte ist vielmehr

als Aufschrei gegen Unterdrückung und Leben bedrohende Verhältnisse zu werten. Wer dem Unterdrückten Recht verschafft, erweist sich nicht nur als gerechter Richter, sondern er wird zugleich zum Retter des Unterdrückten. Die Wiederherstellung der Ordnung einer Gemeinschaft wird aber nicht als einmaliges Handeln betrachtet, sondern als andauernde Tätigkeit (vgl. Ps 96,13).
Die Formel mišpat we sedaqa (Recht und Gerechtigkeit) bezeichnet somit sowohl die gesellschaftliche Ordnung als auch das Handeln der Menschen, das diese gesellschaftliche Ordnung schafft und deren Einhaltung garantiert. Die Formel steht für eine Gesellschaft, die Konflikte überparteilich löst und ihr Handeln an der Förderung der Gemeinschaft als ganzer, dem Gemeinwohl, ausrichtet. „Gerecht" ist dann derjenige, der bei Gericht den Schuldigen schuldig spricht und den Unschuldigen entsprechend seiner Unschuld freispricht. Aber auch derjenige gilt als „gerecht", der bei Gericht von bestechlichen Richtern verurteilt wird, obwohl er unschuldig ist.
Da mit dieser Formel sowohl das Verhalten des Menschen zu seinen Mitmenschen wie auch zu Gott bezeichnet wird, werden die beiden Begriffe „gerecht" und „fromm" austauschbar. Der „Gerechte" ist dann zugleich der „Fromme", der seine Verantwortung gegenüber seinen Mitmenschen in Treue zu Gott wahrnimmt und sich als zuverlässig erweist. Insbesondere in den Psalmen ist diese weite Bedeutung häufig anzutreffen.

2.3 Gottes Gerechtigkeit

Erst relativ spät – in den nachexilischen Erzählungen und in individuellen Dichtungen dieser Zeit – spricht die Bibel von der Gerechtigkeit Gottes. Diese ist eng verbunden mit der Vorstellung von Gott als Richter. Sie wurzelt zum einen in der Überzeugung, dass Gott der Weltenherrscher und Lenker aller irdischen Geschichte ist, zum anderen darin, dass Gott den unschuldig Angeklagten Recht verschafft.
Anders als die bestechlichen menschlichen Richter spricht Gott den Schuldigen nicht frei (vgl. Ex 23,7). Im Vorder-

grund dieses Denkens steht aber nicht die Bestrafung, sondern die Rettung des Unschuldigen. Sie ist nur möglich, wenn die zerstörte Rechtsbeziehung wiederhergestellt wird. Im Tempelweihgebet betet König Salomo: „Verschaff deinen Knechten Recht; verurteile den Schuldigen [...]. Den Schuldlosen aber sprich frei" (1 Kön 8,33). Gottes Gerechtigkeit zeigt sich für das Alte Testament gerade auch darin, dass Schuldige einer gerechten Strafe zugeführt werden.
Vor diesem Hintergrund wird auch Gottes Handeln im Exodus-Geschehen verständlich. Da Israel zu Unrecht von Ägypten versklavt und zum Frondienst gezwungen wurde, ist seine Befreiung aus Ägypten die unabdingbare Voraussetzung für die Wiederherstellung seiner ursprünglichen Rechtsstellung als freies Volk. Allein darauf zielt Gottes Handeln an den Ägyptern. Trotz der Plagen muss auch der Pharao von Ägypten erkennen, dass Gott „im Recht" ist, wenn er für Israel streitet (vgl. Ex 9,27).
Dem entspricht, dass Gott zu seinem Wort steht. Gottes Treue und seine Gerechtigkeit sind deshalb zwei Seiten ein und derselben Sache. In der prophetischen Überlieferung wird Gott immer wieder dargestellt als einer, der einen Rechtsstreit mit Israel bzw. den Völkern führt. In diesem Rechtsstreit tritt Gott als Ankläger auf und verklagt Israel wegen seiner schlechten Taten. Weil er der unbestechliche Richter ist, kann der Mensch, dem Unrecht geschieht, ihm seine Sache anvertrauen. Gott wird diesem Menschen zu seinem Recht verhelfen.
In der Tradition der Weisheit kommt dann der Gedanke zum Tragen, dass Gott die Guten belohnt und die Bösen bestraft. Dieser Vergeltungsgedanke wird von der Gerechtigkeit Gottes abgeleitet. Dies wirft für die alttestamentliche Theologie ein schwieriges Problem auf. Bei großen Naturkatastrophen und in Kriegen müssen offensichtlich nicht nur schuldige Menschen sterben. Mit diesem Problem ringt das Buch Ezechiel, ohne jedoch eine Lösung zu finden. Einerseits versucht der Prophet aufzuweisen, alle, die bei der Belagerung Jerusalems umkamen, seien Opfer ihrer eigenen Schuld geworden (vgl. Ez 9); andererseits muss er eingestehen, dass sowohl Frevler wie auch Gerechte durch das Schwert ausgerottet wurden (vgl. Ez 21,6-10).

Auch die Freunde Ijobs vertreten die Meinung, Leid treffe nur den Schuldigen. Ijob aber beharrt auf seiner Unschuld und fühlt sich von Gott ungerecht behandelt. Er appelliert deshalb an ein unabhängiges Schiedsgericht, das seine Unschuld feststellen und ihn damit als gerecht erweisen, Gott aber als Verbrecher deklarieren soll. In seiner Antwort weist Gott diesen Vorwurf Ijobs, er sei ein Verbrecher, zurück und verweist darauf, dass die Welt viel schlimmer aussähe, halte er, Gott, nicht ständig das Böse in Schach, so dass sich das Unheil letztlich doch in Grenzen halte – eine für moderne Menschen vielleicht etwas merkwürdige Vorstellung: Gott im Kampf mit den Mächten des Chaos. Dieses Bild ist die alttestamentliche Antwort auf die Theodizee-Frage, ohne sie damit endgültig gelöst zu haben.
Insbesondere die Psalmen haben sich mit dieser Frage des Leidens des Gerechten auseinandergesetzt. Trotz dieser Erfahrung, dass der Gerechte leidet, ist der Psalmist davon überzeugt, dass Gott nach „Recht und Gerechtigkeit" handelt und am Ende letztlich Gottes rettendes Eingreifen zugunsten der Frommen gegenüber den ungerechten Verfolgern und Ausbeutern steht. Psalm 7 ist dafür ein beredtes Zeugnis. Diese Überzeugung gründet in der Treue Gottes: „Der Gerechte wird aufgrund seiner [= Gottes] Treue leben" (Hab 2,4). Gottes Gerechtigkeit wird hier weitgehend als rettendes Handeln zugunsten ungerecht Verfolgter verstanden. Was in den Psalmen überwiegend in Bezug auf den Einzelnen gesagt wird, kann auch auf Israel als Ganzes übertragen werden: Wegen seiner Gerechtigkeit rettet Gott Israel aus seiner Bedrängnis. Auf dieser Überzeugung ruht letztlich die eschatologische Hoffnung Israels, an der das Neue Testament nahtlos anknüpft.
Die Vorstellungen von Gerechtigkeit, die im Alten Testament herausgebildet wurden, werden im Neuen Testament aufgegriffen und weiter entwickelt. Dies soll am Beispiel der Bergpredigt und der Gerechtigkeit Gottes bei Paulus kurz aufgezeigt werden.

3. Die Bergpredigt

Gerechtigkeit ist ein Schlüsselbegriff der Bergpredigt. Von dem siebenmaligen Vorkommen des Begriffes im Matthäus-evangelium finden sich insgesamt fünf Stellen in der Bergpredigt: Mt 5,6.10.20; 6,1.33.

3.1 Das Programm

Gleich zu Beginn in den Seligpreisungen findet sich dieser Begriff zweimal: in der vierten und der achten Seligpreisung. „Selig, die hungern und dürsten nach der Gerechtigkeit" (Mt 5,6). „Hungern und dürsten nach" hat hier eine übertragene Bedeutung und heißt soviel wie „sich sehnen nach", „sich mühen um". Wer sich also nach Gerechtigkeit sehnt und sich darum müht, der wird glücklich (= selig) gepriesen. Die nachfolgende Begründung „denn sie werden gesättigt werden" verheißt diesen Menschen Erfüllung ihres Sehnens und Mühens. Aufgrund des Kontextes in der Bergpredigt dürfte Gerechtigkeit hier ein Verhalten der Menschen bezeichnen.
Die achte Seligpreisung „Selig die Verfolgten wegen der Gerechtigkeit" (Mt 6,10) setzt voraus, dass das Sehnen und Sich-Mühen um Gerechtigkeit nicht unbedingt allseits Akzeptanz in der Gesellschaft findet. Im Gegenteil – gerade dieses Mühen stößt auf Kritik und Widerstand und setzt diejenigen, die sich um Gerechtigkeit mühen, Verfolgungen aus. Am Ende solcher Verfolgung steht nicht zwangsläufig der Tod. Verfolgung kann auch in sozialer und gesellschaftlicher Isolierung und in psychischem Druck bestehen. Mobbing ist vielleicht durchaus ein modernerer Begriff, der das hier Gemeinte beinhaltet. Wem in dieser Weise wegen der Gerechtigkeit so zugesetzt wird, dem gehört in gleicher Weise wie dem Armen das Himmelreich. Die Seligpreisungen versteht Matthäus wohl als unumgängliches Verhalten, als Eintrittsbedingungen für das Himmelreich.
Was in den Seligpreisungen programmatisch formuliert ist, wird in den nachfolgenden Anweisungen der Bergpredigt konkret. Dabei streitet Jesus seinen Gegnern, den Schrift-

gelehrten und Pharisäern, nicht ab, dass sie sich ebenfalls um Gerechtigkeit mühen. Aber die Gerechtigkeit der Jüngerinnen und Jünger Jesu soll sich von deren unterscheiden: „Wenn eure Gerechtigkeit nicht größer ist als die der Schriftgelehrten und Pharisäer, werdet ihr nicht in das Himmelreich kommen" (Mt 5,10).

Worin unterscheidet sich also die Gerechtigkeit der Jüngerinnen und Jünger Jesu von der der Schriftgelehrten und Pharisäer? Weit verbreitet ist die Vorstellung, diese größere Gerechtigkeit bestehe in einer noch genaueren Erfüllung des Willens Gottes, während es den Schriftgelehrten und Pharisäern lediglich um die Einhaltung des Buchstabens gehe. Viele Theologen sprechen deshalb von der Radikalität der Forderungen Jesu und verweisen darauf, dass Gottes Wille immer und überall zu erfüllen sei.

Mir scheint, solchen Interpretationen liegt eine abendländische Vorstellung von Gerechtigkeit zu Grunde, die den Willen Gottes als eine abstrakte Größe versteht, von der die konkreten Normen für das Verhalten der Menschen abzuleiten sind. Die Bibel hat aber – wie oben gezeigt – eine andere Vorstellung von Gerechtigkeit. Ihr geht es um ein wechselseitiges Verhalten, ein „gemeinschaftstreues Verhalten", ein Handeln, das der Gemeinschaft förderlich ist und ihr dient, damit sie „heil" ist – letztlich um Loyalität und Solidarität. Die größere Gerechtigkeit der Jüngerinnen und Jünger Jesu gründet also in ihrer Loyalität und in praktizierter Solidarität. Auf deren solidarisches Handeln ist Verlass. Dies ist jedenfalls die Überzeugung Jesu. Damit wird deutlich, dass auch im Matthäusevangelium Gerechtigkeit und Treue eng miteinander verknüpft sind: Die Gerechtigkeit gründet in der Treue; ohne Treue gibt es keine Gerechtigkeit.

Jesu Warnung „Hütet euch, eure Gerechtigkeit vor den Menschen zur Schau zu stellen" (Mt 6,1) gewinnt vor diesem Hintergrund Kontur: Die eigenen guten Taten in den Vordergrund stellen, um dafür Anerkennung bei Menschen zu finden, ein solches Verhalten dient der eigenen Selbstdarstellung, hat aber mit solidarischem Handeln wenig zu tun. Die Bergpredigt bezeichnet ein solches Verhalten als „Heuchelei" (vgl. Mt 6,2.5.16). Dieser Vorwurf trifft Menschen, die ihre Religion und die daraus folgenden Forderungen für das sittliche Verhalten ernst nehmen. Gerechtigkeit bedeutet eben nicht, sich peinlich genau an bestimmte Einzelvorschriften und ihre Interpretation durch menschliche Autoritäten zu halten. Gerechtigkeit hat vielmehr das Wohl des Ganzen im Blick und das Verhältnis der Menschen untereinander. Der Schlüssel zur Interpretation vorhandener Gesetze und Vorschriften liegt in der Sorge um das Wohl und Leben der anderen. Nicht immer neue und detailliertere Vorschriften, sondern die Orientierung daran, was dem Leben dient, macht Gerechtigkeit aus. Die entscheidende Sorge der Jüngerinnen und Jünger Jesu hat deshalb dem Reich Gottes und seiner Gerechtigkeit (vgl. Mt 6,33) zu gelten. Die Bergpredigt liegt hier ganz auf der Linie der alttestamentlichen Botschaft.

3.2 Seine Umsetzung

Was Jesus in den Seligpreisungen formuliert, ist gleichsam sein Programm. Das erste Wort aus dem Munde Jesu lautet im Matthäusevangelium: „Lass jetzt; denn so ist es geziemend für uns, zu erfüllen jede Gerechtigkeit" (Mt 3,15 – Münchener NT). Dieses Wort ist Jesu Antwort auf das Zögern Johannes' des Täufers, ihn zu taufen. Der nachfolgende Vers 16 hält dann die Taufe Jesu fest.
Auch wenn hier noch vieles offen bleibt, so ist doch deutlich: Beide, Jesus und Johannes der Täufer, haben die Gerechtigkeit zu erfüllen. Darin besteht ihr Auftrag. Johannes stellte die Menschen in die Entscheidung, ihr Leben vor Gott zu verantworten. Jesus wird zu einem exemplarischen Menschen, indem er in der Treue Gottes und in Solidarität mit den Menschen lebt. Wie dies konkret geschieht, zeigt sich in den Taten Jesu: Er geht zu den Kranken und Verlassenen; er heilt deren Wunde und schenkt ihnen Geborgenheit. Die „Wunder Jesu" werden so zu einer Demonstration der Solidarität und zur Herausforderung an Christinnen und Christen, solidarisch zu handeln.
Der gewaltsame Tod Jesu am Kreuz widerspricht dem nicht. Das Leiden Jesu schildern die Evangelien vor dem

Hintergrund des Leidens des Gerechten, der diesen Weg im Vertrauen auf Gott geht und dessen Vertrauen nicht enttäuscht wird. Die Auferweckung Jesu ist Ausdruck der Treue Gottes, der den nicht fallen lässt, der seine Hoffnung auf ihn setzt. Darin erweist sich Gottes Gerechtigkeit.

4. Die Gerechtigkeit Gottes bei Paulus

Sprach die Bergpredigt in erster Linie von der Gerechtigkeit der Menschen, so spricht Paulus in seinen Briefen überwiegend von der Gerechtigkeit Gottes. Was aber meint Paulus, wenn er von Gottes Gerechtigkeit spricht?

Um diese Frage beantworten zu können, scheint es sinnvoll, wiederum von dem alttestamentlichen Begriff von Gerechtigkeit auszugehen. Gerechtigkeit ist dort ein Verhältnisbegriff, wie oben gezeigt wurde. Gott ist gerecht und er erweist sich als gerecht, weil er im rechten Verhältnis zum Menschen und zur Schöpfung steht. Der Mensch ist Gottes Geschöpf, ja Gottes Abbild und Ebenbild (vgl. Gen 1,26-28). Gott hat dem Menschen – und zwar der ganzen Menschheit – die Zusage gegeben, die Erde – und damit den Menschen – nie wieder zu vernichten (vgl. Gen 9,11-15). Obwohl der Mensch - gleichgültig ob Jude oder nicht Jude (vgl. Röm 1,18-3,20) – sich von Gott abgewandt hat, nicht im rechten Verhältnis zu Gott steht, sich also nicht als gerecht erweist, steht Gott zu seinem Wort. Seine Treue bleibt trotz der Machenschaften der Menschen unerschüttert. Gottes Gerechtigkeit besteht somit in der Treue Gottes zu sich selbst, zu Israel und zu allen Menschen! Dass dies so ist, ist uns - so die Überzeugung des Paulus - in Jesus Christus offenbar geworden.

In seinem Brief an die Gemeinde in Rom schreibt Paulus: „Jetzt aber ist unabhängig vom Gesetz die Gerechtigkeit Gottes offenbart worden, bezeugt vom Gesetz und von den Propheten" (Röm 3,21). Der Satz ist nicht einfach zu verstehen, und die Kommentare dazu gehen in ihren Auffassungen oft weit auseinander. Mir scheint, Paulus will uns damit sagen, dass Gottes Gerechtigkeit – d. h. Gottes Treue zu seiner Schöpfung und zu den Menschen – jetzt

öffentlich geworden ist. Gottes Gerechtigkeit ist also nichts Neues; aber jetzt ist sie für alle öffentlich und damit sichtbar. Dies wird durch zwei Zeugen bestätigt: die Tora (= Gesetz) und die Propheten. Gottes Gerechtigkeit ist in der Tora und den Propheten – und das ist für Paulus das Alte Testament – längst grundgelegt. Aber jetzt ist sie durch Christus für alle sichtbar.
Gerechtigkeit ist also keine sittliche Eigenschaft Gottes. Gerechtigkeit umschreibt vielmehr Gottes Treue. Sie stellt den Menschen in das rechte Verhältnis zu Gott; und dies befähigt ihn, selbst im rechten Verhältnis zu seinen Mitmenschen zu stehen. Gottes Gerechtigkeit ist für Paulus gleichsam die Voraussetzung dafür, dass der Mensch solidarisch und damit gerecht handeln kann.

5. Zusammenfassung

Die biblischen Vorstellungen von Recht und Gerechtigkeit lassen sich nicht einfach in die heutige Gesellschaft übertragen. Sie geben aber eine Reihe von Impulsen, die uns helfen, das Zusammenleben der Menschen heute zu gestalten.
Gegenseitige Loyalität und die gemeinsame Sorge für eine gedeihliche Ordnung des Miteinander sind für die Zukunft der Gesellschaft unabdingbar. Gerechtigkeit geht nicht im normativen Recht auf. Was Gerechtigkeit ausmacht, ist letztlich an dem zu messen, was dem Leben dient. Da in dieser Frage die Meinungen bekanntlich oft weit auseinander gehen, ist der dadurch entstehende gesellschaftliche Konflikt überparteilich zu lösen und das gesellschaftliche Handeln an der Förderung der Gemeinschaft als Ganzem zu orientieren. Der Gedanke eines herrschaftsfreien Diskurses könnte hier die Richtung zeigen, wie heute in solch schwierigen Fragen eine Lösung gefunden werden kann.

Weiterführende Literatur:

Kaiser, Otto, Der Gott des Alten Testaments. Theologie des AT 3: Jahwes Gerechtigkeit, Göttingen 2003.

Lührmann, Dieter, Gerechtigkeit. III. Neues Testament, in: Theologische Realenzyklopädie, Band XII, Gab – Ges, Berlin / New York 1984, S. 414-420.

Michel, Diethelm / Zmijewski, Josef: Gerechtigkeit, in: Neues Bibellexikon, Band I, A-G, Zürich 1991, S. 795-801.

Scharbert, Josef, Gerechtigkeit. I. Altes Testament, in: Theologische Realenzyklopädie, Band XII, Gab – Ges, Berlin / New York 1984, S. 404-411.

Christof Gärtner

Gerechtigkeit als Signatur diakonischer Praxis

Impulse für eine Praxiskonzeption gemäß der Verkündigung und dem Handeln Jesu

1. Worum es gehen soll: Praxis als *theologischer Ort*

Gleich mehrfach taucht in den Titeln dieses Beitrags das Wort *Praxis* auf. Augenscheinlich ist es als Signalwort zu verstehen, welches angibt, worum es hier gehen soll: um (die) *Praxis*. Wenn man weiterhin in Rechnung stellt, dass diese Wortwahl hier von einem Theologen vorgenommen wird, ist auch der methodische Zugang angezeigt: Es geht um *praktische Theologie*. Dabei deutet die keineswegs selbstverständliche Kleinschreibung des Adjektivs an dieser Stelle schon an, dass es hier nicht nur um (die) *Praxis* als Gegenstand theoretischer Betrachtung gehen soll, sondern vielmehr darum, ausgehend von der je konkret vorfindlichen Lebenswirklichkeit der Menschen, theologisch relevante Implikationen zu eruieren, die eine – an dieser Stelle dürfen wir noch sagen: wie auch immer geartete – diakonische Praxis als *gerecht* zu qualifizieren vermögen. Das geschieht in der Überzeugung, dass (die) *Praxis,* im umfassenden Sinn verstanden, nicht nur ein *theologierelevanter*, also sich einer möglichen bzw. notwendigen theologischen Betrachtung anbietender, sondern auch ein *theologiegenerativer* Ort ist (Klein 1999). Wir gehen also *induktiv* vor und versuchen uns auf der Basis menschlicher Erfahrung(en) der Frage nach *Gerechtigkeit* zu nähern.
Nun muss weiterhin geklärt werden, was hier unter *diakonischer* Praxis verstanden wird bzw. werden soll. Dabei ergibt sich eine doppelte Perspektive: Zum einen ist mit dieser Qualifizierung ganz konkret – quasi *materialiter* – eine Praxis gemeint, die sich ganz allgemein als *Dienst an den der Hilfe Bedürftigen* ausweist. Hierzu würden dann

etwa die vielfältigen Formen sozialer Arbeit gehören, und zwar sowohl in ihrem öffentlich-strukturellen als auch in ihrem informell-privaten Vorkommen. Zum anderen – quasi *formaliter* – ist damit im Sinne kirchlichen Handelns bzw. in theologischem Verständnis eine Praxis bezeichnet, der bestimmte konstitutive Wesensmerkmale und Qualitätskriterien eigen sind. So verstanden ist mit *Diakonie* dann eine *fundamentale Dimension* christlichen Handelns und Glaubens gemeint, die neben den anderen grundlegenden Handlungsvollzügen – zuletzt meistens unter den Begriffen *Verkündigung*, *Liturgie* und *Gemeinschaft* kategorisiert – christliche Existenz ausmacht. Dabei ist darauf zu achten, dass weder die einzelnen Dimensionen im Sinne einer *materialen* Betrachtung isoliert für sich gesehen und konzipiert werden noch dass in *formaler* Perspektive das Missverständnis aufkommt, es ließe sich christliches Handeln isoliert aus dem Antrieb einer einzelnen Dimension heraus vollziehen, ohne die jeweils anderen mit zu bedenken. So wird etwa jede liturgische Praxis ohne Einbeziehung diakonischer Anliegen frömmlerisch, jede Verkündigung, die nicht im Letzten auf die gemeinschaftliche feiernde Verehrung Gottes hinzielt, entweder moralin oder oberflächlich.

1.1 Qualitätskriterien diakonischer Praxis

Welches sind nun die Kriterien, die eine *diakonische Praxis* im Sinne formaler Betrachtung als solche auszeichnen? Ohne Anspruch auf Vollständigkeit sollen dazu hier einige Charakteristika angeführt werden, um den Horizont zu eröffnen, vor dem die am Schluss zur Diskussion gestellten Impulse verstanden werden wollen. Vorher wird dann allerdings noch aufzuzeigen sein, inwiefern der Kriterienkatalog um eine Signatur *Gerechtigkeit* zu erweitern ist.
Vorrangiges und fundamentales Kriterium aller als solcher sich ausweisenden *diakonischen Praxis* ist *der Mensch*. Sein Wohl – und zwar universal und im umfassenden und ganzheitlichen Sinn verstanden – ist Maßstab jeglichen Handelns aus christlichem Antrieb. Denn wenn sich christliches Handeln unter dem Anspruch der Nachfolge Jesu Christi an

seiner Sendung zu orientieren und zu messen hat (Joh 20,21), dann ist diese Ausrichtung auf das Wohl der Menschen „Programm": Christi Kommen *für uns und zu unserem Heil* (Jes 53,5; 1 Thess 5,9f), seine Praxis, auch gegen das Gesetz *den Menschen in die Mitte* zu stellen (Mk 3,3), damit er zur *Fülle des Lebens* gelange (Joh 10,10). Dementsprechend gilt es, die je konkrete Lebenswirklichkeit und ggf. Bedürftigkeit des Menschen aufmerksam (als) *„wahr-zu-nehmen"* und nach Kräften zu versuchen, ihn gemäß seiner unveräußerlichen Würde von und vor Gott in dem Bemühen nachhaltiger Lebensentfaltung zu unterstützen.

Mit dem Stichwort der *Wahrnehmung* ist bereits ein weiteres Merkmal diakonischer Praxis angesprochen. Letztere hat sich daran zu beweisen, ob sie in der Lage und willens ist, eben als unerlässliche Voraussetzung jeglicher theologisch verantworteter Praxiskonzeption, (die) *Wirklichkeit* adäquat wahrzunehmen und zu deuten. Dabei muss sowohl die vorhandene Vielfalt der Formen berücksichtigt werden, in denen sich die konkrete Lebenswirklichkeit der Menschen ausdrückt und darstellt, als auch die unterschiedlichen – besonders auch strukturellen bzw. systemischen – Zusammenhänge, die ursächlich und/oder symptomatisch für die jeweilige Situation oder den vorfindlichen Zustand sind. Es versteht sich von selbst, dass hiermit eine erhebliche Erweiterung der (theologischen) Perspektive vorgenommen wird, wenn nicht mehr nur die nach gängigen Kategorien zu identifizierenden Phänomene beispielsweise einer religiösen Praxis, sondern auch bis dato namenlos vorhandene Praktiken mit in die Beobachtung einbezogen werden. Andererseits bewirkt die Konzentration auf die je aktuelle und individuelle Situation eine Fokussierung, die die Möglichkeit einer angemesseneren Wahrnehmung eröffnet. Wenn *Wahrheit* nicht außerhalb der (menschlichen) Wirklichkeit ist, dann kann Theologie nicht unabhängig von der Lebenswirklichkeit des Menschen getrieben werden.

Diakonische Praxis zeichnet sich weiterhin dadurch aus, dass sie in besonderer Weise die aus unterschiedlichsten Gründen benachteiligten, niedergedrückten und notleidenden Menschen im Blick hat bzw. als Anspruch formuliert:

haben muss (vgl. Mt 25,35-40). Das ist nicht nur dahingehend zu denken, dass die meisten öffentlich-strukturellen *diakonischen* Hilfsangebote effektiv gerade für diese Menschen eingerichtet sind bzw. diese als Adressaten haben. Vielmehr gilt es eben durch die besondere *Option für die Armen* (III. Generalversammlung des Lateinamerikanischen Episkopats in Puebla 1979) und an den Rand Gedrängten einen Ausgleich zu schaffen, der als Ziel das Wohl gleichermaßen *aller* Menschen anstrebt. Damit erweist sich diese in Zusammenhang mit der Befreiungstheologie formulierte Option nicht etwa als einseitige oder gar politisch motivierte Zurückstellung derer, die keine expliziten Nachteile zu erdulden haben, sondern als *notwendige Setzung*, um den christlichen, aus der Sendung Jesu resultierenden, Anspruch umsetzen zu können, sich um das Wohl *aller* Menschen zu sorgen. Dabei ist auch beachtenswert, dass die Evangelien als Kennzeichen des in und durch Jesus angebrochenen bzw. anbrechenden Heils gerade die *Blinden, Lahmen, Aussätzigen, Tauben* (Mt 11,3ff), die *Armen* (sic!), *Gefangenen* und *Zerschlagenen* als erste Adressaten der Sendung Jesu kennzeichnen (Lk 4,16-21). Als Haltung bei der Umsetzung dieser Option in der Praxis wären hier dann vor allem die (politische) Solidarität und damit auch die Bereitschaft zum Verzicht auf eigene Privilegien zu nennen.

Bevor wir uns im Folgenden der Frage nach (der) *Gerechtigkeit* als einer weiteren *Signatur diakonischer Praxis* zuwenden, soll als letztes Qualitätskriterium hier noch kurz der einer solchen Praxis zukommende *Dienstcharakter* angesprochen werden. Entscheidendes inneres Motiv einer in *formalem* Sinn als *diakonisch* zu bezeichnenden Praxis ist und muss es sein, dem bzw. den mir konkret begegnenden Menschen *dienen* zu wollen. Das bedeutet, dass ich in der Begegnung mit den *der Hilfe bedürftigen* Menschen einen Anruf und eine Herausforderung Gottes erkenne und „dienmutig" bereit bin, auf diesen Anruf zu antworten. Dabei ist die Möglichkeit dieser Antwort in vollem Sinn nicht als eigene Leistung, sondern vielmehr als mir von Gott her zukommende – auch materielle und politische – Gabe zu verstehen, die sowohl jede Form von abhängig machender

Herrschaft als auch jede neurotische Verfremdung ausschließt, die nur die eigene Befriedigung ungestillter Bedürfnisse oder gar religiösen Leistungswahns sucht.

2. Zur Frage der Gerechtigkeit

Dass eine sich im oben skizzierten Sinn als *diakonisch* bezeichnende - zumal *kirchliche* - Praxis nicht *ungerecht* sein darf, ist ohne die Notwendigkeit einer Begründung schon instinktiv klar. Allein die Konnotationen legen „gerecht" als positiv, „ungerecht" als negativ fest. Ungleich schwieriger ist es jedoch festzulegen, was denn im konkreten Einzelfall nun *gerecht* und was *ungerecht* ist. Und hier ergeben sich erhebliche terminologische und sachliche Komplikationen. Denn es scheint unmöglich, einen eindeutigen und womöglich allgemein anerkannten *Gerechtigkeitsbegriff* festzulegen, geschweige denn ein entsprechendes Verständnis dessen, was dieser aussagt bzw. beinhalten soll. Das hat etwa in politischen Kontexten zu einer Vielzahl von „Gerechtigkeiten" geführt, die unter diesem Anspruch mitunter ganz gegensätzliche politische Maßnahmen einfordern bzw. nach sich ziehen. So spricht man von der *Verteilungs-*, *Chancen-* und *Beteiligungsgerechtigkeit*, von der *Generationen-*, der *Leistungs-* und der *Marktgerechtigkeit*, von der *ausgleichenden* und der *sozialen Gerechtigkeit.*
Doch auch im Bereich der Theologie gibt es voneinander abweichende Positionen, was unter *Gerechtigkeit* zu verstehen ist, je nachdem, ob aus philosophischer, biblischer, dogmatischer oder etwa ethisch-moraltheologischer Perspektive argumentiert wird. Und auch die praktische Theologie tut sich (verständlicherweise) schwer, einen klaren und allgemein gültigen Begriff und Inhalt zu benennen, müsste dieser doch nach praktisch-theologischem Selbstverständnis jeweils an der niemals zu normierenden Vielfalt menschlicher Lebenswirklichkeiten ausgerichtet und auf diese hin anwendbar sein.

2.1 *„Prinzipien können nicht gemolken werden."*

„Prinzipien können nicht gemolken werden." Wenn dieses bekannte Diktum von Oswald von Nell-Breuning stimmt, dann bleibt schließlich auch der Anwendung der alten grundlegenden aristotelischen Definition von *Gerechtigkeit*, nämlich *„jedem das Seine"* zu gewähren, enge Grenzen gesetzt. Denn was bedeutet das im Konkreten? Spielen wir dazu einige Beispiele durch:
Ist die Neuregelung der Arbeitslosenhilfe, das sog. Arbeitslosengeld II (ALG II), *gerecht*, wenn es alle Arbeitslosen unabhängig von der Höhe des zuletzt Verdienten in der Berechnung der finanziellen Unterstützung gleichstellt? Ist *„jedem das Seine"* gewährt, wenn etwa die bisher regelmäßig am kulturellen Leben teilnehmende, bildungsreisende und sich fachlich weiterbildende, arbeitslose Akademikerin dem ungelernten Arbeiter beim ALG II gleichgestellt wird?
Ist es *gerecht*, dass ein Sportler, der sog. Risikosportarten treibt, trotz der ungleich höheren Verletzungsgefahr bei den Krankenkassenbeiträgen anderen gleichgestellt wird? Und wie sieht es mit denen aus, die als Raucher sogar aktiv den Abbau der eigenen (und fremder) Gesundheit betreiben? Ist ihnen in der finanziell ungestraften Duldung dieses „Lasters" seitens der öffentlichen Krankenkassen das *ihnen Zukommende* gewährt? Und was kommt den Nichtrauchern zu?
Ist die verbreitete Einrichtung der so genannten Semestertickets *gerecht*, die alle eingeschriebenen Studierenden einer Universität zur finanziellen Beteiligung an der dadurch allen günstig(er) zur Verfügung stehenden Semesterfahrkarte für den ÖPNV verpflichtet? Wird dadurch auch denen *das Ihre* gewährt, die in der Nähe der Uni wohnen oder gar denen, die in Ermangelung eines Anschlusses ihres Wohnortes an das öffentliche Nahverkehrsnetz auf das Auto angewiesen sind?
So plausibel also einerseits die Forderung nach *Gerechtigkeit* in den politischen, wirtschaftlichen und gesellschaftlichen Diskursen sein mag, so unklar ist andererseits doch die Frage, wie diese Forderung in der jeweils konkreten Situation umzusetzen und zu gestalten ist. Welcher Begriff

und welches ihn begründende Verständnis soll jeweils den verschiedenen Fragestellungen des sozialen Lebens zugrunde gelegt werden?
Damit kann als Zwischenfazit an dieser Stelle festgehalten werden, dass die Gestaltung diakonischer Praxis zwar ohne Frage unter dem Anspruch steht, *gerecht* zu sein bzw. sein zu müssen. In diesem Sinn kann *Gerechtigkeit als Signatur diakonischer Praxis* durchaus postuliert werden. Allerdings ist andererseits deutlich geworden, dass damit keineswegs ein unmittelbar handhabbares Instrument zur Praxiskonzeption gegeben ist, welches uns der Mühe enthöbe, die Umsetzung dieses *Postulats* in der konkreten Situation erst noch zu leisten. Doch woran kann bzw. soll diese Umsetzung in die/der Praxis Maß nehmen?

3. Orientierung an der Verkündigung und dem Handeln Jesu

Für Christinnen und Christen, die sich in der Nachfolge Jesu sehen, ist es unhinterfragbar, dass ihr Tun und Lassen sich an *der Verkündigung und am Handeln Jesu* zu orientieren und auszurichten hat. Demnach gilt es zu versuchen, zumal, da in diesem Beitrag ja aus der Sicht des Theologen argumentiert wird, anhand dieser Verkündigung bzw. dieses Handelns *Maßstäbe* zu ermitteln, die an diakonische Praxis anzulegen sind, damit diese sich als eine solche erweisen und sich entsprechend profilieren kann. Dabei werden wir sehen, dass sich die oben angeführten zentralen Signaturen als tragfähig – sprich: den jesuanischen Maßstäben angemessen – herausstellen, sind sie doch bereits Früchte entsprechender theologischer Überlegungen anderer. Wir werden aber auch die oben postulierte Signatur (der) *Gerechtigkeit* mit zu bedenken haben: (Wie) bewährt sie sich als Orientierung gebender Maßstab diakonischer Praxiskonzeption? – Auf diese Weise schließt sich dann der Kreis unserer Reflexionen, damit vor diesem Hintergrund versucht werden kann, die zur Diskussion gestellten Situationen (theologisch) zu beurteilen und entsprechende Konsequenzen für die Praxis in Erwägung zu ziehen.

Wenn davon die Rede ist, dass sich christliche Praxis an der Verkündigung und am Handeln Jesu auszurichten hat, gilt es gleich vorab einem *fundamentalistischen Missverständnis* zu wehren. Es geht um *orientierende Maßstäbe* und *Kriterien*, nicht um eine unkritische und direkte Übernahme dessen, was uns biblisch überliefert ist. Ohne eine qualifizierte *Kontextualisierung*, also eine Übertragung der zugrunde liegenden Motive, Maßstäbe und Ziele auf heutige Zusammenhänge, werden wir uns nicht auf Jesu Tun und Lassen berufen können, ja, seine Botschaft verkehrte sich ins Gegenteil. So wäre es fatal, würde man aus der biblischen Überlieferung unmittelbare Handlungsanweisungen herauslesen wollen für so diffizile Fragen, wie sie uns etwa in der Bioethik, der Atomkraft oder auch der angemessenen Größe von Pastoralverbünden begegnen. Vielmehr kommt es darauf an, *Maßstäbe* und *Kriterien* herauszuarbeiten und die Möglichkeit einer Übertragung bzw. Anwendung zu prüfen, mehr noch: diese zu wagen.

3.1 Wer ist mein Nächster?

Als biblischer „Schlüsseltext" in Fragen diakonischer Praxiskonzeption gilt gemeinhin *„Das Beispiel vom barmherzigen Samariter*" (Lk 10,25-37). Ausgehend von der Frage eines Gesetzeslehrers nach der Möglichkeit, das ewige Leben zu gewinnen, und der letztlich schon alles beinhaltenden Antwort des Doppelgebotes der Gottes- und der – an der Selbstliebe Maß nehmenden – Nächstenliebe, geht Jesus in der Beispielerzählung der Frage nach, wer *mein Nächster* ist. Betrachten wir zunächst den Text:
„Da stand ein Gesetzeslehrer auf, und um Jesus auf die Probe zu stellen, fragte er ihn: Meister, was muss ich tun, um das ewige Leben zu gewinnen? Jesus sagte zu ihm: Was steht im Gesetz? Was liest du dort? Er antwortete: Du sollst den Herrn, deinen Gott, lieben mit ganzem Herzen und ganzer Seele, mit all deiner Kraft und all deinen Gedanken, und: Deinen Nächsten sollst du lieben wie dich selbst. Jesus sagte zu ihm: Du hast richtig geantwortet. Handle danach, und du wirst leben. Der Gesetzeslehrer

wollte seine Frage rechtfertigen und sagte zu Jesus: Und wer ist mein Nächster? Darauf antwortete ihm Jesus: Ein Mann ging von Jerusalem nach Jericho hinab und wurde von Räubern überfallen. Sie plünderten ihn aus und schlugen ihn nieder; dann gingen sie weg und ließen ihn halbtot liegen. Zufällig kam ein Priester denselben Weg herab; er sah ihn und ging weiter. Auch ein Levit kam zu der Stelle; er sah ihn und ging weiter. Dann kam ein Mann aus Samarien, der auf der Reise war. Als er ihn sah, hatte er Mitleid, ging zu ihm hin, goss Öl und Wein auf seine Wunden und verband sie. Dann hob er ihn auf sein Reittier, brachte ihn zu einer Herberge und sorgte für ihn. Am andern Morgen holte er zwei Denare hervor, gab sie dem Wirt und sagte: Sorge für ihn, und wenn du mehr für ihn brauchst, werde ich es dir bezahlen, wenn ich wiederkomme. Was meinst du: Wer von diesen dreien hat sich als der Nächste dessen erwiesen, der von den Räubern überfallen wurde? Der Gesetzeslehrer antwortete: Der, der barmherzig an ihm gehandelt hat. Da sagte Jesus zu ihm: Dann geh und handle genauso!" (Lk 10, 25-37).
Es steht außer Frage, dass der Samariter hier von Jesus als der vorbildlich Handelnde herausgestellt wird, an dessen Verhalten sich die Hörer – bzw. konkret: der Gesetzeslehrer – ein Beispiel nehmen soll. Denn er ist es, wie sich am Schluss des Textes in der Antwort des Gesetzeslehrers auch ausdrücklich erweist, der den von Räubern Überfallenen als seinen *Nächsten* erkennt; Letzterem gebührt eben die *„Nächsten-Liebe"*, die wiederum die Erfüllung des göttlichen Gebotes ist, die zum Gewinn des ersehnten ewigen Lebens führt. Wenn wir also nach den *Maßstäben*, den *Kriterien* oder auch den *Motiven* fragen, die diakonischer Praxis aus der Verkündigung und dem Handeln Jesu heraus Orientierung geben können, dann müssen wir auf der Grundlage dieser Beispielerzählung die Aussagen über das Verhalten des Samariters in den Mittelpunkt der Betrachtung stellen. Ohne hier eine vollständige Exegese des Textes vorzunehmen und auch ohne Anspruch auf Vollständigkeit seien dazu im Folgenden nur einige unsere Fragestellung betreffende Aspekte benannt.

Als erstes ist noch einmal ausdrücklich festzuhalten, dass es eben gerade der von Räubern Überfallene ist, der von Jesus als *Nächster*, also als derjenige vorgestellt wird, dem die Zuwendung der Vorbeikommenden zu gelten hat. Er ist es, der hier und jetzt der Hilfe bedarf; alles andere ist für den Augenblick zurückzustellen: die Müdigkeit nach getanem (Tempel-)Dienst, der Verweis auf die wahrscheinliche Nichtzuständigkeit, die Unannehmlichkeit, sich die „Hände schmutzig machen" zu müssen, die möglicherweise einzugehende Verpflichtung für die weitere Betreuung des Verletzten, die Gefahr, sich selbst in Gefahr zu begeben, das mögliche In-Kontakt-Kommen mit dem Tod. Welche weiteren möglichen Motive für die Verweigerung der Hilfe man auf Seiten des vorbeikommenden Priesters und des Leviten auch annehmen mag: In der deutlichen Gegenüberstellung zum Verhalten des Samariters dürfte in der Perspektive der Erzählung kaum eines als Entschuldigung Bestand haben. Für eine an der Verkündigung und am Handeln Jesu ausgerichtete *diakonische Praxis* heißt das, dass sie, um noch einmal die oben bereits angesprochene *Option für die Benachteiligten* aufzugreifen, zuallererst und zuvorderst die der Hilfe Bedürftigen im Blick haben muss, ohne auf mögliche Nachteile oder Anfeindungen zu achten.
Nachdem der Priester und der Levit an dem Verletzten vorbeigegangen sind, ohne sich ihm zuzuwenden, ist besonders auffällig, dass im Verlauf der Erzählung gerade nicht ein Israelit diesem zu Hilfe kommt, sondern ein Mann aus Samarien. Indem Jesus gerade einen bei den Juden eigentlich verhassten („ungläubigen"?) *Samariter* als Vorbild herausstellt, bringt er damit implizit Kritik an etablierten Wert- und Ordnungsvorstellungen an. Entscheidend aber ist, dass jegliche bestehende Praxis, die Lebensmöglichkeiten von Menschen unterdrückt, ihr nicht förderlich ist oder einen entsprechenden Zustand auch nur in Kauf nimmt, der Veränderung bedarf. Dabei kommt es eben nicht darauf an, durch wen diese Veränderung eingefordert, in Kraft gesetzt oder durchgeführt wird. Ja, um zu einer lebensförderlicheren Praxis zu kommen, muss möglicherweise auch ein ausdrücklicher Bruch mit dem Bisherigen – und besonders auch mit bisher üblichen Denk- und Beurteilungsmustern –

in Kauf genommen werden. So wird sich diakonische Praxis immer wieder zu fragen haben, auf welchen – möglicherweise völlig neuen und unkonventionellen – Wegen und in welchen möglichen Koalitionen eine zumindest potentielle Verbesserung von Lebensmöglichkeiten erreicht werden kann.

Über die kulturelle, nationale und religiöse Identität des von Räubern Überfallenen gibt uns die Beispielerzählung keine Auskunft. Umso mehr zeigt sich in der Bereitschaft des Samariters, ihm zu helfen, dass mögliche von Menschen gemachte Kategorisierungen, die Menschen zuordnen und einteilen, im Fall der konkreten Bedürftigkeit keinen Bestand haben dürfen. Hier geht es immer um den jeweiligen Menschen, der mein *Nächster* (geworden) ist, egal welcher Gruppe, Nationalität oder Religion er angehört. Diakonische Praxis, die in diesem Sinn nur bestimmte exklusive – etwa finanziell starke, gesellschaftlich einflussreiche oder religiös konforme – „Zielgruppen" vor Augen hat, anderen aber im akuten Bedarfsfall die Hilfe verweigert, kann vor dem Anspruch Jesu nicht bestehen.

Der Samariter belässt es nicht bei der „Erstversorgung" des Überfallenen. Ausdrücklich erwähnt die Erzählung, dass er sich auch in der Herberge noch persönlich um ihn sorgt, dass er dem Wirt Geld für die „Nachsorge" gibt und sogar bereit ist, auch noch mögliche Folgekosten zu übernehmen. In der Begegnung mit dem Verletzten ist offenbar eine über den Moment hinausgehende Beziehung entstanden, die echtes Interesse – im wörtlichen Sinn des „Dazwischen-/Mittendrin-Seins" – geweckt hat. Es geht bei seiner Hilfe nicht um ein kurzfristiges gutes Gefühl, „edel" gehandelt oder sich als „Gutmensch" erwiesen zu haben, sondern um *nachhaltige Hilfe*. So hat auch *diakonische Praxis* sich *„leidenschaft*-lich" auf die Seite der Betroffenen zu schlagen, diesen selbstlos und nachhaltig zu helfen, wenn sie gemäß der Verkündigung und dem Handeln Jesu agieren will.

Anzufügen wäre an dieser Stelle noch die immer wieder gestellte Frage, ob denn der Samariter sich nicht (*auch)* um die politisch-strukturelle Aufgabe einer Befriedung dieses offensichtlich gefährlichen Weges zwischen Jerusalem und Jericho hätte kümmern müssen, um nicht nur in diesem Einzelfall, sondern auch auf Zukunft hin – eben umfassend *nachhaltig* – hilfreich sein zu können. Solche an den Text herangetragenen Fragestellungen bzw. die Gründe für die fehlende Bearbeitung durch die Erzählung bleiben im Bereich der Spekulation. Dennoch lässt sich an der offensichtlichen Virulenz dieser Problematik, die auch in anderen Zusammenhängen immer wieder auftaucht, ablesen, dass diese Dimension *diakonischer Praxis* nicht aus dem Auge verloren werden darf. Wo durch politische Intervention, durch Lobbyarbeit oder institutionelle Einflussnahme Ursachen lebenshinderlicher Strukturen oder Zustände bekämpft bzw. verändert werden können, wird *diakonische Praxis* diesen Weg zu gehen haben, ohne freilich die hier noch bestehenden Notwendigkeiten konkreter Hilfestellung zu unterlassen.

4. Fazit

Um *Gerechtigkeit als Signatur diakonischer Praxis* ausweisen zu können, haben wir nach einleitenden Überlegungen zum praktisch-theologischen Verständnis dessen, was im Folgenden dann mit *diakonischer Praxis* bezeichnet wurde, zuerst einige Qualitätskriterien benannt, die eine solche Praxis formal ausweisen bzw. ausweisen müssen. Bei der Frage, ob auch (die) *Gerechtigkeit* als eigene weitere *Signatur* ergänzt werden kann, hat sich, nicht zuletzt durch die angeführten Praxisbeispiele, zweierlei herausgestellt: War einerseits fast selbstverständlich einsichtig, dass diakonische Praxis *gerecht* sein muss und als solches eine *Signatur Gerechtigkeit* ohne weiteres als Qualitätsmerkmal diakonischer Praxis gelten kann, so war andererseits deutlich, dass hier kein unmittelbar verwendbares Instrument für die diakonische Praxiskonzeption zur Hand ist; vielmehr muss immer wieder im konkreten Einzelfall, also praktisch-theologischer *(induktiver)* Methodik entsprechend, nach der adäquaten Umsetzung des Gerechtigkeitspostulats in die jeweilige Situation gesucht werden. Um bei dieser Suche Orientierungspunkte zu finden, haben wir, ausgehend vom christlichen Anspruch in der Nachfolge Jesu zu stehen und ihr gemäß zu agieren, anhand der Beispielerzählung vom *barmherzigen Samariter* einige Maßstäbe und Kriterien herausgearbeitet, die eine Praxis gemäß der Verkündigung und dem Handeln Jesu profilieren können bzw. müssen. Diese bleiben notwendig Grundlage jeder sich als *gerecht* bezeichnenden diakonischen Praxis.

5. Impulse zur weiteren Diskussion

Abschließend sollen nun in aller Kürze einige exemplarische Situationen vorgestellt bzw. konstruiert werden, an denen sich die oben dargelegte Problematik der jeweils notwendigen Umsetzung des Gerechtigkeitspostulats auf die konkret vorfindliche Wirklichkeit bzw. die Orientierung an der Verkündigung und dem Handeln Jesu aufzeigen lässt. Sie wollen und können nur Anregungen zur weiteren Diskussion sein. „Lösungen", wenn es sie gibt, lassen sich nur in der konkreten Praxis finden.
a) Nach den Aufnahmekriterien eines katholischen Kindergartens haben katholische Kinder bei der Verteilung der Plätze den Vorrang. Nun gibt es aber im Umfeld dieses Kindergartens eine erhebliche Anzahl nicht-katholischer Familien, die, anders als viele der zugangsberechtigten Kinder, aus sozialen Gründen dringend einen wohnortnahen Kindergartenplatz benötigen. Ist es im Sinne des oben dargelegten Anspruchs diakonischer Praxis *gerecht*, den Vorrang der katholischen gegen die Bedürftigkeit der anderen (auch muslimischen) Kinder durchzuhalten (was auch den Wünschen der Gemeindemitglieder der den Kindergarten tragenden Pfarrgemeinde entspräche)? Und wenn ja: warum?
b) Unter den Bewerbungen auf mehrere Stellen im Pflegebereich eines in kirchlicher Trägerschaft befindlichen Altenheims sind eine Reihe von als exzellent ausgewiesenen, allerdings ungetauften und religiös desinteressierten Pflegekräften; andererseits einige den (bisherigen) Trägerkriterien in konfessioneller Hinsicht entsprechenden, aber pflegerisch nicht besonders ausgezeichneten Bewerber(innen). Wen soll man – ggf. unter welchen Bedingungen – einstellen um den Heimbewohnern/innen *gerecht* zu werden?

c) Durch die Konkurrenzsituation im ambulanten Pflegebereich ist die Caritas-Sozialstation gezwungen, ähnlich kurze Pflegezeiten bei den Kranken einzuhalten wie die privaten Mitbewerber, um nach wie vor rentabel bzw. gewinnbringend zu arbeiten. Alternative A: Da sich ihr Dienst qualitativ ohnehin nicht (mehr) von dem anderer unterscheidet, schließt die Station und überlässt das Feld ganz der privaten Konkurrenz. Alternative B: Man bleibt ohne besonderes Profil „im Geschäft", verwendet aber die anfallenden Gewinne für andere wegen staatlicher Förderung sonst nicht finanzierbare (neue) Hilfsprojekte. Welche Alternative ist *gerechter* im Sinne von *angemessener*? Welche weiteren Alternativen sind denkbar?

Weiterführende Literatur:

Die Deutschen Bischöfe, Caritas als Lebensvollzug der Kirche und als verbandliches Engagement in Kirche und Gesellschaft. Hg. Vom Sekretariat der Deutschen Bischofskonferenz (Die deutschen Bischöfe, Heft 64), Bonn 1999.

Fuchs, Brigitte / Haslinger, Herbert, Die Perspektive der Betroffenen, in: Haslinger, Herbert u. a. (Hg.), Handbuch Praktische Theologie. Bd. 1: Grundlegungen. Mainz 1999, S. 220–230.

Fuchs, Gotthard, Art. Dienen/Dienst, in: Schütz, Christian (Hg.): Praktisches Lexikon der Spiritualität, Freiburg i. Br. 1992, Sp. 229–237.

Haslinger, Herbert, Diakonie zwischen Mensch, Kirche und Gesellschaft. Eine praktisch-theologische Untersuchung der diakonischen Praxis unter dem Kriterium des Subjektseins des Menschen, Würzburg 1996.

Karrer, Leo, Jesus: Vision und Praxis christlichen Lebens, in: Haslinger, Herbert u. a. (Hg.), Handbuch Praktische Theologie. Bd. 1: Grundlegungen. Mainz 1999, S. 144–156.

Klein, Stephanie, Der Alltag als theologiegenerativer Ort, in: Haslinger, Herbert u. a. (Hg.), Handbuch Praktische Theologie. Bd. 1: Grundlegungen. Mainz 1999, S. 60–67.

Wulsdorf, Helge, Nachhaltigkeit. Ein christlicher Grundauftrag in einer globalisierten Welt, Regensburg 2005.

Deutsche Bischofskonferenz / Rat der Evangelischen Kirche in Deutschland (Hg.), Für eine Zukunft in Solidarität und Gerechtigkeit. Zur wirtschaftlichen und sozialen Lage in Deutschland, Hannover/Bonn 1997.

Martin Hörning

Macht Armut krank und Krankheit arm?

Über den Zusammenhang von sozialem Status und Gesundheit

1. Einleitung

Lieber arm und gesund als reich und krank – so lautet eine Redeweise, die deutlich macht, dass letztlich Gesundheit das wertvollere Gut ist und aller Reichtum nicht zu genießen ist, wenn Krankheit das Leben bestimmt. Doch leider ist der Zusammenhang in der Realität häufig anders konstruiert: arm und krank sowie reich und gesund. Beispiele dafür gibt es in Deutschland – einem Land, in dem Armut zum alltäglichen Erscheinungsbild gehört, auch wenn dies von vielen ausgeblendet wird – auch heutzutage genug.
Erkannt wurde der Zusammenhang von sozialem Status und Gesundheit/Krankheit schon recht früh. Es gibt gerade in Deutschland viele Beispiele von Medizinern, die teils vehement eine Besserung sozialer Faktoren eingefordert haben, um die Gesundheit zu bessern. Zwei seien hier beispielhaft genannt. So hat der Göttinger Professor Johann Peter Frank (1745-1821), einer der Väter der Sozialmedizin, in seiner Rede „Vom Volkselend als der Mutter der Krankheiten" die von harter Arbeit und schlechter Ernährung geprägte Situation vieler schwangerer Frauen zur damaligen Zeit angeklagt: „Auf einem ausgemergelten Boden gesät, wird die Frucht [Anm.: der Embryo] schon erschüttert und abgerissen, weil man dem schlecht ernährten Körper der Mutter unbillige Arbeit aufbürdet; oder betrogen um die notwendige Nahrung, welkt sie unter Jammern und Seufzen der Mutter dahin [...]"
Und auch Christoph Wilhelm Hufeland (1762-1836), Professor in Jena und Berlin, Begründer der Makrobiotik, hatte begriffen, wie sehr Wohnverhältnisse und Ernährungsweisen die Krankheitssterblichkeit beeinflussen können. Er

wusste sehr wohl, „daß gerade die Winkel der Armuth es sind, wo Mangel, Kummer und Unreinlichkeit, die furchtbarsten Krankheitserzeuger, durch ihr Zusammentreffen die allerverderblichsten Seuchen und Ansteckungsgifte ausbrüten, welche sich von da aus über das Ganze und in die höheren Regionen verbreiten".

Hunger leidet der Durchschnittsdeutsche sicher nicht mehr. Und die vielen Infektionskrankheiten, die vor zwei- und dreihundert Jahren noch das Bild der Krankheiten bestimmt haben, sind heute selten geworden. Deshalb scheint auf den ersten Blick der Zusammenhang zwischen Armut und Krankheit nicht mehr so deutlich zu sein. Auf den zweiten Blick wird aber deutlich, dass auch die „neuen" Leiden, die so genannten Zivilisationskrankheiten, sehr wohl ungleich verteilt sind. Und statt zwei großer Klassen von Risikopatienten – arme Bauern und arme Arbeiter – existiert heutzutage eine etwas differenziertere Risikoverteilung. Die neuen Risikoträger heißen Alleinerziehende, Arbeitslose, Wohnungslose, Migranten, alte Menschen, Suchtkranke und HIV-Infizierte.

Obwohl Armut zunehmend in Politik und Gesellschaft diskutiert wird, wird dabei in Deutschland häufig der Zusammenhang zwischen Armut und Krankheit ausgeklammert.

2. Epidemiologische Daten

In vielen Ländern – auch westeuropäischen – werden Daten zur Abschätzung des Ausmaßes der so genannten „gesundheitlichen Ungleichheit", so wird der Zusammenhang zwischen Bildung, Beruf und/oder Einkommen auf der einen und Morbidität und Mortalität auf der anderen Seite genannt, erhoben. Zwar stehen in Deutschland mehrere große Datenquellen zur Verfügung (der Mikrozensus, die deutsche Herz-Kreislauf-Präventionsstudie, die MONICA-Studie und der Gesundheitssurvey Ost beispielsweise), mit deren Hilfe die gesundheitliche Ungleichheit zu quantifiziert versucht werden kann, allerdings fehlen größtenteils vergleichbare Daten zur zeitlichen Entwicklung (vgl. Mielck 2000, S. 360-366). Ebenso ist bislang wenig darüber be-

kannt, ob die gesundheitliche Ungleichheit bei Frauen größer ist als bei Männern oder ob es Unterschiede zwischen den einzelnen Altersgruppen gibt.
Es gibt allerdings eine Fülle von Einzelbefunden, die belegen, dass soziale Faktoren und Gesundheit/Krankheit eng miteinander verknüpft sind, wie in der folgenden Tabelle dargestellt wird:

Kategorie	*Beobachtung*
Herzinfarkt	Daran leiden mehr Hauptschüler als Abiturienten
Kopfschmerzen	Gymnasiasten leiden seltener darunter als Hauptschüler
Zahnstatus	Kinder von Eltern mit höherer Schulbildung haben gesündere Zähne als Kinder von Unterschichtkindern
Allergien	Kommen in höheren Sozialschichten häufiger (!) vor
Überlebenszeit nach Erstinfarkt	Größer bei Erwachsenen mit höherem Berufsstatus im Vergleich zu Erwachsenen, die „niedrigeren" Berufsgruppen angehören
Psychische Störungen	Kommen bei Erwachsenen aus unteren Sozialschichten häufiger vor
Lebenserwartung	Kürzer bei Erwachsenen ohne Abitur im Vergleich zu Erwachsenen mit Abitur

Für fast alle Kriterien, die die gesundheitliche Lage eines Menschen widerspiegeln können, gilt, dass in den unteren Schichten die Krankheitshäufigkeit größer ist als in den oberen Schichten (Ausnahme: Allergien). Dies gilt auch für die Sterblichkeit bei vielen Krankheitsbildern und – besonders für Prävention und Gesundheitsförderung von Bedeutung – für die Risikofaktoren. Sowohl für Übergewicht als auch für Bewegungsmangel, für zu hohen Fettspiegel im Blut und hohen Blutdruck gilt ein umgekehrter Zusammenhang: Je niedriger der soziale Status, desto höher das Risiko – so kann verallgemeinernd postuliert werden.

3. Erklärungsansätze für soziale Ungleichheiten

Aus den Daten ergibt sich natürlich die Frage, warum die Mitglieder der unteren sozialen Schichten einen schlechteren Gesundheitszustand aufweisen als die Angehörigen höherer Schichten.

3.1 Lebensumstände

Als offensichtliche Antwort mag gelten, dass viele der Faktoren, die die Gesundheit negativ beeinflussen können, mit finanziellen Problemen einhergehen, die in den unteren Schichten verbreiteter sind. Bereits vor 25 Jahren ist in Deutschland nachgewiesen worden, dass sozial benachteiligte Gruppen häufiger an Hauptverkehrsstraßen, näher an Industrieanlagen und häufiger in Regionen mit hohen Konzentrationen an Außenluftschadstoffen wohnen. Verstärkend wirkt, dass untere soziale Schichten offenbar ein stärker wohnungszentriertes Freizeitverhalten aufweisen, was bedeutet, dass sie in weiten Teilen ihrer Freizeit einem eher belasteten Umfeld ausgesetzt sind. Auch die Innenräume waren bereits Gegenstand von Untersuchungen. So wurde in den Wohnungen von Arbeitern deutlich mehr Staubniederschlag, Blei, Cadmium und Arsen gemessen als in den Wohnungen von Selbstständigen (ohne Landwirte) (vgl. Mielck/Bloomfield 2001, S. 157-174).

Weiterhin kann postuliert werden, dass arme Menschen deutlich weniger Geld für gesunde Ernährung ausgeben können. Sie kaufen wahrscheinlich häufiger qualitativ minderwertige Nahrungsmittel und decken die Energiezufuhr vielleicht einseitiger mit industriell verarbeiteten Lebensmitteln, in denen wenige Vitalstoffe enthalten sind. „Reiche" Menschen dagegen können sich ausgewogen mit einem hohen Anteil von Frischkost und magerem Fleisch und Fisch ernähren.

Die Entwicklung im Gesundheitswesen bahnt darüber hinaus eine Zweiklassenmedizin an, bei der sich optimale gesundheitliche Versorgung nur diejenigen leisten können, die über ein bestimmtes Einkommen verfügen. Wer dieses nicht hat, spart an Vorsorgeleistungen, Arztbesuchen bei Krankheiten, Kuraufenthalten und Medikamenten, um den Selbstkostenanteil zu vermeiden.
All diese Erklärungsversuche münden in der ökonomisch begründeten Aussage: Armut macht krank! Doch das Geld allein kann sicher nicht als Erklärung für die vielfältigen Aspekte der gesundheitlichen Ungleichheit herangezogen werden. Nicht nur mangelndes finanzielles Potential, sondern auch – oder vielleicht ganz besonders – unterschiedliche Einstellungen zu Gesundheit und Krankheit sowie ein spezifisches gesundheitsrelevantes Verhalten müssen zur Erklärung herangezogen werden.

3.2 Einstellungen

Wichtige – vielleicht sogar die wichtigsten – Einstellungen, die die Gesundheit eines Menschen bestimmen, sind die so genannten gesundheitlichen Kontrollüberzeugungen. Die bestimmen, ob ein Mensch die eigene Gesundheit als selbst steuerbares Gut wahrnimmt (das also internal kontrolliert ist) oder aber die eigene Gesundheit eher als Spielball externer Fachleute (z. B. Ärzte) oder Mächte (z. B. Gott oder Schicksal) betrachtet (externale Kontrolle). Eine Reihe von Studien legt die Vermutung nahe, dass internale Kontrollüberzeugungen in der Regel mit mehr Wissen in Gesundheitsangelegenheiten, dem Wunsch, an seiner körperlichen Verfassung zu arbeiten, und allgemein einer hohen Bereitschaft, sich gesund zu verhalten, verbunden ist. Die wenigen Studien, die in Deutschland durchgeführt wurden, sprechen für eine tendenziell schichtabhängige Verteilung der Kontrollüberzeugungen. So scheint ein erhöhter Bezug auf die eigene Person als Kontrollinstanz für Gesundheit mit einem höheren sozialen Status einherzugehen. Umgekehrt scheint ein niedriger sozialer Status mit niedrigen internalen Kontrollüberzeugungen einherzugehen – was erhebliche

Konsequenzen für Prävention- und Gesundheitsförderungsmaßnahmen haben sollte (siehe: Christian Janßen: Soziale Schicht und „Gesundheitliche Kontrollüberzeugungen" [Health Locus of Control]; vgl. Mielck/Bloomfield 2001, S. 184-195).

3.3 Verhalten

Eine Reihe von Faktoren weist von der sozialen Schicht abhängige Unterschiede auf: Die Inanspruchnahme von Vorsorge- und Früherkennungsmaßnahmen, die Inanspruchnahme der ambulanten gesundheitlichen Versorgung, die Häufigkeit des Medikamentenkonsums, Käufe von Produkten, die der gesundheitlichen Versorgung dienen, und anderes mehr. Tendenziell gilt, dass die Angehörigen der unteren Schichten in all diesen Kategorien ein Verhalten pflegen, das im Vergleich zum Verhalten der Oberschicht weniger gesundheitsförderlich ist.

Besondere Bedeutung kommt dem gesundheitlichen Risikoverhalten zu. So ist bekannt, dass generell der Konsum von legalen Drogen, eine eher ungesunde Ernährung, mangelnde Bewegung und auch Risikoverhalten im Straßenverkehr in unteren Sozialschichten weiter verbreitet sind als in der Oberschicht. Besonders intensiv ist diese Korrelation am Beispiel von verhaltensbedingten Herz-Kreislauf-Risiken untersucht worden. Eine Fülle von Studien legt dar, dass beispielsweise ein erhöhter Blutdruck, der in den meisten Fällen durch eine Kombination von unterschiedlichen gesundheitsschädlichen Verhaltenweisen verursacht wird, besonders häufig bei Menschen mit niedrigem Einkommen, schlechter Schulbildung, der Berufsrolle Arbeiter und unterer Angestellter oder geringem Einkommen vorkommt.

3.4 Krankheit

Ein letzter Faktor sei noch angeführt: Die Diskussion wird meist einseitig im Sinne von „Armut macht krank" geführt. Oft missachtet gibt es jedoch auch den umgekehrten Weg:

Krankheit macht arm. Dies gilt zwar für eher privatwirtschaftlich organisierte Gesundheitssysteme wie in den USA deutlich stärker als für den Sozialstaat Deutschland. Dennoch ist auch hier – vor allem bei chronischen Krankheiten mit resultierender Behinderung – die Gefahr gegeben, dass kranke Personen auf der sozialen Stufenleiter hinabsteigen und vice versa Gesunde eher sozial aufsteigen. Diese soziale, gesundheits- und krankheitsbedingte Mobilität sollte zur Erklärung einer gesundheitlichen Ungleichheit immer in Betracht gezogen werden.

3.5 Risikozuwachs

Auch für den Risikofaktor Übergewicht sind für alle Altersgruppen deutliche soziale Gradienten nachgewiesen worden. Bei diesem Risikofaktor kommt noch hinzu, dass gerade sozial schlecht gestellte Frauen eine besondere Erkrankungsgefahr aufweisen. Doch wäre es falsch, sich im Sinne einer Prävention ausschließlich dieser Gruppe besonders intensiv zu widmen. Weder für Übergewicht noch für eine Reihe anderer verhaltensbedingter Risikofaktoren für Herz-Kreislauf-Erkrankungen ist eine Art Schwellenwert zu identifizieren, ab dem kein Risikozuwachs mehr zu beobachten ist. Es ist eher so, dass das Risikoverhalten mehr oder weniger kontinuierlich mit Verschlechterung der sozialen Lage ansteigt.

4. Risikofaktor: arme Kindheit

Kinder werden in ihre soziale Lebenswelt hineingeboren und können – zumindest in den ersten Lebensjahren – diese nicht bestimmen oder verändern. Als Maßstab für unterschiedliche Bedingungen wird zumeist der sozioökonomische Status der Familie – in erster Linie das Familieneinkommen – herangezogen. Unabhängig von der Frage, ob eine Reduktion auf dieses Kriterium rechtens ist, ist die Datenlage recht eindrucksvoll. So konnte belegt werden, dass die intellektuelle Entwicklung der Kinder entscheidend vom Familieneinkommen abhängt. Andere Ergebnisse von Studien sind beispielsweise:

- Die Säuglingssterblichkeit ist in den unteren Schichten auf das Doppelte bis Dreifache erhöht,
- Kinder aus unteren sozialen Schichten erleiden häufiger Unfälle,
- eine Reihe von Erkrankungen kommt in höheren Sozialschichten seltener vor,
- in den unteren Schichten wird eine größere Häufigkeit von angeborenen Fehlbildungen beobachtet,
- das Geburtsgewicht von Kindern aus den unteren Schichten ist im Vergleich eher niedriger.

Für einen Wohlfahrtsstaat wie Deutschland für viele kaum vorstellbar, aber dennoch zutreffend: Nach Angaben von UNICEF leben etwa 1,5 Millionen Kinder und Jugendliche in Deutschland in relativer Armut. Das heißt, deren Familien haben ein Einkommen, das niedriger als die Hälfte des nationalen Durchschnittseinkommens ist. Hinzu kommt, dass der Anteil dieser Kinder im Vergleich zu anderen Nationen in Deutschland in den letzten Jahren eher angestiegen ist – die Sozialausgaben für Kinder und Jugendliche aber gesunken sind.
Die Situation scheint so ernst, dass der 108. Deutsche Ärztetag im Mai 2005 erklärte, dass die Kinderarmut in Deutschland mit Sorge zu betrachten sei. Denn damit sei das Risiko der betroffenen Kinder zu erkranken deutlich erhöht. „In Zusammenarbeit von öffentlichem Gesundheitsdienst und Vertragsärzten müsse sichergestellt sein, dass alle Kinder vor Schulbeginn die Chance haben, eine adäquate Vorsorge, Förderung und gegebenenfalls Therapie zu erhalten. Dafür müssten die entsprechenden kinder- und jugendärztliche Ressourcen im öffentlichen Gesundheitsdienst und in der vertragsärztlichen Versorgung erhalten bzw. neu geschaffen werden", so die Aussagen der Spitzenorganisation der ärztlichen Selbstverwaltung.

5. Risikofaktor: Migration

In Deutschland leben über sieben Millionen Ausländer – und viele davon nehmen Gesundheitsleistungen nur ungenügend in Anspruch und/oder weisen typische gesundheitsrelevante Risikofaktoren auf. Dies zeigt sich bei unterschiedlichen Erkrankungen.

So ist immer noch die Säuglingssterblichkeit bei Ausländern in Deutschland leicht erhöht. Der Unterschied würde sich wahrscheinlich noch vergrößern, wenn die Altersunterschiede der Mütter bei der Geburt mit in die Bewertung einbezogen würden (vergleichsweise hoher Anteil älterer Mütter bei den deutschen Frauen). Auch die Frühsterblichkeit weist in der Ausländergruppe erhöhte Werte auf.

Bestimmte Infektionserkrankungen sind bei Migranten gehäuft zu finden. Dazu gehören zum Beispiel Tuberkulosefälle und auch die Infektion mit HIV.

Auch Erkrankungen des Stütz- und Bewegungsapparates, die im Alter zwischen 25 und 44 Jahren zu den häufigsten Diagnosen zählen, die in den Praxen niedergelassener Ärzte gestellt werden, kommen bei Migranten häufiger vor als bei Deutschen gleicher Altersklasse.

Besondere Bedeutung haben – bedingt durch die komplexen Adaptationsprozesse an neue soziale und kulturelle Zusammenhänge und die damit verbundenen Belastungen – psychische Erkrankungen. Erstaunlich ist, dass dabei nicht nur die akute Belastung zur Krankheit (Stichwort „posttraumatische Belastungsstörung" bei Flüchtlingen) führen kann. Studien belegen, dass oft die Wahrscheinlichkeit, psychisch zu erkranken, mit der Dauer des Aufenthalts im Gastland zu- und nicht etwa abnimmt. Gründe dafür mögen die nicht eingelösten Erwartungshaltungen bezüglich des eigenen Status und Enttäuschungen bei dem Aufbau einer eigenen Existenz sein. Aufgrund dieser Risiken ist es nicht verwunderlich, dass depressive Verstimmung sowie psychosomatische Erkrankungen wie Magen- und Zwölffingerdarmgeschwüre gehäuft auftreten.

Im Bereich der Mortalität scheinen allerdings andere Regeln zu gelten. Es gibt etwas ältere Untersuchungen, die belegen, dass die Sterblichkeitsraten bei der nichtdeutschen

Bevölkerung eher niedriger liegen. Dieser Trend sollte aber nicht dahingehend interpretiert werden, dass das Sterblichkeitsrisiko von Migranten geringer sei. Ursache für diese Befunde mag zum einen die Bereitschaft sein, beim Auftreten ernster gesundheitlicher Probleme wieder in die alte Heimat zu reisen. Außerdem kann vermutet werden, dass bei vielen Migranten eine Art Selektionsprozess auch unter gesundheitlichen Gesichtspunkten stattgefunden hat: Nach Deutschland sind eher die Gesunden gekommen.
Die gesundheitliche Ungleichheit wird aber nicht nur durch Faktoren auf der Seite der Einwanderer bestimmt. Mangelnde Sprachkenntnisse der Mitarbeiter im Gesundheitswesen, Kommunikationsprobleme und mangelndes Verständnis auf Seiten des medizinischen Personals sowie Vorurteile bezüglich des Lebensstils tragen ihren Teil zu den ungleichen gesundheitlichen Chancen bei.
Es darf auch nicht außer Acht gelassen werden, dass viele Aussiedler mit deutschem Pass und ihre Kinder – auch die in Deutschland geborenen – teilweise eine gesundheitliche Risikostruktur aufweisen, die denen von Migranten ähnelt. Besonders deutlich wird dies beispielsweise am Umgang mit legalen Drogen. Bei der Analyse einer eigenen Untersuchung mit rund 90 Prozent der Kinder von 10-16 Jahren in einem ostwestfälischen Mittelzentrum wurde deutlich, dass Aussiedler und ihre Kinder ein deutlich höheres Risiko haben, Alkoholmissbrauch oder -abhängigkeit aufzuweisen.
Ein besonderes Problem stellt schließlich noch die gesundheitliche Versorgung der „heimlichen" Migranten dar, die aus humanitären Gründen möglich sein müsste, ohne dass gleich Abschiebung droht.

6. Risikofaktor: Alter

Das „Alter" ist schon lange nicht mehr einfach nur die „Restzeit", der kurze Abend vom Leben. Bedingt durch eine Erhöhung der durchschnittlichen Lebenszeit, ist das Alter ein eigener Lebensabschnitt von 20 bis 30 Jahren Dauer.
Während 1990 noch rund ein Fünftel aller Bundesdeutschen älter als 60 Jahre war, wird dieser Anteil nach Schätzungen

in den nächsten 15 Jahren bis auf rund 30 Prozent ansteigen. Zurzeit verfügt diese Bevölkerungsgruppe im Durchschnitt über gute finanzielle und materielle Voraussetzungen – dennoch gibt es immer noch sehr viele Alte, die in Armut leben. Aufgrund von Langzeitarbeitslosigkeit, Kurzzeitarbeit, perforierter Arbeitszeit und ABM-Tätigkeit wird für die kommenden Rentnergenerationen befürchtet, dass die Altersarmut häufiger wird. Und damit nimmt auch die Häufigkeit von gesundheitlichen Risiken zu. Besonders gefährdet sind allein stehende Frauen, die über eine geringe Versichertenrente verfügen (ledig oder früh geschieden), sowie alte Menschen, die auf Grund der Pflegekosten in Sozialhilfeabhängigkeit leben. Folge des geringen Einkommens sind Defizite in den Wohnbedingungen, der Basisversorgung und der Ernährung.

Konkret wird berichtet, dass für arme ältere Menschen

- ein doppelt so hohes Risiko besteht, schwer zu erkranken, einen schweren Unfall zu erleiden und von Gewalt betroffen zu werden,
- das Risiko größer ist, an chronischen Erkrankungen und psychischen Störungen zu leiden,
- gilt, dass sie seltener Angebote der medizinischen Versorgung und Gesundheitsförderung in Anspruch nehmen,
- die Lebenserwartung um Jahre verkürzt ist.

Gerade für die Gruppe der alten Menschen kommt erschwerend hinzu, dass sie nicht mehr oder nunmehr begrenzt in der Lage sind, durch eigene Aktivitäten ihre Lebenslage zu verbessern. Unkenntnis, Informationsmängel, Hilflosigkeit, Scham und die zunehmend schwindende soziale Integration tun ein Übriges, um die Folgen für die Gesundheit zu verschlimmern.
Die Überwindung der Altersarmut und der damit verbundenen gesundheitlichen Ungleichheit wird auch in Zukunft eine vorwiegend politische Aufgabe sein. Solidarität, so hat jemand treffend formuliert, wird für diese Gruppe von Menschen zum „Über"Lebensmittel.

7. Risikofaktor: Wohnungslosigkeit

Eines ist klar: Das Bild vom französischen Clochard, der glücklich seinen Rotwein unter einer Seine-Brücke trinkt, ist falsch. Wohnungslosigkeit ist vielmehr ein hoher Risikofaktor für Krankheit und Behinderung.

Wie viele von Wohnungslosigkeit betroffen sind, ist in Deutschland nicht genau erfasst. Da es keine spezifische Erfassung und Sammlung von Daten gibt, gibt es nur Schätzungen. Die Bundesarbeitsgemeinschaft Wohnungslosenhilfe hat für das Jahr 2002 die Gesamtzahl der Wohnungslosen (mit wohnungslosen Aussiedlern) auf 410.000 geschätzt – damit wäre die Zahl in den letzten Jahren gesunken (1995 waren es fast doppelt soviel). Der Anteil der Frauen liegt bei etwas 23 Prozent, der Anteil der Kinder und Jugendlichen bei 22 Prozent. Rund 13 Prozent der Wohnungslosen hat im Jahr 2002 ganz ohne Unterkunft auf der Straße gelebt.

Wie sehr diese Situation Konsequenzen für die Gesundheit hat, zeigt eine Umfrage, die der Bundesverband Wohnungsloser 2004 in Diensten der Wohnungslosenhilfe und bei Projekten zur medizinischen Versorgung Wohnungsloser durchgeführt hat. Oft, so das Ergebnis, werden wohnungslose Menschen gar nicht behandelt oder erhalten keine Medikamente, wenn sie denn überhaupt einen Arzt aufsuchen. Oft genug ist schon die fehlende Patientenkarte oder, wenn diese vorliegt, die so genannte Praxisgebühr ein Hindernisgrund, der dazu führt, dass der notwendige Gang zum Mediziner unterbleibt. Eine aufsuchende Medizin oder aber die Übernahme dieser Kosten durch Institutionen der Wohnungslosenhilfe kann diese Hürde überwinden helfen.

Zuzahlungen für Medikamente sind der nächste Grund für gesundheitliche Ungleichheit. Rund die Hälfte aller Wohnungslosen, so wird geschätzt, kann die Kosten für die Selbstbeteiligung an verordneten Arzneien nicht bezahlen und bleibt daher ohne Pharmakotherapie. Es ist zu vermuten, dass als Reaktion darauf in der Wohnungslosenszene Selbstbehandlung und Medikamententausch mit allen möglichen negativen Folgen üblich geworden sind.

Die deutlich schlechteren Zugänge zu Institutionen des Gesundheitswesens wirken umso negativer, da die Gruppe der Wohnungslosen bereits per se über einen schlechteren Gesundheitsstatus verfügt. Vor allem an Herz-Kreislauf-Erkrankungen, Erkrankungen der Atmungsorgane und Infektions- und Hautkrankheiten leidet diese Risikogruppe. Für die Teilgruppe der allein stehenden wohnungslosen Männer wird aufgrund von Studien geschätzt, dass jeweils die Hälfte (!) der Männer an Erkrankungen aus diesen vier Gruppen leidet. Aber auch Krankheiten von Hals-Nase-Ohr, Nieren, Verdauungsorganen und Venensystem sind häufig. Kein Wunder, dass viele Betroffene gleich an drei oder mehr Erkrankungen auf einmal leiden und bei über 90 Prozent von untersuchten wohnungslosen Personen eine sofortige ärztliche Behandlung dringend erforderlich war.
Bislang nicht genannt, aber ebenso wichtig: Die psychischen Erkrankungen, die innerhalb dieser Risikogruppe zu finden sind. Die Notwendigkeit für die Personen ohne Unterkunft, sich jeden Tag um eine neue Bleibe zu kümmern, und die damit verbundenen Belastungen führen zu einer überdurchschnittlich hohen Rate (70 bis 90 Prozent) von psychiatrischen Krankheiten, beispielsweise depressiven Verstimmungen und Abhängigkeitserkrankungen (vgl. Nourvertné u. a. 2002). So deuten Studien darauf hin, dass bei rund einem Drittel der Betroffenen eine Alkoholkrankheit vorliegt und ein weiteres Drittel gefährdet ist.
Ein ernstes Problem stellt die Situation der Straßenkinder dar. Da sie oft genug polizeilich gesucht werden und damit „illegal" auf der Straße leben, ist ein normaler Arztbesuch unmöglich und eine Krankenscheinbeschaffung nicht einfach ratsam. Eine besondere gesundheitliche Gefahr stellt für diese Teilgruppe die Prostitution dar.
Das Gesundheitssystem eines der wohlhabendsten Staaten der Erde hat es sich bislang nicht geleistet, diejenigen Personen ausreichend zu versorgen, die an den Rand der Gesellschaft gedrängt wurden. Denn unser Gesundheitssystem erreicht die wohnungslosen Menschen nur unzureichend. Und die aktuellen gesundheitspolitischen Entwicklungen haben diese Situation eher verschärft denn gebessert. Kurzfristig Abhilfe können niederschwellige Angebote

schaffen, bei denen akute medizinische Versorgung „vor Ort", also an den Treffpunkten, angeboten wird. Dies kann jedoch auf Dauer kein Ersatz für eine medizinische Normalversorgung sein.

8. Risikofaktor: Frausein

„Geschlecht: behindert" – so lautet der pointiert formulierte Titel eines Buches, der damit andeutet, dass das Vorhandensein von zwei X-Chromosomen allein schon ausreicht, um auch gesundheitlich benachteiligt zu sein. Dies klingt auf den ersten Blick paradox, denn wir wissen: Frauen leben länger als Männer. Sie sorgen sich mehr um ihre Gesundheit und häufig genug – als eine Art „Gesundheitsministerin" ihrer Familien – auch um die von anderen. Die Wirklichkeit ist allerdings etwas komplexer.
Obwohl Frauen im Durchschnitt sieben Jahre länger leben als Männer, haben beispielsweise arbeitslose Frauen eine deutlich niedrigere Lebenserwartung und eine höhere Sterblichkeit als Männer insgesamt. Es scheint so zu sein, als würden sich bei Frauen soziale Unterschiede stärker auswirken. Damit sind besonders gefährdet:

- allein erziehende Frauen
- Mädchen aus armen Familien
- langzeitarbeitslose Frauen
- Frauen mit abgebrochener Ausbildung
- Frauen, die für die Schulden ihrer Partner aufkommen müssen
- Frauen in kinderreichen Familien

Bislang liegen nur wenig harte Daten über geschlechtsspezifische Ungleichheiten vor. Problematisch ist bislang, dass die meisten vorliegenden Studien auf Operationalisierungen von sozialer Ungleichheit beruhen, die eher frauenunspezifisch sind. Weibliche Lebenslagen scheinen mit den bislang verwendeten eher männertypischen Variablen schlecht erfasst werden zu können. Wird beispielsweise der soziale Status an der aktuellen beruflichen Stellung gemessen, so wird das Ergebnis – vor allem bei den Frauen, die vielleicht nie erwerbsfähig waren, weil sie früh heirateten – verzerrt. Nur bei Frauen ohne (Ehe-)Partner scheint auf diese Weise eine zutreffende Beschreibung der sozialen Lage möglich (die methodischen Probleme werden gut dargestellt in: Babitsch 1998, S. 63-73).

9. Chancengleichheit durch Gesundheitsförderung

Natürlich ist es nicht möglich, selbst mit hohem medizintechnischem Aufwand, dafür zu sorgen, dass alle Menschen gesund sind und möglichst gleich lang leben. Die Zielvorstellung ist eine andere: jedem die Chance zu geben, sein gesundheitliches Potential auszuschöpfen und dabei Hindernisse zu eliminieren, die durch soziale Unterschiede begründet sind. Dies wird mit dem englischen Ausdruck „health inequity" zum Ausdruck gebracht. Damit sind die „ungerechten" Unterschiede gemeint – ein Begriff, der im Vergleich zur „gesundheitlichen Ungleichheit" eine moralische Wertung enthält. Diese inequities wären vermeidbar.
Dass es auch eine moralische Pflicht ist, für die gesundheitliche Chancengleichheit zu sorgen, hat die Weltgesundheitsorganisation mit einer Reihe von offiziellen Statements und Programmen zum Ausdruck gebracht. Auf der Ebene der einzelnen Staaten ist ein unterschiedlicher Umgang mit diesem Thema zu beobachten.

10. Resümee und Ausblick

In Deutschland ist bislang der Zusammenhang zwischen sozialen Faktoren und Gesundheit/Krankheit in Deutschland kaum Gegenstand intensiver Betrachtung, Erforschung oder politischer Aufmerksamkeit geworden. Kein Wunder also, dass bislang noch wenig, allerdings zunehmend öfter darüber diskutiert wird, wie die gesundheitliche Ungleichheit verringert werden kann. Die gezielte Förderung von wissenschaftlichen Studien zur Erforschung der Ursachen von gesundheitlicher Ungleichheit und der Interventions-

möglichkeiten erscheint notwendig. Damit verbunden wäre auch eine verstärkte Berücksichtigung dieses Themas in der Hochschulausbildung von Gesundheitsberufen.
Letztlich ist es aber auch eine Aufgabe der Gesundheitspolitik, einen Fokus auf die gesundheitliche Ungleichheit zu legen und deren Beseitigung zu einer der Hauptaufgaben in der Zukunft zu machen. Zunehmende Kosten im Bereich der gesetzlichen Krankenversicherung haben jedoch in den letzten Jahren zu Reformversuchen geführt, die gerade für die sozial benachteiligten GKV-Mitglieder keine Chancenverbesserung erreicht haben. Grundlegende Änderungen in der Gesundheitspolitik scheinen zurzeit nicht in Aussicht.
Letztendlich ist die Armutsbekämpfung eine der besten gesundheitsfördernden Maßnahmen.

Weiterführende Literatur:

Babitsch, Birgit, Soziale Ungleichheit und Gesundheit – Eine geschlechtsspezifische Betrachtung. in: Arbeitskreis Frauen und Gesundheit (Hg.), Frauen und Gesundheit(en) in Wissenschaft, Praxis und Politik. Bern u. a. 1998, S. 63-73.

Bundeszentrale für gesundheitliche Aufklärung (BzgA): Infodienst Migration und öffentliche Gesundheit:
http://www.infodienst.bzga.de/migration/index.htm
(wird ständig aktualisiert)

Flick, Uwe (Hg.), Wann fühlen wir uns gesund? Subjektive Vorstellungen von Gesundheit und Krankheit. Weinheim/ München 1998.

Krämer, Alexander / Prüfer-Krämer, Luise, Gesundheit von Migranten – Internationale Bestandsaufnahme und Perspektiven. Weinheim/München 2004.

Mielck, Andreas / Bloomfield, Kim (Hg.), Sozial-Epidemiologie – Eine Einführung in die Grundlagen, Ergebnisse und Umsetzungsmöglichkeiten. Weinheim/München 2001.

Mielck, Andreas, Soziale Ungleichheit und Gesundheit – Empirische Ergebnisse, Erklärungsansätze, Interventionsmöglichkeiten. Bern u. a. 2000.

Nourvertné, Klaus / Wessel, Theo / Zechert, Christian (Hg.), Obdachlos und psychisch krank. Bonn 2002.

Weber, Ingbert, Gesundheit sozialer Randgruppen - Gesundheitliche Probleme gesellschaftlich benachteiligter Gruppen und deren Versorgung, Stuttgart 1997.

Gerhard Kilz

Die Reorganisation des Sozialstaates unter der Perspektive der Sozialen Gerechtigkeit

Das sozialstaatliche Modell der Bundesrepublik Deutschland wird zunehmend einer Überprüfung unterzogen. Kritikpunkte sind die immer offensichtlicher werdende mangelnde Refinanzierung sowie die kontinuierliche Ausdehnung der Leistungen in Richtung eines umfassenden Versorgungsstaates (vgl. Zänker 1994). Es stellt sich die Frage, ob die Grenzen der Leistungsfähigkeit bereits erreicht sind und damit ein Abschiednehmen vom bisherigen System unabdingbar ist. Das deutsche Sozialstaatsmodell wird hinsichtlich des entwickelten Niveaus verstärkt legitimationspflichtig mit der Folge, dass die gewachsene Infrastruktur sowie der Bestand an sozialen Leistungen nachvollziehbar begründbar sein müssen. Dies kann unter Umständen auf der einen Seite eine Senkung des Leistungsumfanges bewirken, aber auf der anderen Seite auch die Implementierung neuer Lösungsansätze als Reaktion auf zusätzliche soziale Problemtatbestände notwendig machen. Die Veränderung sozialstaatlicher Strukturen ist damit also nicht auf den Aspekt der bloßen Deregulierung reduzierbar, sondern verlangt stattdessen eine differenzierte Reaktion, die mit dem Begriff der Reorganisation umschrieben werden kann. Im Folgenden werden zunächst die Ursachen für die prekäre Lage des Sozialstaates dargestellt. Hieran anknüpfend gilt es, die handlungsleitenden Kriterien, die für die Ausformung sozialstaatlicher Strukturen relevant sind, zu diskutieren. Ferner sollen abschließend für den Bereich der Arbeitsmarktpolitik denkbare Reorganisationsinterventionen näher betrachtet werden.

1. Problemlage

Bei dem Versuch, die Ursachen für die Problematik des überforderten Sozialstaates zu ermitteln, sind ökonomische sowie systemstrukturelle Aspekte zu berücksichtigen.
In ökonomischer Hinsicht erweisen sich gegenwärtig die zunehmende Globalisierung der Märkte, der Anstieg der Erwerbslosigkeit, die Entstandardisierung der Arbeitsbeziehungen sowie die demographische Entwicklung als Belastung für die sozialstaatlichen Strukturen. Den positiven Effekten der politisch gewollten Globalisierung (z. B. Ausdehnung der Absatz- und Produktionsmärkte für Unternehmen, sinkende Preise für Konsumgüter) stehen aber negative Effekte gegenüber. Die Globalisierung beinhaltet das Risiko des Arbeitsplatzabbaus in Deutschland, wenn Produkte in anderen Ländern zu einer vergleichbaren Qualität kostengünstiger produziert werden können. Globalisierung im Sinne von offenen Märkten reduziert gleichzeitig die Möglichkeiten, den Faktor Arbeit mit zusätzlichen Abgaben zu belasten, wenn hierdurch die gesamten Lohnkosten im internationalen Vergleich nicht mehr wettbewerbsfähig sind und daher die Verlagerung von Arbeitsplätzen noch weiter forciert wird.
Des Weiteren erfolgt eine Verringerung der Beschäftigungsquote aufgrund der durch den Einsatz von Informations- und Kommunikationstechniken ausgelösten Rationalisierungstendenzen, die ein Wirtschaftswachstum ohne entsprechenden Anstieg der Beschäftigtenquote ermöglichen (vgl. Althammer 2002). Eine vergleichbare Problematik stellt auch die zunehmende Überalterung der Gesellschaft (vgl. Schimany 2003) dar, die einerseits die Zahl der Beitragszahler für die sozialversicherungsorientierte Absicherung reduziert und die andererseits zu einer Ausdehnung des entsprechenden Adressatenkreises führt. Aber auch bei bestehenden Arbeitsverhältnissen zeichnet sich ein Wandel dahingehend ab, dass das ursprüngliche sog. Normalarbeitsverhältnis zunehmend durch neue Formen der Arbeitserbringung substituiert wird. Dazu zählen die Teilzeitarbeit, die so genannte geringfügige Beschäftigung, befristete Arbeitsverhältnisse, aber auch die Erledigung von Aufgaben

in Form der freien Mitarbeit. Auch wird hierdurch die Zahl von Beitragszahlern reduziert, wobei ebenfalls aus den hiermit verbundenen Risiken gleichzeitig weitere soziale Handlungsfelder des Sozialstaates zusätzlich eröffnet werden.
Neben den Veränderungen der ökonomischen Rahmenbedingungen zeichnet sich aber auch eine Überforderung des Sozialstaates aufgrund seiner bestehenden Systemstruktur ab (vgl. Luhmann 1991). Diese ist durch eine Primärorientierung an die Erwerbsarbeit geprägt. Der Schutz vor sozialen Risikolagen, aber auch deren Finanzierung ist wegen des Prinzips der Sozialversicherung untrennbar mit dem Aspekt der Erwerbsarbeit verbunden. Wer nicht sozialversicherungspflichtig arbeitet, kann die in diesem Kontext bestehenden Leistungen nicht in Anspruch nehmen. Gleichzeitig stellt das Arbeitsverhältnis die entscheidende Finanzierungsbasis für den Sozialstaat dar. Ist eine hohe Arbeitslosenquote bei gleichzeitigem Rückgang sozialversicherungspflichtiger Beschäftigungsverhältnisse gegeben, bedeutet dies eine sich stetig vergrößernde Lücke zwischen den zu erbringenden Leistungen (Output) und deren Refinanzierung (Input). Schließlich ist eine weitere Prämisse der sozialen Absicherung das Vorhandensein stabiler Familiensysteme, bei denen die volle Erwerbstätigkeit zumindest einer Person die wirtschaftliche Basis und die Absicherung von weiteren Risiken (z. B. Krankheit, Alter) garantiert. Fehlt beispielsweise eine Erwerbsperson (z. B. durch Scheidung oder bei Alleinerziehenden) ist zugleich ein höheres Armutsrisiko gegeben, wenn damit zugleich die Absicherung über die Erwerbstätigkeit verloren geht.
Ferner ist die unterschiedliche Bezugnahme des Sozialen Systems auf den Faktor Arbeit auffällig. Während die Erwerbsarbeit der zentrale Ankoppelungspunkt für das Netz der sozialen Sicherheit ist, wird dieser Aspekt bei der Strukturierung des Leistungskatalogs und dessen Umsetzung bislang nicht die entsprechende Bedeutung zuerkannt. Die Kritik, die in diesem Zusammenhang artikuliert wird, weist darauf hin, dass der Schwerpunkt im Bereich der Arbeitsförderung primär auf der Finanzierung und der Verwaltung der Arbeitslosigkeit liegt und eine aktivierende

Arbeitsmarktpolitik vernachlässigt wird. Als legislative Reaktion hierauf ist der Aktivierungsaspekt, der die Vermittlung in neue Arbeitsverhältnisse fördern soll, verstärkt worden (§ 14 SGB II).
Insgesamt wird deutlich, welche gravierenden Veränderungen sich bei den für das Funktionieren des Sozialstaates relevanten Rahmenbedingungen abzeichnen. Die Folge ist eine entsprechende Anpassung der sozialstaatlichen Strukturen an diese Entwicklungstendenzen, wobei nicht ein bloßer Abbau von Sozialstandards im Wege einer umfassenden Deregulierungspolitik das Ziel sein kann, sondern stattdessen eine Koordination von Finanzierungskriterien und der Schaffung einer adäquaten sozialen Absicherung für den Einzelnen erforderlich ist.
Neben diesen ökonomischen und sozialen Gesichtspunkten sind nämlich parallel bei der Gestaltung des Sozialsystems auch die verfassungsrechtlichen Vorgaben und Wertentscheidungen gleichermaßen zu berücksichtigen. Durch das Grundgesetz (GG) erfolgt somit eine entscheidende Vorgabe und Bedingung für die Abstimmung oder Synchronisation unterschiedlicher Kategorien und der damit verbundenen jeweiligen gesellschaftlichen Systeme und ihrer Subsysteme. Legt man die Beschreibung einer funktional differenzierten Gesellschaft zugrunde (Luhmann 1984; Luhmann 2002), bedeutet dies, dass gesellschaftliche Funktionssysteme entsprechend ihrer eigenen Logik autonom und exklusiv gesellschaftliche Fragestellungen bearbeiten. Beteiligt im Kontext der Gestaltung des Sozialstaates sind neben dem unmittelbar betroffenen System der sozialen Hilfe und dem Gesundheitssystem auch das System der Politik mit seinen Subsystemen (Sozial-, Finanz- und Wirtschaftspolitik), das Wirtschaftssystem (unter dem Aspekt möglicher Belastungen durch Steuern und Abgaben), das Moralsystem (unter dem Aspekt der sozialethischen Reflexion) und schließlich das Rechtssystem.
Von Bedeutung sind hier konkret folgende verfassungsrechtliche Normierungen: Die in Art. 1 GG normierte Garantie der Menschenwürde verpflichtet den Staat als Adressaten, das Existenzminimum seiner Bürger zu gewährleisten, wenn diese hierzu selbst nicht in der Lage sind. Aus

dem Sozialstaatsprinzip des Art. 20 GG folgt die sozialstaatliche Interventionsverpflichtung zur Sicherstellung einer realen Chancengerechtigkeit der Bürger, wobei der Handlungsspielraum durch die jeweils aktuelle finanzielle Ressourcenausstattung geprägt ist.
Des Weiteren ergibt sich eine Restriktion des Staates durch das in der Verfassung niedergelegte Konzept des freiheitlichen Sozialstaates, so dass entsprechende Interventionen immer auch grundgesetzlich geschützte Freiheitssphären des Einzelnen zu beachten haben. Die Eigentumsgarantie (Art. 14 I GG), die Garantie der Berufsfreiheit (Art. 12 I GG) sowie die Garantie der freien Entfaltung der Persönlichkeit (Art. 2 I GG) sind in diesem Zusammenhang zu beachten, da durch diese Verfassungsnormen die individuelle Autonomie gegenüber staatlichen Eingriffen deutlich abgesichert wird.
Weder der rudimentäre Staat, der sich ausschließlich auf eine Forcierung des Marktmechanismus im Wege der Deregulierung beschränkt, noch der dirigistische Staat, der über Umverteilungsstrategien geschützte Freiheitssphären der Bürger beschränkt, kann daher als verfassungskonform bewertet werden.
Vielmehr bedarf es einer Operationalisierung des Sozialstaatsprinzips unter dem Aspekt der sozialen Gerechtigkeit mit dem Ziel, einen Konsens über die wesentlichen Bedingungen und Leistungen des Sozialstaates zu entwickeln. Das Thema der sozialen Gerechtigkeit und die Auseinandersetzung darüber bieten damit die Basis für eine Auseinandersetzung unterschiedlicher Disziplinen, wie Ethik und Moral, Wirtschaft und Politik oder Medizin und Recht, um eine tragfähige Architektur künftiger sozialer Strukturen zu entwickeln. Insofern wird über das Sozialstaatsprinzip und den Terminus der sozialen Gerechtigkeit durchaus eine strukturelle Koppelung unterschiedlicher gesellschaftlicher Funktionssysteme erreicht. Dies ermöglicht die wechselseitige Beachtung, zumindest aber Beobachtung verschiedener Logiken und der sich daraus ergebenen Konsequenzen für das eigene Funktionssystem. In diesem Kontext gilt es auszuloten, inwieweit im Wege einer Reorganisation des Sozialstaates als Reaktion auf veränderte Rahmenbedin-

gungen Reaktionen möglich sind und welche sozialstaatlichen Elemente grundsätzlich nicht zur Disposition gestellt werden können. Folglich sollen zunächst, ausgehend vom Begriff der sozialen Gerechtigkeit, Gestaltungskriterien ermittelt werden, die dann handlungsleitend für eine Umgestaltung sozialstaatlicher Strukturen seien könnten.

2. Soziale Gerechtigkeit als kontroverser Begriff

Sozialethische wie sozialphilosophische Ansätze, die sich dem Begriff der sozialen Gerechtigkeit zu nähern und diesen mit begrifflichem Inhalt zu füllen versuchen, knüpfen vielfach an das klassische Gerechtigkeitskonzept von Aristoteles an (vgl. Baum 2004). Relevant ist hier die Unterscheidung zwischen der austeilenden (ius distributiva) und der ausgleichenden (ius commutativa) Gerechtigkeit (Aristoteles 1974).

Bei der ausgleichenden Gerechtigkeit (Tauschgerechtigkeit) soll sichergestellt werden, dass sich die handelnden Akteure sowohl bei freiwilligen wie bei unfreiwilligen Beziehungen nicht gegenseitig benachteiligen und insoweit einen Ausgleich untereinander anzustreben haben. Eine unfreiwillige Beziehung liegt vor, wenn eine Person einer anderen einen Nachteil (Schaden) zugefügt hat. In diesem Fall ist dem Geschädigten der eingetretene Nachteil zu kompensieren. Bei freiwilligen Beziehungen, wie dem Leistungsaustausch im Hinblick auf Waren und Güter, gilt, dass sich Leistung und Gegenleistung im Sinne einer Wertvergleichbarkeit entsprechen müssen. Kernelement der ausgleichenden Gerechtigkeit ist somit ein arithmetischer Bewertungsmaßstab. Die austeilende Gerechtigkeit (Verteilungsgerechtigkeit) bezieht sich auf die Verteilung von Gütern und Werten durch eine zentrale, in der Regel staatliche Instanz. Verteilungsprinzip ist, dass jeder Akteur einen angemessenen Anteil erhält. An die Stelle eines arithmetischen tritt ein proportionaler Bewertungsmaßstab, bei dem die Beteiligten das erhalten, was ihnen zusteht. Die Verschiedenheit des Menschen wird somit zugrunde gelegt und bei der Verteilung beachtet. Wenn Aristoteles in diesem Kontext gerech-

te Verteilung und Gleichheit miteinander verbindet, so bedeutet dies nicht eine identische Verteilung. Gleichheit wird verstanden als eine Situation, in der die Beteiligten weder zuviel noch zuwenig erhalten. Im Rahmen der austeilenden Gerechtigkeit beinhaltet eine gerechte Verteilung, dass letztlich ein Ermessensspielraum vorliegt, der durch die Extrempunkte des Zuviel und des Zuwenig determiniert wird. Eine ungerechte Verteilung liegt vor, wenn dieser Rahmen überschritten wird und eine Person nicht das ihr Angemessene, sondern entweder zuviel oder zuwenig erhält. Damit sind grundsätzlich unterschiedliche Verteilungskonstellationen zwischen den Beteiligten möglich, ohne dass ein Widerspruch zum Gleichheitsgrundsatz besteht.
Allerdings wirft dies anschließend die Frage nach dem Verteilungskriterium auf, welches die unterschiedliche Zuteilung und Gewährung letztlich legitimiert. Denn mit der Festlegung eines Unterscheidungsmerkmals wird die Relation von den Beteiligten im Verhältnis untereinander im Hinblick auf die Verteilungsmenge definiert. Daher haben sich verschiedene Ansätze zur Entwicklung und Begründung eines für alle Akteure akzeptablen Verteilungsschemas herausgebildet.
So kommt Rawls (1975), basierend auf der Annahme, dass Menschen aufgrund ihrer Vernunft- und Moralkompetenz in der Lage sind, gerechte Verteilungskriterien zu vereinbaren und einzuhalten, zu dem Ergebnis von zwei basalen Verteilungsgrundsätzen. Der erste Grundsatz legt fest, dass alle Menschen über die gleichen Grundfreiheiten verfügen. Der zweite Grundsatz legitimiert soziale und ökonomische Differenzen nur unter der Voraussetzung, dass sie den am wenigsten Begünstigten den größtmöglichen Vorteil bringen und dass die zur Verteilung stehenden Positionen und Ämter allen Personen grundsätzlich zugänglich sind. Beide Verteilungsgrundsätze stehen in einem Rangverhältnis. So ist die Legitimation einer Abweichung vom ersten Grundsatz mit dem Hinweis, dass hierdurch eine größere Nutzenmaximierung stattfindet, ausgeschlossen. Verhindert wird damit eine kommerzielle Kolonisierung des Humanen. Unter der Bedingung, dass die Menschen vorab ihren Status (Fähigkeiten, materielle Ausstattung, Chancenumfang)

nicht kennen, ist es für diese rational, sich im Eigeninteresse für diese Verteilungsgrundsätze zu entscheiden, da hierdurch ihre Interessen unter allen relevanten Perspektiven am ehesten realisiert werden können. Folglich entspricht die Zustimmung zu diesen Kriterien auch den subjektiven Präferenzen der Akteure.

Eine Gegenposition kann in dem Ansatz von v. Hayek (1994, S. 114 ff.) gesehen werden, der den Aspekt der distributiven Gerechtigkeit, wie sie durch den Staat realisiert wird, kritisch bewertet. Für ihn reduziert sich Gerechtigkeit auf den ausgleichenden Gesichtspunkt, wobei eine Steuerung exklusiv über den Marktmechanismus erfolgen darf. Ergebnisse marktwirtschaftlicher Austauschprozesse beinhalten eine Richtigkeitsgewähr, die nicht zu korrigieren ist. Unter distributiven Aspekten hat der Staat die Kernfunktion, die Freiheit und das Eigentum der Menschen zu garantieren. Für weitergehende staatliche Leistungen fehlt es an einer entsprechenden Legitimation.

Im konträren Gegensatz dazu steht die katholische Soziallehre (vgl. Gaudium et spes 69), die für eine aktive regulierende Verteilungspolitik zur Absicherung von Grundbedürfnissen eintritt. Ferner wird der Aspekt der Fairness bei der Realisierung im Rahmen von Verträgen oder Austauschbeziehungen verlangt. Unter dem Gesichtspunkt der Beteiligungsgerechtigkeit wird ferner die Verpflichtung genannt, dafür zu sorgen, dass dem Einzelnen die Option zu einer aktiven Teilnahme an gesellschaftlichen Prozessen ermöglicht wird (vgl. Wirtschaftliche Gerechtigkeit für alle 71 f.).

3. Aspekte sozialer Gerechtigkeit

Auch wenn die auf Aristoteles zurückgehende Ausarbeitung des Gerechtigkeitsbegriffes zur Grundlage eines Diskurses zur Gerechtigkeit gemacht wird, zeigen sich doch deutlich die Unterschiede bezüglich eines anzuwendenden Verteilungsmaßstabes. Darüber hinaus wird die Problematik noch dadurch verstärkt, dass in einer sich zunehmend ausdifferenzierenden Gesellschaft an die Stelle eines zentralen Steuerungssystems funktionale Teilsysteme treten, die ihrerseits die Aufgaben nach ihrer eigenen Funktionslogik bearbeiten und damit letztlich entscheiden, welche Akteure eingeschlossen (inkludiert) oder ausgeschlossen (exkludiert) werden (Fuchs 2004, S. 23 ff.) Verteilungsprozesse und hieraus resultierende Defizitlagen finden also dezentral außerhalb der staatlichen Instanzen statt. Sollen im Rahmen eines sozial- wie rechtsstaatlich verfassten Systems Gerechtigkeitskriterien nicht nur entwickelt, sondern auch umgesetzt werden, müssen daher auch die gegebenen jeweiligen Logiken und Handlungsparameter der beteiligten sozialen Systeme beachtet werden und zudem die besonderen sich dort ereignenden Ausschlussproblematiken (Exklusionsrisiken) im Rahmen der austeilenden Gerechtigkeit thematisiert werden. Es gilt Konkretisierungen des Begriffs sozialer Gerechtigkeit zu erarbeiten, die sowohl bei den betroffenen Menschen als auch im Kontext der unterschiedlichen sozialen Systeme konsensfähig sind und daher auch in die spezifische Funktionslogik implementiert werden können. Sie müssen auf der Ebene der individuellen Akteure für alle vernünftig und zudem für die Funktionslogiken der involvierten Systeme rational sein.

3.1 Leistungsgerechtigkeit

Ausgangspunkt für ein Konzept der sozialen Gerechtigkeit ist in einem freiheitlich orientierten Staats- wie Rechtssystem die Respektierung der Eigenverantwortlichkeit und damit der Autonomie jedes Einzelnen. Dies bedeutet die Anerkennung gleicher Grundfreiheiten (Freiheitsrechte, Recht auf Leben, Eigentumsgarantie sowie die Würdegarantie) für alle Menschen. Da hier ausschließlich an die für jeden Menschen geltende Subjektstellung angeknüpft wird, sind ungleiche Verteilungen im Rahmen der distributiven Gerechtigkeit mangels rechtfertigender Kriterien von vornherein ausgeschlossen.
Hiermit eng verbunden ist der Aspekt der Leistungsgerechtigkeit, der dem Begriff der ausgleichenden Gerechtigkeit entspricht. Dieser bedeutet, dass die mit eigener individueller Leistung erworbenen Güter und Vorteile sowie die sich

daraus ergebenen Austauschbeziehungen grundsätzlich anzuerkennen sind. Folglich sind auch seitens des Staates diese Handlungsspielräume zu sichern. Eingriffe in diesen Bereich bedürfen daher einer ausreichenden Legitimation. Im deutschen Sozialstaatsmodell finden sich hierfür insoweit folgende Ansatzpunkte. Zunächst erfolgt eine Einschränkung durch die Belastung mit Abgaben und Steuern entsprechend der wirtschaftlichen Leistungsfähigkeit des Einzelnen. Auch wenn das Leistungsprinzip respektiert wird, bedeutet dies eine ansteigende Inanspruchnahme in Abhängigkeit zum Einkommen. Es erfolgt also eine Begrenzung letztlich durch den Aspekt der distributiven Gerechtigkeit dergestalt, dass die betroffenen Akteure mit abgestuften Belastungen, die sich an ihrer Einkommenssituation orientieren, konfrontiert werden. Hier verfolgt die distributive Gerechtigkeit nicht die Intention einer Güterverteilung, sondern bietet eine Begründung für proportionale Belastungen der Bürger, die sich an der wirtschaftlichen Leistungsfähigkeit des Einzelnen ausrichtet. Darüber hinaus ist auch innerhalb des sozialstaatlichen Leistungsaustausches das Äquivalenzprinzip zu beachten. Den durch Sozialversicherungsbeiträge erbrachten Aufwendungen müssen dann vergleichbare Leistungen in den gesetzlich normierten Fällen gegenüberstehen. Langjährige Beiträge zur Rentenversicherung oder zur Arbeitslosenversicherung bedingen dann eine hieran anknüpfende adäquate Absicherung, die also nicht nur rudimentären Charakter haben kann. Dieser Gesichtspunkt wird aber in der Diskussion über Rentenkürzungen und über die Einführung der Grundsicherung für Arbeitslose gemäß dem SGB II vielfach übersehen. Auch wenn die Lebensstandardgarantie künftig nicht mehr gewährleistet werden kann, so sind doch die individuell erbrachten Beiträge zu den Sozialversicherungen nicht vollständig auszublenden. Insofern müssen sie eine gewisse Entsprechung im Rahmen der ausgekehrten staatlichen Leistungen finden. Ansatzweise kommt dies in § 24 SGB II zum Ausdruck, der für eine gewisse Übergangszeit bei zuvor geleisteten Beiträgen zur Arbeitslosenversicherung ein erhöhtes Arbeitslosengeld II vorsieht. Eine Veränderung der so genannten Rentenformel durch den verstärkten

Rückgriff auf die Nachhaltigkeitsformel mit der Konsequenz geringerer Rentenzahlungen könnte dann ebenfalls im Widerspruch zum Leistungsprinzip stehen.

3.2 Sicherstellung der Funktionsbedingungen von Leistungsgerechtigkeit

Im Gegensatz zur Auffassung v. Hayeks kann aber das Leistungsprinzip und damit der Aspekt der ausgleichenden Gerechtigkeit nicht als exklusives Gestaltungsprinzip betrachtet werden, soweit dessen Voraussetzungen nicht gesichert sind. Denn das Leistungsprinzip kann letztlich nur dann als Rechtfertigung für bestehende Austauschergebnisse dienen, wenn die an dem Leistungsaustausch Beteiligten auch die Chance haben, ihre Interessen realistisch durchsetzen zu können. Nur dann ist davon auszugehen, dass sich Leistung und Gegenleistung entsprechen. Soweit auf das Verteilungsverfahren über den Marktmechanismus zurückgegriffen wird, müssen die hierfür geltenden immanenten Funktionsbedingungen auch vorliegen. Vorausgesetzt wird ein Zustand vollkommener Konkurrenz, bei dem sämtliche Marktteilnehmer zumindest annäherungsweise über vergleichbare Positionen bezüglich ihrer Interessendurchsetzung verfügen. Da dann kein Teilnehmer auf diese Weise die Bedingungen des Leistungsaustausches einseitig festlegen oder diktieren kann, werden diese über das Wettbewerbsprinzip durch Angebot und Nachfrage, also im Konsensweg, definiert. Damit wird für jeden Akteur das Erreichen des optimalen Ergebnisses sichergestellt und das Prinzip der ausgleichenden Gerechtigkeit erfüllt. Bestehen aber die vorausgesetzten Funktionsbedingungen nicht, können die im Marktmechanismus ermittelten Ergebnisse keine Richtigkeit im Sinne einer Äquivalenz für sich beanspruchen. Eine Rechtfertigung durch das Leistungsprinzip ist folglich nicht gegeben. Bei einer derartigen Störung des Marktprinzips wäre ein regulierendes Eingreifen mit der Intention der Sicherstellung des Leistungsprinzips nicht nur gerechtfertigt, sondern unter dem Gesichtspunkt der kommutativen Gerechtigkeit geradezu gefordert.

Bei einer typologischen Betrachtung findet sich eine derartige Ungleichgewichtssituation im Bereich der Arbeitsbeziehungen. Die Struktur des Arbeitsmarktes ist geprägt durch ein latentes ökonomisches Übergewicht der Arbeitgeberseite. Ein Überangebot an Arbeitskräften sowohl im nationalen wie internationalen Kontext sowie die mit einer möglichen Abwanderung verbundenen, für den Arbeitnehmer nicht unbeträchtlichen Transaktionskosten reduzieren kontinuierlich die Verhandlungsmacht des Arbeitnehmers gegenüber dem Arbeitgeber. Der Arbeitnehmer müsste sich in dieser Situation auf permanent sinkende Löhne einstellen, obwohl seine Arbeitsleistung für den Arbeitgeber zumindest von stabiler Wertigkeit bleibt. Ohne Korrekturen, wie sie durch eine detaillierte Arbeitsschutzgesetzgebung (Arbeitszeitgesetz, Entgeltfortzahlungsgesetz, Kündigungsschutzgesetz, Mutterschutzgesetz) oder durch das System der kollektivvertraglichen Absicherung (Tarifverträge, Betriebsvereinbarungen) erfolgen, wäre eine Abwärtsentwicklung der Löhne in vielen Beschäftigungsbereichen denkbar, die zu einem Lohnniveau im Grenzbereich des Existenzminimums führen würde. Daher sind kompensatorische Eingriffe, die aus einer Störung des Marktmechanismus resultieren legitimiert. Sie bedeuten eine Sicherstellung der kommutativen Gerechtigkeit.
Ein regulierendes Eingreifen zur tatsächlichen Durchsetzung des Leistungsprinzips hat unter diesem Aspekt auch dort stattzufinden, wo der Markt kein Regulativ zur Bewertung von erbrachten Leistungen oder Wertschöpfungen bereitstellt. Hier besteht die Problematik einer kostenfreien Inanspruchnahme durch Dritte, die nicht zur Erbringung einer angemessenen Gegenleistung verpflichtet sind. Deutlich wird dies am Beispiel der von der Familie als sozialem System erbrachten Leistungen für die übrigen gesellschaftlichen Funktionssysteme (vgl. Kilz 2005, S. 2 ff.). Die Familie ist der Ort, an dem Reproduktion, Erziehung, Versorgung sowie Sozialisation stattfinden. Ihre stabile Struktur sowie die kompetente Erfüllung ihrer Funktionen haben damit für die übrigen sozialen Systeme eine zentrale Bedeutung. Störungen können wenn überhaupt nur mit großen Anstrengungen aufgefangen werden. Die Familie stellt

somit personelle Ressourcen, aber damit verbunden auch Qualifizierungsleistungen zur Verfügung, auf die andere Systeme, wie die Wirtschaft oder Politik, zurückgreifen. Demgegenüber werden diese Transferleistungen, auf die die Gesellschaft angewiesen ist, gegenwärtig durch staatliche Institutionen nicht in einem vergleichbaren Maße kompensiert und ausgeglichen. Es existiert an diesem Punkt ein strukturelles Defizit zu Lasten der Familien, welches dem Äquivalenzprinzip widerspricht und daher mit dem Gedanken der kommutativen Gerechtigkeit nicht kompatibel ist. Die sinkende Attraktivität einer Familiengründung und das den demographischen Wandel verschärfende Geburtendefizit sind eine deutliche Folge dieses Gefälles zwischen familialen Leistungen und der gesellschaftlichen Honorierung.
Die Ausführungen zeigen, dass regulative Maßnahmen zur Realisierung des Äquivalenzprinzips erforderlich sind, da ansonsten eine Diskrepanz zwischen Leistung und Gegenleistung möglich wäre, die strukturell zu unfairen Austauschbedingungen führen könnte. Unter diesen Voraussetzungen ist dann keine Grundlage für ein Funktionieren des Marktsystems gegeben, um durch den hiermit verbundenen Selektionsmechanismus ein möglichst hohes Wohlfahrtsniveau für alle Marktteilnehmer zu erreichen.
Unter Bejahung dieser Argumentation entspräche die Vorgabe bestimmter regulativer Regeln durch staatliche Instanzen auch dem rationalen Interesse des Systems Wirtschaft, da hierdurch letztlich dessen Aufgabe einer optimalen Güterallokation gefördert wird. Sie wären also mit der Funktionslogik des Systems Wirtschaft kompatibel. Auch unter sozialethischen Aspekten wird nicht nur die formale Gleichheit durch die Gewährung basaler Freiheits- und Eigentumsrechte als Grundlage der Tauschgerechtigkeit gesehen, sondern darüber hinaus wird zudem die Chance zur realen Verwirklichung dieser Handlungsoptionen eingefordert (Huber 1996, S. 195). Auch mit dem Rechtssystem wie mit dem System der Politik sind die vorstehenden Interpretationen des Gerechtigkeitsbegriffs kompatibel. Sowohl das Sozialstaatsprinzip als auch die Menschenwürdegarantie sowie die normierten Grundfreiheiten erlauben und verpflichten die Politik, auch die zur Umsetzung not-

wendigen Regeln und Rahmenbedingungen zu normieren und deren Einhaltung zu überwachen. Die vorstehende Beschreibung des kommutativen Gerechtigkeitsansatzes, der einerseits Selbstverantwortung und Autonomie des Einzelnen als Grundlage bestimmt und andererseits aber die realen Bedingungen zu berücksichtigen versucht, ist somit kompatibel zu den Funktionslogiken der involvierten sozialen Systeme.

3.3 Partizipationsgerechtigkeit

In einem engen Zusammenhang mit einer aktiven Gestaltung von Funktionsbedingungen der Handlungsautonomie steht die Frage nach der Sicherstellung von Partizipationschancen der einzelnen Akteure in einer sich zunehmend in Funktionssysteme ausdifferenzierenden Gesellschaft. Es handelt sich also um die Problematik der Teilhabebedingungen am sozialen Leben. Dieser Gerechtigkeitsaspekt kann als Partizipationsgerechtigkeit oder in der Terminologie der katholischen Sozialethik als Beteiligungsgerechtigkeit benannt werden (Anzenbacher 1998, S. 222). Während in früheren Gesellschaftsformen die jeweilige Position des Menschen über Herkunft (Familie oder Stand) definiert wurde, ist in einer modernen oder postmodernen Gesellschaft diese Determinante gerade nicht vorgesehen. Jede Person hat theoretisch den Zugang zu den gesellschaftlichen Bereichen (Inklusionschancen). Allerdings besteht dann auch das Risiko von Zugangsbarrieren, die zu einer Exklusion aus bestimmten Funktionssystemen führen können. Den Inklusionschancen stehen damit erhebliche Exklusionsrisiken gegenüber, da die Menschen nur unter der spezifischen Funktionslogik des Systems beobachtet werden. Sind sie in diesem Kontext nicht relevant, können sie an der Kommunikation des Systems und daran anschließenden Interaktionen nicht teilnehmen und werden ausgeschlossen. Dies bedingt die Gefahr einer zunehmenden Reduzierung von Handlungsspielräumen, wenn die Einbindung in ein System, welches für die individuelle Biografie von wesentlicher Bedeutung ist, nicht gelingt. Zu nennen sind hier die Systeme Wirtschaft und Bildung. Das Vorhandensein ökonomischer Ressourcen wie der Aufbau von Wissensbeständen stellen entscheidende Faktoren für die Existenz von Partizipationsoptionen dar. Sind diesbezügliche Aneignungsprozesse nur rudimentär gegeben, besteht das Risiko von Ausgrenzungen. Finanzielle Defizite bedeuten eine geringe Teilnahme am Marktgeschehen, so dass eine eigenverantwortliche autonome Daseinsvorsorge nur im reduzierten Umgang vorliegt. Längere Phasen der Ausgrenzung aus dem Arbeitsmarkt führen dann zu immer stärkeren Ausgrenzungen aus den übrigen Märkten (Wohnung, Dienstleistungen, Produkte). Zudem erfolgt ein Abbau von beruflichen Fertigkeiten, wenn sie infolge dauerhafter Arbeitslosigkeit nicht angewandt werden und unter Umständen veralten. Ein gelingender Bildungsprozess ist nicht nur die Basis für die Persönlichkeitsentwicklung, sondern bestimmt auch die möglichen Karrierechancen und damit die Stellung im System Wirtschaft. Eine reduzierte Einbindung in diese Systeme oder gar ein vollständiger Ausschluss begründet aber die Gefahr einer zunehmenden Erosion einer aktiven Teilhabe an gesellschaftlichen Prozessen mit der Folge eines Komplettauschlusses aus den relevanten Schlüsselsystemen. Dies bedingt wiederum eine Reduzierung der autonomen Lebensorganisation und vielfach dann ein Angewiesensein auf staatliche oder nichtstaatliche Unterstützungsleistungen.

Unter dem Aspekt der Partizipationsgerechtigkeit ist daher zu überlegen, inwieweit eine Intervention im Sinne der austeilenden Gerechtigkeit legitimierbar ist, um derartige Defizite abzubauen, oder in welchem Umfang es gilt, diese zu akzeptieren. Strukturelle, aus der zunehmenden funktionalen Differenzierung der Gesellschaft resultierende Gefahrenlagen einer Exklusion, also Tatbestände, die von den betroffenen Akteuren durch eigenes Handeln nicht gestaltbar und damit abänderbar sind, können somit auch nicht Gegenstand eines individuellen Risikomanagements sein und entziehen sich zwangsläufig der Eigenverantwortlichkeit. Sie dem einzelnen Akteur aufzubürden führt im Ergebnis dazu, von ihm stärkere Anstrengungen und Leistungen zur Kompensation als von anderen zu verlangen und

gleichzeitig das Exklusionsrisiko weiterhin bestehen zu lassen. Vergleichbare Entwicklungschancen könnten sich dann bei den Menschen von vornherein aufgrund divergierender Belastungsstrukturen unterschiedlich entfalten und realisieren. Unter dem sozialethischen Aspekt der Partizipationsgerechtigkeit ist dieser Zustand der ungleich verteilten Teilhabechancen aufgrund externer, von den Betroffenen nicht oder nur schwer zu gestaltenden Faktoren nicht hinnehmbar, weil hierdurch die eingeforderte aktive Einbindung der Menschen in gesellschaftliche wie wirtschaftliche Prozesse als Grundlage der Realisierung von Freiheit und Würde nicht gegeben ist. Gerade die produktive Mitarbeit an Wertschöpfungsketten ist, unabhängig ob es sich um bezahlte oder unbezahlte Arbeit handelt, für den Einzelnen essentiell für die Verwirklichung seines Menschseins (Huber 1996, S. 195). Partizipationsgerechtigkeit bedeutet die Implementierung entsprechender Ansätze, durch die derartige strukturelle Teilhabedefizite reduziert werden können.
Auch ist der Abbau derartiger Beteiligungsdeterminanten ebenfalls mit der Funktionslogik des Systems Wirtschaft kompatibel. Ziel wirtschaftlichen Handelns ist die Herbeiführung einer möglichst optimalen Güterverteilung und aus Sicht der Teilnehmer damit die Steigerung des individuellen Nutzens. Soweit Menschen von vornherein ausgeschlossen sind, fallen sie nicht nur als Nachfrager, sondern unter Umständen auch als Anbieter von Leistungen weg, so dass theoretisch mögliche, aber noch nicht erschlossene individuelle Potentiale (human resources) brachliegen. Dann ist aber ein Zustand gegeben, der im Hinblick auf das maximal zu erreichende Wohlfahrtsniveau als suboptimal bezeichnet werden kann. Bei dieser Argumentation entspricht die Implementierung der Bedingungen für Beteiligungsgerechtigkeit den ökonomischen Kategorien. Ferner wird gerade die Sicherstellung von Chancengerechtigkeit als ein zentrales Element des Sozialstaatsprinzips, durch das Politik wie Recht gebunden und gekoppelt sind, beschrieben, so dass auch hier eine Konformität zu den Systemlogiken von Politik und Recht gegeben ist. Soziale Gerechtigkeit bedeutet unter dem Aspekt der Partizipationsgerechtigkeit die Aufforderung zur Schaffung von Interventionsmechanismen

und Bedingungen, durch die strukturell gegebene Barrieren zur Realisierung von Beteiligungschancen reduziert werden. Es wird die Notwendigkeit sozialpolitischer Interventionen deutlich, die durch die gezielte investive Förderung den Autonomie-, also den Freiheitsgrad, der involvierten Personen steigert. Daneben sind aber auch Tatbestände zu beachten, bei denen primär die Versorgung von Menschen zur Sicherung ihrer existentiellen Grundlage im Vordergrund steht und folglich der fördernde Charakter zunächst in den Hintergrund tritt. Dies ist der Fall bei Personen, die sich aufgrund ihres Alters (Kinder, ältere Menschen) oder aufgrund ihrer körperlich-geistigen Disposition nicht selbst versorgen können und für die gleichzeitig anderweitige Unterstützungssysteme nicht bestehen. Der Gedanke der Partizipationsgerechtigkeit und das verbindliche Prinzip der Menschenwürde machen es erforderlich, auch hier eine ökonomische Grundversorgung zu sichern, die zumindest basale Partizipationschancen sichert und eine Einbindung in den soziokulturellen Kontext ermöglicht. Die damit einhergehende Verhinderung einer vollständigen Exklusion aus den sozialen Systemen kann neben ethischen wie rechtlichen Kategorien auch aus einer rein ökonomischen Sichtweise rational sein, weil hierdurch gleichzeitig für alle handelnden Akteure eine rudimentäre Absicherung gegeben ist, durch die innovatives wertschöpfendes Verhalten motiviert werden kann, indem das mögliche Risiko des Scheiterns aufgefangen wird.

3.4 Konsequenzen

Als Resultat kann festgehalten werden, dass ein Gerechtigkeitsdesign, welches den Schutz, aber auch die aktive Förderung der individuellen Freiheit und Autonomie in den Vordergrund stellt, den ethischen, rechtlichen, ökonomischen und politischen Logiken entspricht und damit auch grundsätzlich konsensfähig sein dürfte.

Der Sozialstaat erhält dadurch über drei Ansätze eine dauerhafte Legitimation. Er verhindert zunächst über die Garantie des Existenzminimums eine vollständige gesellschaftliche Exklusion einzelner Personen. Neben diese Versorgungsfunktion tritt die Förderfunktion, wenn reale Defizite, die zu einer Reduzierung der formalen Freiheitsrechte führen können, gezielt kompensiert werden. Hiermit hängt ferner eng die Sicherung des Leistungsprinzips zusammen, wenn hierfür ebenfalls staatliche Interventionen erforderlich sind, wie bei den Tatbeständen ökonomischer Ungleichgewichte (Arbeitsmarkt) oder fehlender Kompensationen von Leistungen (Output des Familiensystems für andere soziale Systeme). Da allerdings derartige sozialpolitische Interventionen, die einen Vorteil für andere begründen, gleichzeitig wegen der Gegenfinanzierung mit Belastungen für andere Akteure verbunden sind, hängt die dauerhafte Zustimmungsbereitschaft sowohl von den individuellen Nachteilen durch Steuern und Beiträge als auch von der effizienten Mittelverwendung ab. Soziale Gerechtigkeit bedarf zu ihrer Umsetzung und damit zu ihrer Verwirklichung auch eines entsprechenden Verfahrens der Realisierung und Absicherung. Ohne diesen prozeduralen Aspekt besteht die Gefahr einer sozialen Fehlallokation und damit des Eintrittes suboptimaler Ergebnisse. Denn jegliche nicht neutrale sozialpolitische Interventionen bewirken eine zumindest finanzielle Belastung Dritter und beschränken damit deren Freiheitsoptionen. Dies wäre aber nur legitimierbar, wenn die Zielerreichung so organisiert wird, dass die nachteiligen externen Effekte möglichst gering gehalten werden, diese also verhältnismäßig sind. Dies bedeutet neben der Zielformulierung auch die Implementierung geeigneter Realisierungskonzepte. So müssen zunächst auch Anreize für die beteiligten Akteure zur Nutzung eröffneter Inklusionschancen geschaffen werden. Gleichzeitig müssen seitens der Institutionen, die sich mit der Organisation und Umsetzung von Sozialprogrammen beschäftigen, Verwaltungsstrukturen geschaffen werden, die dem Effizienzkriterium gerecht werden. Letzteres spricht für Strukturen und Abläufe, die stärker regional, zum Beispiel in den Kommunen verortet sind, um auf diese Weise eine größere, Reibungsverluste minimierende Nähe zu den durchzuführenden Aufgabenfeldern zu gewährleisten. Ferner ist in einem sich wandelnden ökonomischen Umfeld auch zu überlegen, in welchem Maße eine intensivere Einbindung von Personen im Rahmen ihres freiwilligen gesellschaftlichen Engagements denkbar ist. Dies wird in der Literatur unter dem Gesichtspunkt der Zivilgesellschaft diskutiert.

Die Anpassung der sozialstaatlichen Strukturen an eine sich ändernde Umwelt beinhaltet folglich nicht zwangsläufig eine permanente Reduzierung des Leistungsumfangs, also eine Deregulierung, sondern bedingt, ausgehend von der Idee der sozialen Gerechtigkeit, eine inhaltliche wie organisatorische Anpassungsleistung im Sinne einer Reorganisation. Im Vordergrund steht dabei die Eröffnung und Realisierung von Partizipationschancen, aber auch der Aspekt einer Versorgung von Menschen, die hierzu selbst nicht mehr in der Lage sind und auch auf sonstige Unterstützungssysteme nicht zurückgreifen können. Die basale Sicherung des sozio-kulturellen Existenzminimums sowie die Implementierung von Bedingungen, die die Realisierung individueller Entwicklungschancen ermöglichen, beschreiben gegenwärtig die Bandbreite sozialstaatlicher Interventionsschwerpunkte. Da ein wesentlicher Gesichtspunkt in diesem dargestellten Kontext sozialer Gerechtigkeit die Stärkung eigenverantwortlichen Handelns ist, wird somit auch die Gefahr einer Entmündigung des Einzelnen durch wohlfahrtsstaatliche Komplettversorgung begegnet.

Nachdem die Aspekte der sozialen Gerechtigkeit und ihre grundsätzliche Kompatibilität zu den involvierten gesellschaftlichen Funktionssystemen herausgearbeitet wurden, sollen abschließend für den wichtigen Bereich der Arbeitsmarktpolitik die Konsequenzen einer Reorganisation skizziert werden.

4. Die Reorganisation des Arbeitsmarktes

Ein Hauptproblem stellt gegenwärtig die sich manifestierende hohe Arbeitslosenquote in Deutschland dar. Über fünf Millionen Menschen ohne Arbeit verdeutlichen, dass es sich bei den Ursachen nicht nur um konjunkturabhängige Faktoren handeln kann, sondern vielmehr auch strukturelle Aspekte zu beachten sind (vgl. Hartz et al. 2002). Ein Phänomen der postindustriellen Gesellschaft ist der Produktivitätsfortschritt bei gleichzeitig abnehmendem Bedarf an Arbeitskräften. Wertschöpfung ist daher immer weniger auf den Faktor Arbeit in quantitativer Hinsicht angewiesen. Darüber hinaus ist der Arbeitsmarkt ein abgeleiteter Markt, weil er primär durch die Situation an den Gütermärkten beeinflusst wird. Reduzierte Absatzchancen beeinflussen negativ zugleich den Bedarf an Arbeitskräften. Die Folgen der Globalisierung, nämlich einerseits offener Märkte für Importe, die aufgrund des Preiswettbewerbs inländische Angebote verdrängen, aber auch die Option außerhalb Deutschlands neue Fertigungsstätten zu errichten, bedeuten für den deutschen Standort eine geringere Nachfrage an den Faktor Arbeit. Aufgrund der in der EU geltenden Dienstleistungsfreiheit besteht zudem für andere Unternehmen mit Personal, das zu den Arbeits- und Sozialbedingungen des Ursprungslandes beschäftigt wird, die Möglichkeit, in Deutschland Aufträge abzuwickeln. Potentielle Anbieter von Arbeitsleistungen sind damit im nationalen wie internationalen Kontext einem erheblichen Wettbewerb ausgesetzt. Die Konsequenz wäre dann bei Unterstellung einer marktkonformen Reaktion, dass die Preise für Arbeit so weit zurückgehen, bis keine unfreiwillige Arbeitslosigkeit mehr besteht oder aber die Akteure alternative Verwertungsoptionen nutzen. Während für Anbieter von Waren oder Dienstleistungen beides möglich wäre, erscheinen diese Marktoptionen für Arbeitsanbieter nur bedingt realisierbar. Ein Preiswettbewerb wäre nur realistisch, wenn externe Anbieter vergleichbaren Ausgangsbedingungen (Lebenshaltungskosten, Abgaben) unterlägen. Da dies aber vielfach gerade nicht der Fall ist, wäre erst bei einem Absenken des Lohnes in Richtung des notwendigen Bedarfs zur Existenzsicherung für den Arbeitsanbieter und der von ihm zu unterstützenden Familie die Konkurrenzfähigkeit gegeben. Ein Ausweichen auf andere Märkte (Dienstleistungen, Warenproduktion) würde voraussetzen, dass neben einer ausreichenden Finanzierungsbasis auch ein marktfähiges Produkt angeboten werden kann, so dass aus diesem Grund eine Beschränkung auf den Arbeitsmarkt für die überwiegende Zahl der Arbeitsanbieter die Regel sein dürf-

te. Eine Fokussierung auf rein marktorientierte Lösungen bei der Reduzierung der Arbeitslosigkeit ist daher nicht geeignet. Vielmehr bedarf es flankierender staatlicher Unterstützungsmaßnahmen, die den Marktprozess begleiten.
Neben einer auf die Standortsicherung orientierten Wirtschaftpolitik (Infrastrukturpolitik, Wirtschaftsförderung, Steuerpolitik) ist eine Arbeitsmarktpolitik erforderlich, die einen Beitrag zur Lösung der gegenwärtig bestehenden Problematiken des Arbeitsmarktes leisten kann. Auch wenn in einem freiheitlich verfassten gesellschaftlichen System die Schaffung von dauerhaften Arbeitsplätzen nur gelingen kann, wenn diese auch wettbewerbsfähig sind, muss eine aktive, dem Aspekt der sozialen Gerechtigkeit verpflichtete Arbeitsmarktpolitik permanent das Spannungsverhältnis zwischen der Sicherung sozialer Standards und den ökonomischen Anforderungen bewältigen. Zur Verhinderung des Lohndumpings durch Arbeitnehmer, die bei EU-Unternehmen angestellt sind und im Rahmen der Dienstleistungsfreiheit in Deutschland eingesetzt werden, bietet es sich an, für die betroffenen Branchen einen Mindestarbeitslohn festzulegen, der für alle Arbeitnehmer wie Arbeitgeber unabhängig ihres Herkunftsstaates verbindlich einzuhalten ist und nicht unterschritten werden darf. Darüber hinaus kann in einem System offener Märkte künftig nur das realistische Ziel sein, den Faktor Arbeit für die Unternehmen einerseits möglichst attraktiv zu gestalten und andererseits die soziale Absicherung nachhaltig zu gewährleisten. Konkret bedeutet dies im Ansatz, die Arbeitskosten, ausgehend vom aktuellen Niveau, zu senken. Realistisch wäre hierbei vor allem die Reduzierung der Lohnnebenkosten, indem anstelle der ausschließlichen Beitragsfinanzierung von Sozialleistungen zumindest teilweise die Finanzierung durch Steuern (z. B. durch Erhöhung der Mehrwertsteuer) tritt.
Gleichzeitig kann der Faktor Arbeit durch die Erweiterung bereits bestehender Flexibilisierungsspielräume konkurrenzfähiger gestaltet werden, wenn Optionen zur Befristung, zur Veränderung des Arbeitszeitvolumens durch die Betriebspartner oder zur Erleichterung von Kündigungen (Anforderungen an den Kündigungsgrund, Dauer der Kündigungsfrist) eröffnet würden. Durch Nutzung dieser Maß-

nahmen würde ein Arbeitsmarkt entstehen, der ein rascheres Reagieren der Arbeitgeber auf ökonomische Veränderungen erlaubt. Aus Sicht der Arbeitnehmer wird hierdurch aber, ausgehend vom Status quo der sozialen Sicherung, massiv in ihre Rechtspositionen eingegriffen. Unter dem Aspekt der sozialen Gerechtigkeit wäre ein solcher Deregulierungsansatz nur vertretbar und legitimierbar, wenn flankierend zu der Freisetzung von Marktprozessen eine soziale Infrastruktur implementiert wird. Diese kann nicht darauf komprimiert werden, eine Minimalversorgung zu garantieren, sondern müsste im Gegenteil Anreize bieten, sich als Arbeitnehmer auf dem Arbeitsmarkt entsprechend marktkonform im Sinne einer Risikoakzeptanz zu verhalten. Je flexibler und folglich unvorhersehbarer die Arbeitsbeziehungen werden, desto stärker und verlässlicher hat dann die soziale Flankierung zu sein. Bei dieser Konstellation wird die sich bereits heute abzeichnende Entstandardisierung der Arbeitsbeziehungen mit dem Ziel der Wohlfahrtssteigerung forciert, während dann die entstehenden sozialen Problemtatbestände aufgefangen werden; die negativen Effekte werden dann im Unterschied zu einem reinen Deregulierungsansatz also gerade nicht dem Marktmechanismus überlassen. Konkret bedeutet dies ein Eingehen auf in diesem Zusammenhang neu entstehende Risikolagen.
So sind Teilzeitbeschäftigte aufgrund niedriger Beiträge zu den Sozialversicherungen mit dem Problem entsprechend geringerer Renten konfrontiert. Soll daher diese Arbeitsform gefördert werden, bietet es sich an, diesen Arbeitnehmerkreis hinsichtlich der späteren Rentenzahlungen den Vollzeitbeschäftigten zumindest anzunähern, so dass ein gewisser Neutralisierungseffekt erreicht werden kann. Diese Problematik besteht auch dort, wo Brüche und Lücken in der Erwerbsbiografie entstanden sind, so dass Defizite in der Sozialversicherung entstehen können. Das Eingehen von befristeten Arbeitsverhältnissen und damit die hohe Flexibilitätsbereitschaft der Arbeitnehmer müssten folglich stärker gefördert werden. Es wäre daher konsequent, wenn Zeiten fehlender Beschäftigung sich nicht automatisch rentenmindernd auswirken würden. Neben dem Aspekt der Senkung der Lohnnebenkosten finden sich also noch weite-

re Argumente für eine stärkere steuerfinanzierte soziale Absicherung. Ein weiterer monetärer Anreiz, sich auf einen dynamischen und flexiblen Arbeitsmarkt einzulassen, sind akzeptable staatliche Transferleistungen für den Tatbestand einer unfreiwilligen Arbeitslosigkeit. In diesem Fall wird das Risiko einer fehlenden Beschäftigung abgemildert und nicht zu einer Gefährdung der individuellen Lebensgestaltung. Eine monetäre Sanktionierung von Arbeitslosigkeit, wie sie durch die Normen des SGB II erfolgt, die eine Absenkung des Lebensstandards in Richtung Existenzminimum vorsehen, entspricht dieser Intention gerade nicht. Auch wenn das SGB II als System der Grundsicherung für Arbeitssuchende durch die Absenkung der Leistungen bei Erwerbslosigkeit das Ziel verfolgt, die Eigenmotivation zu stärken und eine Arbeitstätigkeit aufzunehmen, ist in diesem Kontext der gegenwärtige Strukturfehler darin zu sehen, dass bei einer hohen Arbeitslosenquote als Indiz für ein Überangebot an Arbeitskräften bei vielen Betroffenen keine großen Erfolgsaussichten, einen neuen Arbeitsplatz zu finden, bestehen dürften. Statt diesen Weg der Sanktionierung zu wählen, wäre es angebrachter, die Anreizfunktion der Beteiligten zu stärken, indem, anknüpfend an das zuletzt bezogene Einkommen, ein angemessenes staatliches Transfereinkommen garantiert wird. Im Gegenzug würde dann die erhöhte Verpflichtung bestehen, angebotene neue Arbeitsgelegenheiten unabhängig von der verlangten Qualifikation und der örtlichen Lage wahrzunehmen. Würde mit der neuen Tätigkeit das bisherige Einkommensniveau unterschritten, wäre es denkbar, die finanziellen Einbußen für eine gewisse Übergangsfrist teilweise auszugleichen. Parallel gilt es dann aber auch, eine Sozialverwaltungsorganisation zu schaffen, die den Arbeitnehmer wie auch den Arbeitgeber im Rahmen dieser dynamischen Marktprozesse unterstützt und begleitet. Eine zentrale Aufgabe ist dabei die Koordinierung von nachgesuchten Qualifikationsprofilen mit den Kenntnissen der Arbeitsuchenden, indem passend für den betrieblichen Bedarf durch entsprechende individuelle Weiterbildungsmaßnahmen der Arbeitsuchende für eine neue Tätigkeit vorbereitet und ausgebildet wird. Hierzu gehören auch gezielte Fördermaßnahmen für Personen mit psychosozialen Schwierigkeiten, um die Voraussetzungen für eine Eingliederung in das Arbeitsleben zu schaffen. Die Arbeitspolitik hat also nach diesem Vorverständnis die Aufgabe, die volkswirtschaftlichen Wandlungsprozesse nicht nur zu blockieren, sondern vielmehr aufzugreifen und zu unterstützen, ohne dass soziale Gerechtigkeitsstandards minimiert werden. Grundlage ist hierfür ein anreizorientiertes System, welches die beteiligten Akteure auf Arbeitnehmerseite motivieren soll, nicht nur die Chancen, sondern auch die Risiken des Marktgeschehens zu akzeptieren. Im Gegenzug erfolgt die Garantie nicht nur der Absicherung von finanziellen Risiken drohender Arbeitslosigkeit, sondern auch die staatliche Verpflichtung, in das Wissen und die Fertigkeiten der Menschen durch Qualifizierung zu investieren und diese zu fördern. Um das Problem des moral hazard, also des Ausnutzens sozialer Leistungen, zu verhindern, können auch Regelungen eingebaut werden, die die fehlende Bereitschaft, ein Arbeitsangebot oder eine Qualifizierungsmaßnahme anzunehmen, mit Kürzungen und Ausschluss des Leistungsbezugs sanktionieren. Dass dieses Modell funktionieren kann, zeigt z. B. die Organisation der Arbeitsmarktpolitik in Dänemark, wo ebenfalls die möglichen negativen Folgen deregulierter Arbeitsmärkte mit einer hierauf Bezug nehmenden Sozialpolitik abgefedert werden.

5. Schluss

Die vorstehenden Ausführungen verdeutlichen, dass unter dem Aspekt der sozialen Gerechtigkeit eine strukturelle Koppelung verschiedener sozialer Funktionssysteme dergestalt erreicht wird, dass eine tragfähige Basis für einen Konsens für geltende und einzuhaltende soziale Standards existiert, die auch gegenüber ökonomischen wie gesellschaftlichen Entwicklungstendenzen und damit einhergehenden Herausforderungen bestehen kann. Erforderlich ist zur Stabilisierung also nicht die Deregulierung des Sozialstaates im Sinne eines permanenten Leistungsabbaus. Nötig ist vielmehr, wie das abschließende Beispiel der Arbeitsmarktpolitik deutlich macht, eine Reorganisation gegebener Strukturen, die, ausgehend von den durch die soziale Gerechtigkeit definierten Standards, ein nachhaltiges Reagieren des Sozialstaates auf sich abzeichnende Wandlungsprozesse sicherstellt.

Weiterführende Literatur:

Althammer, Jörg, Erwerbsarbeit in der Krise? Zur Entwicklung und Struktur der Beschäftigung im Kontext von Arbeitsmarkt, gesellschaftlicher Partizipation und technischem Fortschritt, Berlin 2002.

Anzenbacher, Arno, Christliche Sozialethik. Einführung und Prinzipien, Paderborn 1998.

Aristoteles, Nikomachische Ethik, Darmstadt 1974.

Baum, Hans, Theorien sozialer Gerechtigkeit, Münster 2004.

Fuchs, Peter, Der Schatten der Ausgrenzung, in: Hebel, Stephan / Kessler, Wolfgang (Hg.), Zukunft sozial. Wegweiser zu mehr Gerechtigkeit, Frankfurt a. M. / Oberursel 2004, S. 23 ff.

Gaudium et spes (1967)

v. Hayek, Friedrich A., Freiburger Studien. Gesammelte Aufsätze, 2. Aufl., Tübingen 1994.

Huber, Wolfgang., Gerechtigkeit und Recht. Grundlinien christlicher Rechtsethik, Gütersloh 1996.

Hartz, Peter u. a., Moderne Dienstleistungen am Arbeitsmarkt. Vorschläge der Kommission zum Abbau der Arbeitslosigkeit und zur Umstrukturierung der Bundesanstalt für Arbeit, Berlin 2002.

Kilz, Gerhard, Ökonomische Aspekte einer innovativen Familienpolitik, in: Jünemann Elisabeth / Nacke Bernhard, Der Familie und uns zuliebe, Mainz 2005, S. 155 ff.

Luhmann, Niklas, Soziale Systeme, Frankfurt a. M. 1984.

Luhmann, Niklas, Politische Theorie im Wohlfahrtsstaat, München 1991.

Luhmann, Niklas, Einführung in die Systemtheorie, Heidelberg 2002.

Rawls, John, Eine Theorie der Gerechtigkeit, Frankfurt a. M. 1975.

Schimany, Peter, Die Alterung der Gesellschaft. Ursachen und Folgen des demographischen Umbruchs, Frankfurt a.M. / New York 2003.

Wirtschaftliche Gerechtigkeit für alle: Katholische Soziallehre und die amerikanische Wirtschaft. Hirtenbrief der katholischen Bischofskonferenz der USA, in: Die neue Ordnung, Sonderausgabe 1987.

Zänker, Alfred, Der bankrotte Sozialstaat. Wirtschaftsstandort Deutschland im Wettbewerb, München 1994.

Gerhard Kilz

Bildungsgerechtigkeit als Aufgabe des Sozialstaates

1. Ausgangslage

Die Ergebnisse der Pisa-Studie weisen nicht nur auf defizitäre Rahmenbedingungen des deutschen Bildungssystems hin, sondern haben in diesem Zusammenhang darüber hinaus auch ein Gerechtigkeitsproblem thematisiert (vgl. Deutsches PISA-Konsortium 2001). So wurde deutlich, dass das von den Kindern und Jugendlichen erreichbare Bildungsniveau, wie es sich auch in den realisierten formalen Bildungsabschlüssen widerspiegelt, entscheidend von der familiären Situation abhängig ist. Haben Eltern ein eher distanziertes Verhältnis zur Bildung (so genannte bildungsferne Familien), existieren ökonomische Problemlagen (Armutsrisiko) oder handelt es sich um Familien mit nichtdeutschem Hintergrund, ist ein hohes Risiko von defizitär verlaufenen Bildungsprozessen gegeben. Der familiäre Hintergrund ist damit sowohl in positiver wie auch negativer Hinsicht von besonderer Relevanz für die individuellen Bildungsbiografien von jungen Menschen (vgl. wissenschaftlicher Beirat für Familienfragen 2002). Damit wird die Familie zu der bestimmenden Bildungsinstanz, deren Problemlagen von den übrigen Bildungsinstanzen (Schule, Jugendhilfe, Peer Groups) unter den gegenwärtigen Bedingungen nicht entscheidend kompensiert werden können. Da im deutschen Schulsystem im Gegensatz zu anderen Ländern relativ früh, nämlich nach Absolvierung der Grundschule, eine Wahl über den angestrebten formalen Abschluss getroffen werden muss, erfolgt in Abhängigkeit zur familiären Situation eine sich zunehmend verfestigende Vorentscheidung über das später zu erreichende Qualifikationsniveau. Folglich ist bei dieser Konstellation die Gefahr gegeben, dass das in einem Menschen angelegte Chancenpotential bezüglich des realistisch erreichbaren Bildungsniveaus sich nicht umfassend realisieren lässt. Da die Ursache hierfür in Bedingungen zu sehen sind, die der Gestaltung durch den Betroffenen nicht zugänglich sind, existiert aber zugleich auch unter dem Aspekt der Chancengerechtigkeit ein Gerechtigkeitsproblem. Für das Erreichen unterschiedlicher Bildungsniveaus kann zur Legitimation als einzig sachliches Differenzierungskriterium lediglich der Umstand verschiedener intellektueller Ressourcen und Leistungsmotivationslagen angeführt werden. Hierbei handelt es sich um systemimmanente Kriterien individueller Bildungsprozesse. Demgegenüber ist der Umstand unterschiedlicher familiärer Ausgangsbedingungen ein externer Faktor, der daher nicht zur Rechtfertigung divergierender Bildungsverläufe herangezogen werden kann. Bildungsgerechtigkeit im Sinne von Chancengerechtigkeit bedeutet die Schaffung von Rahmenbedingungen, die eine effiziente Kompensation von externen negativen Einflüssen, die der individuellen Steuerung entzogen sind, ermöglichen und auf diese Weise gelingende Bildungsverläufe, die eine weitestgehende Ausschöpfung der individuellen Optionen zum Inhalt haben, gewährleisten. Ausgehend vom Bildungsbegriff, ist daher zu überlegen, wie Bildungsgerechtigkeit umfassend gestaltet werden kann.

2. Vernetzung der Bildungsinstanzen

Bildung ist zu verstehen als Aneignung und Erarbeitung von Wissen, Denkmöglichkeiten, ästhetischen Ausdrucksformen sowie von Werten und Normen (vgl. auch zum Folgenden Scherr 2003). Es handelt sich um einen Prozess, der innerhalb einer individuellen Person stattfindet und der damit primär von den individuellen Dispositionsvoraussetzungen abhängig ist. Von externen Bildungsinstanzen können allerdings unterstützende Förderimpulse gegeben werden, die zu einer wesentlichen Förderung beitragen. Die Qualität der Wechselbeziehung zwischen Individuum und Bildungsinstanzen entscheidet daher über den Erfolg des Bildungsverlaufs einer Person. Neben der Aneignung und Anwendung von Wissenstatbeständen (Gestaltungskompetenz) umfasst

Bildung auch die Fähigkeit, ein persönlich verbindliches Wertesystem zu entwickeln und kritisch zu reflektieren (Selbstkompetenz), hinzu tritt ergänzend die Entwicklung von Handlungskompetenz, die es ermöglicht, komplexe Sachverhalte zu beurteilen und getroffene Entscheidungen in Handlungen umzusetzen. Das Ziel von Bildung ist damit letztlich die umfassende Förderung der in einem Menschen angelegten Ressourcen, durch die er befähigt wird, autonom und selbstbestimmt handeln zu können. Gelingen wird dies nur, wenn zugleich neben dem Wissenserwerb auch die Stärkung des Selbstwertgefühls und des Selbstbewusstseins angestrebt wird. So verstanden ist Bildung also ein umfassender Prozess, der sich auf die Erschließung und Erweiterung verschiedener Fähigkeiten und Fertigkeiten einer Person bezieht, um deren Status, als mündiges Subjekt handeln zu können, abzusichern. Die Motivation zum Lernen wie die Stimulierung der individuellen Kreativitätspotentiale sind damit untrennbar miteinander verknüpft. Externe Instanzen oder Systeme müssen folglich so strukturiert sein, dass sie in diesem Kontext unterstützende Rahmenbedingungen bereithalten. Eine derartige Fokussierung würde parallel zur entstandenen Informationsgesellschaft oder Wissensgesellschaft die Entstehung der Bildungsgesellschaft fördern, in der die Förderung der individuellen Kompetenzaneignung als strategische und zentrale Aufgabe begriffen wird. Zusätzliche finanzielle Aufwendungen werden dann als wertvolle gesamtgesellschaftliche Investition und nicht nur als zusätzliche Kostenbelastung betrachtet. Ausgehend von der besonderen Bedeutung der Familie für die individuelle Entwicklung der Kinder und Jugendlichen, kann ein entsprechendes Konzept nur gelingen, wenn die dort vorhandenen Erziehungskompetenzen gestärkt und auch gefordert werden. Darüber hinaus gilt es zudem, nicht nur die professionellen Bildungsinstanzen miteinander zu koordinieren (z. B. Schule und Jugendhilfe), sondern auch eine durchgehende Vernetzung mit der Familie (Eltern) zu erreichen. Der Austausch über Defizite, Erfolge, Barrieren im Hinblick auf angestrebte Lernziele eröffnet dann zeitnahes Reagieren auf akute Problemlagen. Dies macht die Schaffung entsprechender dauerhafter standardisierter Kommunikationsbeziehungen zwischen den Beteiligten unabdingbar.

3. Stärkung familiärer Erziehungskompetenzen

Die emotionale Bindung des Kindes an seine Eltern und die damit verbundenen stabilen, verlässlichen, Sicherheit garantierenden Strukturen sind die unabdingbare Basis für ein kreatives Lernklima im Kleinkindalter. Eltern müssen daher in der Lage sein, entsprechende Bedürfnisse des Kindes zu erkennen und darauf angemessen einzugehen. Folglich handelt es sich hierbei um ein wesentliches Element elterlicher Erziehungsfähigkeit. Ergänzend müssen neben dem Erwerb adäquater Erziehungstechniken (z. B. Konfliktlösungsverhalten, gewaltfreier Erziehungsstil) auch Basiskenntnisse in den relevanten außerschulischen oder schulischen Wissensgebieten vorhanden sein, um das Lernverhalten der Kinder begleiten und einschätzen zu können. Um die Erziehungsberechtigten in diesen Bereichen zu qualifizieren und mögliche Defizite möglichst zeitnah auszugleichen, ist es unabdingbar, ein entsprechendes Bildungskonzept zunächst für Eltern zu realisieren. Bildung von Kindern setzt auch gebildete Eltern voraus. So existieren traditionell in Bildungseinrichtungen spezielle Elternfortbildungsangebote. Diese sind, um einen großen Adressatenkreis zu erreichen, durch kontinuierliche niedrigschwellige Angebote, die wohnortnah organisiert sind, zu ergänzen. So könnten im Kontext der sozialraumorientierten Stadtteilarbeit Orte und Räume geschaffen werden, wo die Gelegenheit zum Austausch zwischen Eltern im Rahmen des selbstorganisierten Lernens geschaffen wird (siehe Gerzer-Sass 2003). Zugleich könnten durch Fachkräfte begleitende Unterstützungsangebote bereitgehalten werden. Rechtlicher Anknüpfungspunkt wäre § 16 SGB VIII, der als eine Aufgabe der Jugendhilfe die allgemeine Förderung der Erziehung in der Familie bezweckt. Um hier eine dauerhafte und nachhaltige Verknüpfung von Familie mit dem Jugendhilfesystem zu leisten, müsste eine gesetzliche Grundlage dafür geschaffen werden, die einerseits eine verbindliche Rechtsposition, also ein subjektives Recht der Eltern auf Unterstützungsleistungen, normiert, aber gleichzeitig auch eine entsprechende Verpflichtung zur Wahrnehmung bestimmt. Auf diese Weise kann sichergestellt werden, dass basale Kenntnisse und Fertigkeiten der Kindererziehung auch tatsächlich an möglichst viele Eltern vermittelt werden können. Allerdings ist hier der in Art. 6 GG normierte Schutz des Elternrechts, der Eingriffe nur unter dem Aspekt der Kindeswohlgefährdung erlaubt, zu beachten. Würde daher der Zwangscharakter bei der Vermittlung und Stärkung der Erziehungskompetenzen zu stark in den Vordergrund rücken und als Folge möglicherweise eine Fremdbestimmung der Eltern eintreten, könnte sich durchaus ein Konflikt mit Art. 6 GG ergeben. Sinnvoller wäre es daher, positive Anreize zu setzten, damit Eltern ihre Ressourcen in den Erwerb entsprechender erzieherischer Kompetenzen investieren. Vorstellbar wäre die Verknüpfung von zusätzlichen finanziellen staatlichen Transferleistungen im Rahmen des Familienleistungsausgleichs mit der Teilnahme an bestimmten Qualifizierungsmodulen. Eltern würden dann einen gegenüber der heutigen Situation höheren monetären Ausgleich für ihre Erziehungsleistung erhalten, wenn sie zugleich bereit sind, an der Weiterentwicklung ihrer Kompetenzen aktiv mitzuwirken. Eine derartige Verbindung erlaubt es einerseits, die in der Familie erbrachten Leistungen für die Gesellschaft adäquat anzuerkennen, und andererseits, durch die Begleitung der Familien Qualitätsstandards in diesem Kontext zu vermitteln und zu sichern. Es wird somit ein Unterstützungssystem implementiert, das für die Beteiligten wechselseitige Rechte und Pflichten beinhaltet.

4. Restrukturierung externer Bildungsinstanzen

Ein wichtiger Beitrag zur Realisierung von Bildungsgerechtigkeit ist ferner die Restrukturierung außerfamiliärer Bildungsinstanzen (vgl. Bundesministerium für Familien, Senioren, Familie, Frauen und Jugend 2003). So ist insbesondere die Notwendigkeit erkannt, auch im Elementarbereich den Aspekt der frühkindlichen Bildung zu forcieren. Lag hier in der Vergangenheit der Akzent mehr auf der Betreuungsfunktion, so ist doch deutlich geworden, welche besondere Aufgabe dem Kindergarten für die frühkindliche Bildung zukommt, nämlich die Förderung von Grundkompetenzen wie Lernmotivation, Neugierde, Sprachfähigkeit oder Kreativität. Neben der Initiierung der Lernprozesse muss gleichzeitig eine kontinuierliche Beobachtung und Auswertung der individuellen Entwicklung erfolgen, damit mögliche Defizite oder Barrieren rechtzeitig erkannt und bearbeitet werden können. Diese Maßnahmen sieht beispielsweise die vom Land Nordrhein Westfalen und den Trägern von Tagesstätten bzw. von ihren Spitzenverbänden unterzeichnete Bildungsvereinbarung vor. Deutlich wird eine zunehmende Akzentverschiebung der Tagesstätte von der reinen Betreuungsdienstleistung hin zu einer Bildungsinstitution. Dementsprechend gilt es, die kontinuierliche Begleitung und individuell orientierte Förderung auch beim Übergang zur Schule sicherzustellen. Im Elementarbereich gesammelte Erfahrungen sollten daher ohne zeitliche Verschiebungen den Lehrern zu Verfügung gestellt werden, damit diese konkret an individuellen Fertigkeiten oder Förderbedarfe der Kinder anknüpfen können. Realisiert werden kann dies aber nur, soweit zunächst Mitarbeiter der Tagesstätte oder Lehrer über das für die Beobachtung und Analyse erforderliche Fachwissen verfügen. Zudem gilt es, insbesondere im Bereich der Tagesstätte das Personal für die aufgrund der verstärkten Bildungsfunktion erforderlichen pädagogischen und didaktischen Anforderungen zu qualifizieren. Des Weiteren ist im Elementar- und im Primarbereich ein stimulierendes Lernumfeld zu implementieren, welches einen mitentscheidenden Betrag für gelingende Bildungsprozesse leistet. Konkret bedeutet dies in der Tagesstätte eine Verbesserung des Betreuungsschlüssels durch Reduzierung der Gruppengröße. Auch im schulischen Bereich gilt es, überschaubare Klassengrößen (maximal 15 Schüler) zu gewährleisten. Eine entsprechende neue Lern- und Bildungskultur, die Stärken der Kinder fördert und Defizite zeitnah zu kompensieren versucht, ist fortführend auch im späteren Schulverlauf einzuführen. Ansonsten besteht die Gefahr, dass die im Elementar- und Primarbereich initiierten Ansätze relativiert würden, wenn anschließend wieder auf die tradierten Formen zurückgegriffen würde. In diesem Zusammenhang ist die für das deutsche Schulsystem typische frühe Festlegung der Schullaufbahn kritisch zu hinterfragen. Sieht man den gesamten Bildungsprozess als ein offenes Verfahren an, so verbietet es sich, in seiner Anfangsphase, nämlich nach der Primarstufe, derartige Restriktionen zu definieren. Dann ist die Gefahr gegeben, dass geringere Bildungschancen aufgrund defizitärer Rahmenbedingungen (wie z. B. Armut, familiäre Bildungsferne) gerade nicht kompensiert, sondern eher zementiert werden. Soll also Bildungsgerechtigkeit erreicht werden, muss der aktuelle Status quo restrukturiert werden. Nicht die Schüler müssen sich an die schulischen Anforderungen anpassen, sondern die schulische Infrastruktur hat sich den Schülern anzunähern und eine entsprechende Konzeption zu entwickeln, die einen nachhaltigen Lern- und damit auch Bildungserfolg stärker ermöglichen. Ausgehend von dem definierten weiten Bildungsbegriff, gilt es ferner, im schulischen Bereich ein entsprechend umfassendes Angebot zu gestalten, um die gesamte Bandbreite individueller Bildungsprozesse zu erfassen. Neben der Wissensvermittlung gilt es daher auch, die weiteren Kompetenzen (Gestaltungskompetenz, Handlungskompetenz, Selbstkompetenz) zu thematisieren. Dies bedeutet eine Erweiterung der traditionellen Funktionslogik von Schule, die sich primär über Notenverteilung (gute Zensuren / schlechte Zensuren) definiert. Erfolgreich gelingen kann dies, indem ergänzend zum Unterricht zusätzliche Handlungsfelder angeboten werden, die die Kompetenzentwicklung der Schüler fördern können. Selbstbestimmte Aneignungsprozesse könnten in Form von Projekten, die als Ergänzung zum Schulunterricht dort behandelte Themen aufgreifen und vertiefen, initiiert werden. In diesem Zusammenhang bietet sich eine Verknüpfung von Schule und Institutionen der Jugendhilfe an (vgl. Deinet 2001). Der im SGB VIII normierte Bildungsauftrag basiert auf den Prinzipien der Selbstbestimmung und Freiwilligkeit und ergänzt insoweit den schulischen Ansatz der Kompetenzvermittlung. In Projekten und konkreten Handlungsaufträgen könnten Unterrichtsthematiken, die sich z. B. auf kulturelle, politische oder historische Aspekte beziehen, vertieft werden. Einen nachhaltige Synergieeffekte beinhaltenden Leistungstransfer bedeutetet dann aber auch eine Verständigung von Schule und Jugendhilfe auf ein gemeinsames didaktisches Konzept und damit verbunden die Entwicklung eines curricularen Rahmenplanes. Die Prinzipien der Jugendhilfe wie Freiwilligkeit und Partizipation der Beteiligten eröffnen damit im schulischen Kontext die Basis für selbstbestimmt und autonom ablaufende Bildungsprozesse und ergänzen somit in wesentlichen Teilen den schulischen Wissenstransfer. Daher kann in diesem Fall der Jugendhilfe auch ein gleichwertiger Bildungsauftrag zugesprochen werden, der gegenüber der Schule eine Komplementärfunktion erhält. Gleichzeitig erhält sie in diesem Zusammenhang auch die Option, bei erkannten Defizitlagen, die die Bildungsgerechtigkeit negativ belasten, kompensatorisch zu intervenieren. Damit wird deutlich, dass Jugendhilfe in der Schule nicht auf eine reine Betreuungsfunktion reduziert werden kann. Sie ist vielmehr gleichberechtigter Partner in pädagogischen Prozessen. Mit diesem Konzept einer Integration von Schulsystem und Jugendhilfesystem kann die Basis für eine möglichst umfassende Berücksichtigung der sich aus dem Bildungsbegriff ergebenen Anforderungen an die Kompetenzvermittlung geschaffen werden. Durch den stärkeren Bezug der Jugendhilfe zur Lebenswelt der Jugendlichen können auch positive wie negative Einflussfaktoren aus der außerschulischen Umwelt sowohl thematisiert als auch zum Gegenstand entsprechender Interventionen gemacht werden.

5. Dialogorientierte Koppelung von Bildungsinstanzen und Familie

Aufgrund der Schlüsselfunktion von Familie für gelingende Bildung bedarf es in jeder Phase der Sicherung entsprechender Kommunikationsmöglichkeiten, die zugleich auch eine Partizipation der Eltern ermöglichen. Wahrnehmen und Deuten von Entwicklungsbedingungen können nur vollständig erfolgen, wenn Eltern nicht ausschließlich einschränkend als Informationsträger, sondern auch als aktiv Gestaltende mit in den Prozess der Kompetenzvermittlung eingebunden werden. Eltern sind folglich gegenüber Tagesstätte oder Schule gleichberechtigte Partner. Wenn Bildungsprozesse umfassend dokumentiert und ausgewertet werden sollen, müssen hieraus ableitbare Konsequenzen mit den Eltern abgesprochen werden, da sie einen erheblichen Einfluss auf das Verhalten ihrer Kinder ausüben und sie daher auch positiv motivieren können. Andererseits können Eltern aber auch pädagogische Ansätze relativieren, wenn sie diesen kritisch oder gar ablehnend gegenüberstehen. Erforderlich ist daher eine dialogorientierte Koppelung zwischen schulischen bzw. außerschulischen Bildungsinstanzen und der Familie. Die hieran beteiligen Akteure müssen bereit sein, gleichberechtigt Lösungen zu finden, die ein Ausschöpfen der individuellen Bildungsoptionen ermöglicht. Mit zunehmendem Alter ist hieran dann auch der Jugendliche zu beteiligen. Voraussetzung für die Realisierung dieser nachhaltigen Kooperation ist, dass nicht nur die Eltern, sondern auch die Personen, die in den Bildungsprozess eingebunden sind, über entsprechende Kompetenzen verfügen. Eine wichtige Rolle kann hier insbesondere der Jugendhilfe zugeschrieben werden, die die in Schule, Tagesstätte und Familie bestehenden unterschiedlichen Logiken herausarbeiten und kompatibel gestalten kann. Denn eine klassische Aufgabe der Jugendhilfe ist es, im Rahmen vernetzter Arrangements unterschiedliche Professionen zur Lösung von individuellen Problemlagen einzubinden. Diese Impulsfunktion könnte dann auch im Bildungskontext genutzt werden, wenn bei der Entwicklung individueller Bildungspläne und deren Umsetzung im Dialog ein Konsens erreicht werden soll. Die Lebensweltorientierung von Jugendhilfe stellt dann sicher, dass Faktoren aus der familiären Umwelt rechtzeitig beachtet und in die Entscheidungsfindung einbezogen werden: Bei bildungsfernen Familien kann auf eine positive Rezeption von pädagogischen Angeboten hingewirkt und somit eine Blockadehaltung aufgelöst werden. Auf Sprachdefizite bei Kindern ist eine unmittelbare rechtzeitige Reaktion möglich, so dass hieraus resultierende Barrieren für den Bildungsprozess behoben werden und nicht die schulische Entwicklung belasten. Armutslagen können festgestellt und enttabuisiert werden, wenn Eltern ergänzende Finanzierungsquellen vermittelt erhalten und somit Restriktionen bezüglich der Chancenrealisierung aufgehoben werden. Ein derart aktivierendes Bildungsmanagement, das die Eltern wie das Kind oder den Jugendlichen in den Mittelpunkt stellt, könnte daher die Grundlage für einen erfolgreichen individuellen Bildungsprozess darstellen, der das Potential des Kindes oder des Jugendlichen in den jeweiligen Entwicklungsphasen umfassend fördert und externe Restriktionen minimiert.

6. Bildung in der Wissensgesellschaft

Die gegenwärtigen gesellschaftlichen prägenden Arrangements werden vielfach mit dem Begriff der Wissensgesellschaft (vgl. hierzu Willke 1998) markiert. Damit erfolgt zugleich eine Abgrenzung zur traditionellen Arbeitsgesellschaft, in der die Faktoren Arbeit und Kapital den Produktionsprozess bestimmten. In der Wissensgesellschaft wird hingegen der Faktor Wissen oder die Wissensarbeit zum entscheidenden Faktor, der die Strukturen und Prozesse materieller wie immaterieller Reproduktion prägt und durchdringt. Wissensarbeit bedeutet nicht nur die Analyse bestehender Wissenstatbestände auf ihre Problemlösungsrelevanz, sondern darüber hinaus auch einen flexiblen und offenen Umgang hiermit. Wissen ist primär eine Ressource, die einer ständigen Überprüfung und damit Optimierung unterzogen werden muss und daher auch mit dem Risiko des Nichtwissens korrespondiert. Wissensbasierte Gesellschaften benötigen daher immer stärker die Weiterentwicklung des erforderlichen Wissens bei den handelnden Akteuren. Dieser kann aber nur gelingen, wenn in Organisationen und gesellschaftlichen Systemen ein kommunikativer Austausch von Daten, Informationen stattfindet, der das Wissensniveau entsprechend steigert. Bedingung hierfür sind aber Personen, die über die hierfür notwendigen Kompetenzen und Fertigkeiten verfügen, um den Wissenstransfer zu bewerkstelligen und die Ressource Wissen mit konkreten

Wertschöpfungsprozessen zu verbinden. Um dies zu leisten, ist zunächst die Aneignung der erforderlichen technischen Fertigkeiten erforderlich, da der überwiegende Zugang zu Daten wie Informationen im Wesentlichen immer stärker durch den Einsatz von Informationstechnologien erfolgt. Dies bedingt die Nutzung des PC oder des Internet als Werkzeug und Kommunikationsmedium zur Recherche von Informationen und zur Verknüpfung verschiedener Wissenstatbestände. Insoweit ist es auch eine Aufgabe der Bildungsinstanzen, dass Jugendliche lernen, über den Unterhaltungszweck hinausgehend die Neuen Medien entsprechend zu nutzen (Medienkompetenz). Zugleich müssen sie in diesem Zusammenhang auch befähigt werden, die digitalisierten Wissens- und Informationsangebote hinsichtlich ihrer Relevanz und Seriosität zutreffend zu beurteilen. Dies macht deutlich, welche weiteren Anforderungen die Wissensgesellschaft an die handelnden und entscheidenden Akteure stellt, wenn diese mit dem Problem eines stetig wachsenden Informationsangebotes konfrontiert werden. Die umfassende Förderung der hierfür erforderlichen analytischen wie bewertenden Fähigkeiten bei Kindern und Jugendlichen wird damit zu einer strategischen Aufgabe der beteiligten Bildungsinstanzen. Ansonsten ist nämlich die Gefahr einer zunehmenden Segmentierung der Gesellschaft in Gruppen gegeben, die entweder von den Bedingungen der Wissensgesellschaft profitieren oder aber die nötige Anschlussoption vollständig verloren haben. Bildungsunterschiede werden somit in einer wissensorientierten Gesellschaft ohne entsprechende Interventionsmaßnahmen nicht nivelliert, sondern eher noch intensiviert werden. Damit wird deutlich, dass die Gewährleistung von Bildungsgerechtigkeit durch die vorstehend beschriebenen konzeptionellen Ansätze in Zukunft immer stärker zu einer strategischen Funktion des gerechtigkeitsgarantierenden Sozialstaates wird. Zur Verhinderung einer Spaltung der Gesellschaft gilt es daher, Rahmenbedingungen zu schaffen, die die Entfaltung des individuellen Chancenpotentials einer Person unabhängig von Herkunft und Status ermöglichen, damit durch Bildungsgerechtigkeit die Basis für eine dauerhafte Beteiligungsgerechtigkeit ermöglicht wird.

Weiterführende Literatur:

Bundesministerium für Familie, Senioren, Frauen und Jugend, Auf den Anfang kommt es an! Perspektiven zur Weiterentwicklung des Systems der Tageseinrichtungen für Kinder in Deutschland, Berlin 2003.

Deinet, Ulrich (Hg.), Kooperation von Jugendhilfe und Schule. Ein Handbuch für die Praxis, Opladen 2001.

Deutsches PISA-Konsortium, PISA 2000. Basiskompetenzen von Schülern und Schülerinnen im internationalen Vergleich, Opladen 2001.

Gerzer-Sass, Annemarie, Von der traditionellen Elternarbeit zu einer neuen Sicht auf Familien, in: DJI Bulletin 64 (2003), S. 6 f.

Scherr, Albert, Sozialraum und Subjektbildung, in: deutsche jugend (2003), S. 308 ff.

Willke, Helmut, Organisierte Wissensarbeit, in: Zeitschrift für Soziologie (1998), S. 161 ff.

Wissenschaftlicher Beirat für Familienfragen, Die bildungspolitische Bedeutung der Familie – Folgerungen aus der PISA-Studie, Stuttgart 2002.

Albert Lenz

Empowerment und soziale Gerechtigkeit

Empowerment hat in der deutschen Sprache keine direkte Wortentsprechung. Sinngemäß lässt sich der Begriff mit „Selbstbemächtigung", „Selbstbestimmung" und „Autonomie" übersetzen. Empowerment zielt darauf ab, Menschen zu ermutigen, ihr Leben selbst zu bestimmen, ihre Stärken und Ressourcen wahrzunehmen sowie ihre Potenziale und Möglichkeiten zu entfalten. „Empowerment beschreibt als Prozess im Alltag eine Entwicklung für Individuen, Gruppen, Organisationen oder Strukturen, durch die die eigenen Stärken entdeckt und die soziale Lebenswelt nach den eigenen Zielen (mit-)gestaltet werden kann. Empowerment wird damit als Prozess der Bemächtigung von einzelnen oder Gruppen verstanden, denen es gelingt, die Kontrolle über die Gestaltung der eigenen sozialen Lebenswelt (wieder) zu erobern" (Stark 1993, S. 41).
Heiner Keupp (1997) bezeichnet Empowerment als Prozess, „innerhalb dessen Menschen sich ermutigt fühlen, ihre eigenen Angelegenheiten in die Hand zu nehmen, ihre eigenen Kräfte und Kompetenzen zu entdecken und ernst zu nehmen und den Wert selbst erarbeiteter Lösungen schätzen zu lernen. Empowerment bezieht sich auf einen Prozess, in dem die Kooperation von gleichen oder ähnlichen Problemen betroffene Personen durch ihre Zusammenarbeit zu synergetischen Effekten führt" (S. 256).
Die Geschichte dieses Ansatzes ist eng verbunden mit der Bürgerrechtsbewegung der 60er Jahre in den USA, den sozialen Bewegungen, der Emanzipationsbewegung der Frauen, der Selbstbestimmt-leben-Bewegung („independent living") von behinderten Menschen und nicht zuletzt der Selbsthilfebewegung mit ihrer Kritik an den qualitativ und quantitativ unzureichenden psychosozialen und gesundheitsbezogenen Dienstleistungen (vgl. dazu ausführlich Herriger 1997). Julian Rappaport (1985) hat die Empower-

mentperspektive in die Gemeindepsychologie eingeführt und maßgeblich an ihrer Weiterentwicklung zu einem professionellen Handlungsmodell mitgewirkt.
Julian Rappaport gilt als der „wichtigste Programmatiker dieser Idee“ (Keupp 1994, S. 101). Ausgangspunkt seiner Überlegungen war die Kritik an der einseitigen Ausrichtung der psychosozialen und gesundheitlichen Versorgungssysteme an den Defiziten und der Hilfsbedürftigkeit der Menschen. Er kritisiert die fürsorglichen Strukturen des Wohlfahrtstaates sowie die Dominanz der Expert(-innen) und stellt ihre mehr oder weniger versteckte Definitions-, Ausführungs- und Kontrollmacht in den Hilfeleistungen grundsätzlich in Frage. Julian Rappaport sieht in dem herkömmlichen paternalistischen Handeln der Professionellen die Gefahr einer tendenziellen Verfestigung und Erweiterung der Hilfsbedürftigkeit und der Ohnmacht, die den Handlungsspielraum von Menschen noch enger erscheinen lassen, als er in Wirklichkeit sein mag. Die Sozialpolitiker errichteten einen Apparat, „um Dienste für Bedürftige bereitzustellen, ohne dabei die Gefahr der Möglichkeit des Missbrauchs und des Verlustes von Rechten zu bedenken. In diesem Kontext stehen die helfenden Berufe in vorderster Front ‚selbstloser‘ Versorgung der Armen, Behinderten und psychisch Kranken. Wer sich in Not befindet, wird mehr oder weniger wie ein Kind behandelt, dem geholfen wird und das von den Straßen ferngehalten werden muss“ (Rappaport 1985, S. 265).
Auf den ersten Blick scheint diese Kritik an den wohlfahrtstaatlichen Versorgungssystemen in auffallender Nähe zur neoliberalen Argumentationslinie zu stehen, mit der aufgrund enger werdender finanzieller Grenzen die Streichung sozialstaatlicher Leistungen ideologisch legitimiert werden soll. Auch vor diesem Hintergrund hat sich eine kritische Haltung gegenüber einer einseitigen „Bedürftigkeits-Perspektive“ entwickelt, die Menschen in erster Linie in ihren Nöten und Defiziten wahrnimmt, denn damit würden ihre Rechte und möglicherweise verdeckten Kompetenzen und Selbstgestaltungskräfte leicht übersehen. Gerade sie gelte es im Sinne der Selbsthilfe und selbstbestimmten Gestaltung eigener Lebensräume zu stärken.

Julian Rappaport warnt ausdrücklich davor, den Empowermentansatz für solche einseitigen neoliberalen Tendenzen zu missbrauchen. Das Leben in die eigene Hand nehmen zu können setzt die Verfügbarkeit über Ressourcen und Fähigkeiten der Selbstgestaltung voraus. Wenn es Menschen daran mangelt, hat dies nach Rappaport mit gesellschaftlichen und sozialen Bedingungen zu tun. „Das Konzept des Empowerment unterstellt, dass das, was als Defizite wahrgenommen wird, das Ergebnis sozialer Strukturen und mangelnder Ressourcen darstellt, in denen sich vorhandene Fähigkeiten nicht entfalten können" (ebd., S. 270 f). Damit wird deutlich, dass die Kritik am wohlfahrtsstaatlichen „Bedürftigkeits- und Abhängigkeitsmodell" keineswegs mit einer pauschalen Einsparpolitik im sozialen Bereich gleichgesetzt werden kann, die etwa Sozialabbau mit Schlagworten wie „Stärkung der Bürgerrechte" oder „schlanker Staat" zu legitimieren sucht.

Es geht also nicht darum, in einer Überreaktion auf die Fehler des Wohlfahrtstaates dem Gemeinwesen zuzugestehen, seine moralischen und sozialen Verpflichtungen zu ignorieren, denn Rechte ohne ausreichende Ressourcen zu besitzen ist „ein grausamer Scherz" (Rappaport 1985, S. 268). Die Kritik an den Strukturen „fürsorglicher Belagerung", die sozialen Systemen innewohnen, darf nicht zu „wohlwollender Vernachlässigung" führen (Rappaport 1985, S. 268). Dies ginge auf Kosten der Solidarität und Fürsorge für Schwächere und damit auf Kosten der sozialen Gerechtigkeit.

Soziale Gerechtigkeit in demokratischen Gesellschaften schließt nach Koller (1994) fünf Verteilungsformen ein:

1. „dass alle Gesellschaftsmitglieder die gleichen allgemeinen Rechte und Pflichten haben sollen (*rechtliche Gerechtigkeit*);
2. dass alle mündigen Bürger die weitestgehende gleiche Freiheit besitzen sollen, die im Rahmen eines wohlgeordneten sozialen Zusammenlebens für alle möglich ist (*bürgerliche Freiheit*);
3. dass alle Bürger gleichberechtigt an kollektiven Entscheidungen über öffentliche Angelegenheiten mitwirken dürfen (*demokratische Beteiligung*);

4. dass alle Bürger nach Maßgabe ihrer Fähigkeiten und Leistungen gleichberechtigten Zugang zu ungleichen beruflichen und politischen Positionen haben sollen (*soziale Chancengleichheit*);
5. dass alle Mitglieder der Gesellschaft einen gerechten Anteil an den Ergebnissen der wirtschaftlichen Zusammenarbeit bekommen sollen (*wirtschaftliche Verteilungsgerechtigkeit*)" (S. 130 f).

Diese distributiven Forderungen stellen die Basis und die Zielvorstellungen der Empowerment-Perspektive dar. Die Perspektive der Rechte auf autonome, selbstbestimmte Lebensgestaltung und auf das Ziel, die eigenen Angelegenheiten in die Hand zu nehmen und die Kräfte und Kompetenzen zu entdecken, dürfen dabei nicht gegenüber der Ressourcen-Perspektive, also der Tatsache, dass Menschen auch Ressourcen, soziale und materielle Grundsicherung, Partizipationsmöglichkeiten und Chancengleichheit brauchen, hintangestellt werden. Beide Perspektiven – die Rechte-Perspektive und die Ressourcen- bzw. Bedürfnis-Perspektive – stehen in einem dialektischen Verhältnis zueinander und können nicht isoliert betrachtet bzw. diskutiert werden (vgl. Rappaport 1987; 1995).

Das einfache Wechseln der Perspektiven würde der dialektischen Grundorientierung des Empowerment-Ansatzes widersprechen. Dem Empowerment-Ansatz liegt nämlich die zentrale Annahme zugrunde, dass „soziale Systeme ihrem Wesen nach paradox sind" (Rappaport 1985, S. 258). Das heißt, sie sind durch Antinomien, durch Widersprüchlichkeit, gekennzeichnet. Das soziale Handeln wie die komplexe gesellschaftliche Existenz des Menschen insgesamt lassen sich erst durch die Kategorie der Widersprüchlichkeit adäquat erfassen. So sind beispielsweise Freiheit und Gleichheit zwei gleichwertig positive Werte. Sie stehen aber in einem antinomischen Verhältnis zueinander, das heißt, totale Freiheit in einer Gesellschaft ginge zu Lasten sozialer Gleichheit im Sinne von Gerechtigkeit wie umgekehrt totale Gleichheit soziale und individuelle Freiheitsräume unangemessen einschränken würde. Um beide Werte und daraus sich ergebende Handlungsziele einigermaßen ausbalancieren zu können, bedarf es eines dialektischen

oder divergenten Denkens, das heißt eines Denkens, das ermöglicht, auseinander gehende, divergierende Aspekte, latente oder offensichtliche Widersprüchlichkeiten der sozialen Wirklichkeit zu berücksichtigen. Eindimensionale Lösungen sozialer Probleme mit Hilfe konvergenter, undialektischer Denkweisen, in der also entweder ausschließlich die Rechte-Perspektive oder die Bedürftigkeits-Perspektive im Vordergrund steht, werden der Komplexität und Widersprüchlichkeit dieser Probleme nicht gerecht und erreichen oft gegenteilige Wirkungen dessen, was intendiert ist.
Hingewiesen sei an dieser Stelle nochmals sowohl auf die Gefahren der „fürsorglichen Belagerung" traditioneller wohlfahrtsstaatlicher Strukturen, die Unmündigkeit und Hilflosigkeit fördern bzw. verfestigen, als auch auf das neoliberale Credo mit der Überbetonung der Selbstgestaltungskräfte. Ein anderes Beispiel soll die Gefahr des Fokussierens auf die Rechte-Perspektive veranschaulichen. Das Kinder- und Jugendhilfegesetz geht viel stärker als das frühere Jugendwohlfahrtsgesetz vom Leitbild der mündigen Eltern aus, die selbstbestimmt und selbstbewusst aus einem elterlichen Interesse für ihr Kind bzw. ihre Kinder Angebote aus dem Leistungskatalog des Gesetzes in Anspruch nehmen. Dahinter steht das heute favorisierte Nutzer- bzw. Kundenmodell sozialer Dienstleistungen, das sicherlich einen deutlichen Fortschritt gegenüber dem eher paternalistischen Betreuungsmodell des Jugendwohlfahrtgesetzes darstellt. In der Praxis hat die eindeutige Ausrichtung auf das Nutzer- bzw. Kundenmodell zu einer Verschiebung großer finanzieller Mittel hin zu den Mittelschichten geführt, die mit den Rechten und Ansprüchen besser und selbstbewusster umgehen können. Offensichtlich ist zu wenig bedacht worden, das benachteiligte Familien, die auf die Leistungen des KJHG besonders angewiesen wären, häufig nicht die Ressourcen haben, diese Leistungen in eigener Autonomie einzufordern. Was ist hier passiert? Mit Rappaport (1985) könnte man sagen: „Niemand wollte dies. Wir haben einfach nur eine Seite der Dialektik betont [die der Rechte, A. L.] und die andere Seite [die der Ressourcen bzw. Kompetenzen, die für die Schaffung des Zugangs zu

den Leistungen notwendig sind, A. L.] ausgeschlossen" (S. 260).
Die Widersprüchlichkeit und dialektische Verknüpfung sozialen Handelns stellen Grundzüge der Empowerment-Philosophie dar. Die für das traditionelle wohlfahrtstaatliche Denken charakteristische „Bedürftigkeits-Perspektive" wird von Rappaport auch mit der Formel „Kinder in Not" gekennzeichnet. Er ersetzt diese Formel nicht einfach durch die Formel „Bürger mit Rechten". Beide Perspektiven stellen für ihn keine Alternativen eines Entweder-Oder dar, vielmehr müssen sie in dem Spannungsverhältnis, in dem sie zueinander stehen, erhalten bleiben. „Mit dem Konzept ‚empowerment' können wir nicht länger Menschen einfach als ‚Kinder in Not' oder als ‚Bürger mit Rechten' sehen, sondern vielmehr als vollwertige menschliche Wesen, die sowohl Rechte als auch Bedürfnisse haben. Wir müssen uns mit dem Widerspruch auseinandersetzen, daß selbst Menschen mit wenigen Fähigkeiten oder in extremen Krisensituationen, genauso wie jeder von uns, eher mehr als weniger Kontrolle über ihr eigenes Leben brauchen. Das heißt nicht notwendigerweise, daß wir deren Bedürfnisse nach Hilfe vernachlässigen, wenn wir für mehr Selbstbestimmung votieren. Empowerment ist eine Denkweise, die mehr Klarheit über die divergente Natur sozialer Probleme bringt" (Rappaport 1985, S. 269).
Ausgehend von den Überlegungen Julian Rappaports spricht Isaac Prilleltensky (1994) von drei Bezugswerten des Empowerment-Konzepts:

1. Autonomie und Selbstbestimmung

Die Leitgedanken „Autonomie" und „Selbstbestimmung" stehen im Empowerment an zentraler Stelle. Sie beinhalten die (Wieder-)Erlangung des Kontrollbewusstseins in Bezug auf die Gestaltung des eigenen Lebens und die Entwicklung von Vertrauen in die eigenen Fähigkeiten. Prozesse gelungenen Empowerment drücken sich insbesondere im Erleben aus, wieder mehr Kontrolle über die Bedingungen und die Gestaltung des eigenen Lebens zu besitzen, über mehr

Selbstbewusstsein auch in schwierigen Situationen zu verfügen und mit „aufrechtem Gang" weitergehen zu können.

2. Verteilungsgerechtigkeit

Als eine kritische Anfrage an die gesellschaftliche Macht- und Güterverteilung beinhaltet die Verteilungsgerechtigkeit die politische Dimension von Empowerment. Nach Isaac Prilleltensky (1994) geht es dabei um eine „faire und gerechte Verteilung von Ressourcen und Lasten in der Gesellschaft" (S. 360). Bezogen auf den wohlfahrtstaatlichen Bereich, kann nach Julian Rappaport (1985) die divergente Denkweise die Gerechtigkeitsperspektive im Sinne von Gerechtigkeit als universelles Prinzip und Fürsorge als Sorge für den individuell anderen einschließen. Der Gedanke des Empowerment zielt gerade auf Fürsorge unter Berücksichtigung der Achtung und des Respekts vor dem anderen und seiner Autonomie ab. Eine undialektische Aufspaltung von Fürsorge und Selbstbestimmung wäre Ausdruck eines konvergenten Denkens, das nur zu Unmündigkeit und „gelernter Hilflosigkeit" oder zu wohlwollender Vernachlässigung führen würde.

3. Kollaborative und demokratische Partizipation

Isaac Prilleltensky (1994) versteht darunter, dass „Personen, die von individuellen und sozialen Interventionen betroffen sind, Teile des Entscheidungsfindungsprozesses sein sollten" (S. 360). Kollaborative und demokratische Partizipation heißt zudem, dass Empowerment-Prozesse sich nicht nur auf die individuelle Ebene beschränken, sondern sich auch auf der Gruppen- und gesellschaftlichen Ebene entwickeln können.

Der letztgenannte Bezugswert des Empowerment-Konzepts „Kollaborative und demokratische Partizipation" leitet über zu den Grundzügen der Empowerment-Praxis.

4. Praxis des professionellen Empowerment

Als professionelles Hilfemodell steht Empowerment „für eine veränderte helfende Praxis, deren Ziel es ist, die Menschen zur Entwicklung ihrer eigenen (vielfach verschütteten) Stärken zu ermutigen, ihre Fähigkeiten zu Selbstbestimmung und Selbstveränderung zu stärken und sie bei der Suche nach Lebensräumen und Lebenszukünften zu unterstützen, die ihnen einen Zugewinn an Autonomie, sozialer Teilhabe und eigenbestimmter Lebensregie versprechen" (Herriger 1997, S. 7).
Orientierungslinien für eine wirksame professionelle Förderung von Empowerment-Prozessen können die verschiedenen Dimensionen von Empowerment liefern, wie sie in der amerikanischen Selbsthilfebewegung formuliert worden sind (vgl. dazu auch Chamberlin 1993). Danach lässt sich Empowerment durch folgende Bausteine inhaltlich bestimmen:

- die Fähigkeit, eigene Entscheidungen zu treffen,
- über einen Zugang zu Informationen und Ressourcen zu verfügen,
- über verschiedene Handlungsalternativen und Wahlmöglichkeiten zu verfügen,
- das Gefühl zu haben, als Individuum etwas bewegen zu können,
- kritisch denken zu lernen und Konditionierungen zu durchschauen,
- Wut erkennen und äußern lernen,
- sich nicht allein zu fühlen, sondern als Teil einer Gruppe oder eines sozialen Netzwerkes,
- zu der Einsicht zu gelangen, dass jeder Mensch Rechte hat,
- Veränderungen im eigenen Leben und im sozialen Umfeld zu bewirken,
- neue Fähigkeiten zu erlernen, die man selber für wichtig hält,
- die Wahrnehmung anderer bezüglich der eigenen Handlungskompetenz und -fähigkeit zu korrigieren,

- das innere Wachstum und die innere Entwicklung als einen niemals abgeschlossenen, selbst beeinflussbaren und steuerbaren Prozess zu begreifen,
- sich ein positives Selbstbild zu erarbeiten und Stigmatisierungen zu überwinden.

Professionelles Empowerment zielt also auf die Förderung und Erweiterung der Selbstgestaltungskräfte der Subjekte ab. Sie sollen ermutigt werden, ihre eigenen Fähigkeiten und Kräfte zu entdecken, und auf diese Weise in die Lage versetzt werden, ihre Lebenswelt eigenständig und eigenverantwortlich mitzugestalten sowie Ressourcen produktiv zur Bewältigung belastender Lebensumstände einsetzen zu können (Stark 1996; 1993). Wie wichtig die (Wieder-)Gewinnung von eigener Stärke und von Möglichkeiten, über sein eigenes Leben bestimmen und sich aktiv an der Gestaltung sozialer Gegebenheiten beteiligen zu können, für das körperliche und psychische Wohlbefinden ist, zeigen eindrucksvoll Studien zur Bedeutung des Kohärenzgefühls (Antonovsky 1997). Aaron Antonovsky betrachtet das Kohärenzgefühl als die zentrale Kraft, die alle Ressourcen einer Person integriert und den Weg zu einer erfolgreichen Bewältigung von Belastungen und Stressoren bahnt. Er schreibt dem Kohärenzgefühl daher eine zentrale gesundheitsfördernde Funktion zu. Diese stabile, dauerhafte Orientierung wird durch Lebenserfahrungen erzeugt, die durch Konsistenz, Partizipation bei der Gestaltung der Handlungsergebnisse und einer Balance zwischen Überlastung und Unterforderung gekennzeichnet ist. Den partizipativen Lebenserfahrungen schreibt er eine entscheidende Rolle bei der Entwicklung des Kohärenzgefühls zu. „Viele Lebenserfahrungen können konsistent und ausgeglichen sein, sind aber nicht auf unser eigenes Tun oder eigene Entscheidungen zurückzuführen. Hinsichtlich jeder einzelnen Lebenserfahrung kann man fragen, ob wir mitentschieden haben, ob wir diese Erfahrung machen wollen, nach welchen Spielregeln sie verlaufen soll und wie die Probleme und Aufgaben gelöst werden sollen, die aus ihr erwachsen. Wenn andere alles für uns entscheiden – wenn sie Aufgaben stellen, die Regeln formulieren und die Ergebnisse managen – und wir in der Angelegenheit nichts zu sagen haben, werden wir zu Objekten reduziert. Eine Welt, die wir somit als gleichgültig gegenüber unseren Handlungen erleben, wird schließlich eine Welt ohne jede Bedeutung. Dies gilt für unsere direkten persönlichen Beziehungen, für die Arbeit und für alles andere, was innerhalb unserer Grenzen liegt" (Antonovsky 1997, S. 93 f.).

Die Empowerment-Praxis richtet sich gegen diese vielfach erlernte Hilflosigkeit und setzt auf die Rückgewinnung eines subjektiven Gefühls von Kontrolle über das eigene Leben durch den Einsatz partizipativer Strategien. In engerem Sinne spricht man von Partizipation, wenn Menschen bei Planung und Vorhaben angehört werden und sie ihre Ziele und Wünsche in den Prozess einer Willensbildung und Entscheidungsfindung einbringen können. Betrachtet man diese verschiedenen Formen genauer, so lassen sich im Prinzip zwei grundlegende Partizipationsstrategien unterscheiden, nämlich die des Teilnehmens und die des Teilhabens (vgl. Sachs-Pfeifer 1989):

- Die Teilnahme-Strategien beruhen in ihrem Kern auf dem „Top-down"-Modell. Das heißt, die Probleme und Ziele werden nicht von den Betroffenen, sondern im Wesentlichen von Expert(inn)en identifiziert und definiert. Diese entwerfen auch die Formen der Beteiligungsprozesse und planen bzw. organisieren die entsprechenden Vorgehensweisen. Den Betroffenen wird in aller Regel ein Katalog von Konzepten und Lösungsmöglichkeiten oder von Maßnahmen vorgelegt, aus dem sie eine Variante auswählen können.
- Die Teilhabe beruht dagegen auf so genannten „Bottom-up"-Strategien. Ausgehend von ihren individuellen Bedürfnissen, Problemen und spezifischen Ressourcen, übernehmen in diesem Ansatz die Betroffenen entsprechend ihren Fertigkeiten und Kompetenzen von Anfang an Verantwortung für das weitere Vorgehen. Sie wägen ab und entwickeln unter Einbeziehung außenstehender Vorschläge und Perspektiven eigene Lösungswege und Bewältigungsstrategien für ihre spezifischen Probleme. Die Expert(inn)en übernehmen in diesem Geschehen

> im Wesentlichen die Rolle von „Geburtshelfer(inne)n", die das Projekt auf den Weg bringen und die Betroffenen bei der Entdeckung ihrer eigenen Fähigkeiten und Stärken unterstützen, sowie die Rolle von Begleiter(inne)n in den Lernprozessen, die für die Projektrealisierung notwendig sind. Darüber hinaus kommt ihnen die Aufgabe zu, auf mögliche Konflikte und Probleme aufmerksam zu machen sowie Ressourcen, Kompetenzen und Interessen zu identifizieren.

Im Empowerment-Ansatz orientieren sich die Partizipationsbemühungen am Teilhabe-Modell. Die Professionellen übernehmen in erster Linie die Rolle der Geburtshelfer(innen) und der Begleiter(innen) in den gemeinsamen Prozessen des Suchens und Entdeckens.
Für die professionellen Helfer(innen) bedeutet dies eine Abkehr von der Fiktion der wertneutralen Expert(inn)en, die im Besitz der alleinigen Lösungskompetenz sind, hin zu einem professionellen Verständnis, das von Kooperation und Partnerschaftlichkeit geprägt ist. Aufgabe der professionellen Helfer(innen) ist es dabei in erster Linie, die Bedingungen zu schaffen, die einen Prozess ermöglichen, durch den Menschen Ressourcen erhalten, die sie besser zur Gestaltung ihrer Lebensumstände und zur Erreichung ihrer Ziele und Wünsche befähigen (vgl. Hasenfeld 1987). Dies gilt für Menschen mit eingeschränkten Potentialen ebenso wie für Gesunde, für Erwachsene und für Kinder.
Wenn Empowerment die Grundlage psychosozialer Praxis darstellen soll, hat dies weitreichende Konsequenzen für die professionellen Helfer(innen). Sie müssen bereit sein, die traditionelle hierarchisch-paternalistische Ebene professioneller Arbeit aufzugeben und sich auf Prozesse des Aushandelns und Verhandelns, des gemeinsamen Suchens und Entdeckens einzulassen. Der damit eingeschlagene Weg ermöglicht einen Prozess, „in dem eigene Erfahrungen interpretiert, neue (oder verschüttete) Ressourcen entdeckt und die Überraschungen beim Entdecken akzeptiert werden können" (Stark 1996, S. 179).
Dieser Prozess des Suchens und Entdeckens gestaltet sich nicht selten langsamer als das traditionelle, expertendomi-

nierte Vorgehen. Vieles muss ausführlicher erklärt werden, und manche Entscheidungen werden erst über Umwege nach längeren Phasen des Abwägens, Bewertens und Definierens getroffen. Eine Reihe von Erfahrungen zeigt jedoch, dass sich diese oft umständlichen und manchmal mühsamen, zeitaufwendigen Prozesse auszahlen. Sie eröffnen unterschiedliche Zugänge zu den von Ambivalenzen geprägten Problemen und fördern vielfältige, divergente Lösungen und Bewältigungsmöglichkeiten zu Tage, die sich auf den ersten Blick vielleicht sogar widersprechen, aber in ihrem Zusammenspiel kreative, alltagsnahe Wege ebnen. Gerade die vermeintlich klaren und schnellen Problembearbeitungen verstellen oft den Blick auf die andere Seite der Lebenssituation und behindern die Verknüpfung von Interventionsansätzen und damit die mögliche Erweiterung von Ressourcen.

Die Charakterisierung als Prozess des gemeinsamen Suchens und Entdeckens weist bereits auf die Begrenzungen hin, denen die Empowerment-Perspektive unterworfen ist.

Die professionelle Förderung von Empowerment stößt immer dann an ihre Grenzen, wenn Menschen aufgrund eines großen Problem- und Leidensdrucks oder aufgrund akuter Hilfsbedürftigkeit in Krisen- und Konfliktsituationen nicht über jenes Maß an innerer Freiheit sowie an Handlungs- und Entfaltungsspielraum verfügen, das für den Einstieg in partizipative Verständigungs- und Aushandlungsprozesse notwendig ist. Menschen regredieren in solchen Lebensphasen häufig in eine passive und abhängige Rolle und delegieren die Verantwortung an die Expert(inn)en. Die klinischen Erfahrungen zeigen, dass sich gerade in der Anfangsphase viele Klient(inn)en durch Regression entlasten, sich also in eine kindliche Position begeben und in erster Linie Sicherheit, Geborgenheit und Versorgung suchen. Die „Zumutungen" der Empowerment-Perspektive würden an dieser Stelle nur Abwehr und Widerstand erzeugen. Erst wenn diese passiven Bedürfnisse und Wünsche ausreichend verstanden und befriedigt worden sind, ist ein entsprechendes Fundament geschaffen, auf dem Empowerment entstehen und wachsen kann.

Die Empowerment-Praxis überzeichnet also nicht den Blick auf Stärken und Kompetenzen und übersieht nicht die konkreten Problemlagen der Menschen, ihr subjektives Leiden, und überfordert damit nicht manche von ihnen, wie Kritiker des Empowerment-Ansatzes oftmals einwenden (vgl. dazu ausführlich Herriger 1997). Gerade die Wahrnehmung und Akzeptanz der Gefühle von Demoralisierung und Abhängigkeit, die fördernde Begleitung und ermutigende Unterstützung in Krisen- und Belastungssituationen eröffnen Räume für das Anstoßen und Freisetzen von Prozessen, durch die Klient(inn)en Ressourcen entdecken bzw. wiederentdecken, die sie befähigen, größere Kontrolle über ihr eigenes Leben zu erreichen.

Grenzen sind schließlich auch dort gesetzt, wo die physische, soziale oder psychische Integrität der eigenen Person oder anderer Personen gefährdet bzw. bereits beeinträchtigt ist. Überall wo Autodestruktivität, Gewalt und Bedrohung vorliegen, also von erheblicher Eigen- und/oder Fremdgefährdung ausgegangen werden muss, greifen keine Empowerment-Strategien mehr, und die Praxis „mündet in die Notwendigkeit, Grenzen zu setzen, Übergriffe abzuwehren und Schutzräume zu öffnen“ (Herriger 1997, S. 203). Ann Hartmann (1993) beschreibt die sensible Balance zwischen Empowerment und den verschiedenen Formen der formalen sozialen Kontrolle mit dem Begriff der „legitimen Machtausübung“. „Wir dürfen uns nicht vor unserer Verantwortung drücken, Menschen zu beschützen; aber ebensowenig sollten wir diese Interventionsmacht über Gebühr ausschöpfen. Wir müssen uns unserer legitimen Eingriffsmacht und ihrer Grenzen im Klaren sein, und wir sollten unseren beruflichen Einfluss, dominanten kulturellen Werten und Normen Geltung zu verschaffen, nicht über diese Grenzlinien hinaus ausdehnen. Immer dann, wenn wir unsere legitime Macht überschreiten, werden wir zu Statthaltern der dominanten Kultur und zu Instrumenten illegitimer sozialer Kontrolle“ (Hartmann 1993, zit. nach Herriger 1997, S. 204).

Insbesondere der Aspekt der legitimen Machtausübung rückt verstärkt die Frage nach den normativen Komponenten des Empowerment-Konzeptes in den Vordergrund.

Handlungen und damit auch jede Form professioneller Intervention sind nicht ohne grundsätzliche Wert- und Zielentscheidungen möglich. Anders als in den traditionellen Ansätzen psychosozialer Praxis verzichtet die Empowerment-Perspektive auf expertendominierte Normierungen. Sie greift auf eine prozessuale Kategorie zurück, die sowohl des Respekts vor der Autonomie der Klient(inn)en und der Akzeptanz des Eigen-Sinns ihrer Lebensentwürfe wie des permanenten gemeinsamen Aushandelns des Weges bedarf. Die Professionellen können sich in diesem Kontext nicht mehr auf die Position der Expert(inn)en zurückziehen, die im besten Interesse und zum Wohle der Klient(inn)en – gegebenenfalls auch ohne deren Einsicht und Einwilligung – fachlich begründete Maßnahmen durchsetzen und rechtfertigen, sondern sie müssen sich so weit und umfassend wie möglich auf den oftmals mühsamen Prozess der Auseinandersetzung, der Entscheidungsfindung und Zielfindung einlassen.

Die Möglichkeiten, Empowerment im professionellen Alltag anzustoßen, hängen nicht zuletzt mit den organisatorisch-institutionellen Rahmenbedingungen der psychosozialen Praxis zusammen. Such- und Aushandlungsprozesse erfordern Kreativität, Phantasie und einen weitgehenden Verzicht auf standardisierte Therapieprogramme sowie Vertrauen in die Fähigkeiten, Stärken und innovativen Potentiale der Menschen (Stark 1996). Es wird für die Professionellen schwer sein, dieses Vertrauen in die Betroffenen zu setzen, wenn sie in der Einrichtung nicht selbst auch Gestaltungsmöglichkeiten und Handlungsspielräume vorfinden, die es erlauben, immer wieder eigene Ressourcen und potentielle Ressourcen der Institutionen zu entdecken und weiterzuentwickeln, also gewissermaßen fördernde und behindernde Bedingungen für persönliche und institutionelle Empowerment-Prozesse zu analysieren und zu bearbeiten. Dazu bedarf es keiner vollkommenen Umgestaltung der Institution, sondern der Schaffung einer Atmosphäre der Ermutigung, innovative Ideen einzubringen, Zusammenhänge herzustellen und die Dinge gemeinsam mit anderen im Arbeitszusammenhang umzusetzen. Eine solche Atmosphäre kann nur entstehen, wenn Veränderungen überhaupt zugelassen bzw. gezielt angestrebt werden. Diese Prozesse sind mit zusätzlichem Zeit- und Ressourcenaufwand verbunden, sie werden daher natürlich immer wieder auch an Grenzen stoßen sowie mit den übrigen Aufgaben, täglichen Anforderungen und den Arbeitsbelastungen durch hohe Fallzahlen kollidieren. Gerade die Auseinandersetzung mit den Begrenzungen, aber auch mit den Möglichkeiten bereitet den fruchtbaren Boden für das Anstoßen und die Gestaltung von Empowerment-Prozessen nach innen und außen.

5. Ebenen von Empowerment-Prozessen

In der professionellen Förderung von Empowerment-Prozessen geht es darum, den Handlungs- und Möglichkeitsspielraum der Betroffenen wieder zu erweitern, indem zunächst gemeinsam Perspektiven und Wege beleuchtet und erarbeitet werden, wie sie die Gefühle der Beeinflussbarkeit, der Kontrolle und Selbstwirksamkeit entdecken bzw. für sich (wieder) verfügbar machen können. Damit rückt der Blick auf die Ressourcen von Menschen in den Mittelpunkt des Interesses. Menschen als aktive Gestalter ihres Lebens sowie ihrer Umwelt und Lebenskontexte als Bedingungsrahmen dieser Gestaltungsversuche benötigen Ressourcen, und zwar Ressourcen, die in den Personen selbst liegen wie Selbstbewusstsein, Selbstwirksamkeit Kontrollüberzeugungen, Problemlösekompetenzen wie auch kontextbezogene, externe Ressourcen wie soziale Beziehungen und Bindungen, Wohnung und Arbeit, ökonomische Sicherheiten.
Die Empowerment-Perspektive erweitert damit den Blick auf Ressourcen und verbindet das psychosoziale Wohlbefinden und die Gesundheit des Einzelnen mit gegenseitigem Rückhalt und wechselseitiger Unterstützung in der Gemeinschaft – und zwar in sozialen Netzwerken wie in der organisierten Gruppe oder in einer Organisation – und dem Bestreben, ein soziales Umfeld zu schaffen, das auf die Bedürfnisse ihrer Mitglieder eingeht und ihre Rechte zur Geltung bringt.

Die drei Ebenen Individuum, soziale Netzwerke/Organisation und soziales Umfeld stehen im Empowerment-Konzept in einer engen Wechselwirkung zueinander (Lenz 2002):

- Auf der individuellen Ebene fördert Empowerment Selbstbewusstsein, Selbstwert, Autonomie und persönliches Kontrollbewusstsein.
- Auf der sozialen Netzwerk- und Gruppenebene fördert Empowerment gegenseitige Unterstützung, Integration und Solidarität.
- Auf der Ebene des sozialen Umfeldes zielt Empowerment schließlich auf die gemeinsame Beseitigung von Entfaltungshindernissen, die lokale Lebenskontexte mitprägen, sowie auf die gleichzeitige Entwicklung von Ressourcen und Ressourcennutzung in den jeweiligen Kontexten ab.

Es kennzeichnet also das Empowerment-Konzept, dass es sich nicht auf die Entwicklung und Förderung individueller Ressourcen und Stärken beschränkt. Die individuelle Ebene ist natürlich von großer Bedeutung. Die biografische Erfahrungen, etwas Wert zu sein und von anderen geschätzt zu werden, sich entscheiden zu können, wie auch das Gefühl zu erleben, etwas bewirken und ändern zu können, hat einen entscheidenden Einfluss auf das psychosoziale Wohlbefinden und die Gesundheit des Einzelnen. Selbstwertgefühl und Kontrollüberzeugungen sind aber kontextabhängig und lassen sich nicht auf individuelle, innerpsychische Dynamiken reduzieren. Sie sind vielmehr eingebunden in die konkreten Lebenszusammenhänge, den sozialen und sozialstrukturellen Systemen, denen die Menschen angehören. Im Empowerment-Ansatz geht es also nicht allein um den Zugewinn an personalen Ressourcen, sondern auch an externen Ressourcen wie das Eingebettetsein in sozialen Zusammenhängen und die Entwicklung eines aktiven Gemeinsinns.
Die besondere Aufmerksamkeit richtet sich auf die vermittelnden Strukturen zwischen diesen Ebenen. Auf der individuellen Ebene zielt der Empowerment-Ansatz auf die Förderung von individuellen Ressourcen wie Selbstbewusst-

sein, Selbstwertgefühl und Autonomie, die es Menschen erlauben, das Gefühl der Kontrolle über ihr Leben und der Kontrollierbarkeit von Situationen oder sozialen Umständen zu gewinnen. Auf der Ebene von sozialen Netzwerken, Gruppen und Organisationen stößt Empowerment soziale Begegnungen, gemeinsames Planen und Gestalten oder eine gemeinsame Suche nach eigenbestimmten Lebensräumen und Lebensperspektiven an und stiftet damit gegenseitige Unterstützung, Integration und Solidarität. Auf der strukturellen Ebene ermutigt Empowerment Menschen, sich einzumischen, an sozial relevanten Entscheidungen in der Gemeinde aktiv mitzuwirken oder sich über Initiativen Strukturen mit dem Ziel zu schaffen, die Lebensbedingungen etwa im Stadtteil zu verbessern.

Zimmerman und Rappaport (1988) konnten enge Beziehungen zwischen der Entwicklung personaler und gemeinsamer Potenziale in ihren Untersuchungen lokaler Aktionsgruppen feststellen. Das Zusammenwirken in Gruppen und Organisationen sowie die Partizipation an sozialer Aktion förderten Erfahrungen von eigener Einflussmacht und eigener Bedeutung. Die Menschen entwickelten Selbstwert, Vertrauen in sich und andere, ein wachsendes Selbstbewusstsein im Erleben ihrer Möglichkeiten und Wirkungen. Die Integration in die Gruppe schaffte darüber hinaus soziale Unterstützung und gegenseitigen Rückhalt, ermöglichte Erfahrungen gemeinsamer Wirksamkeit und die Entwicklung eines politischen Bewusstseins. Zimmerman (1990) geht davon aus, dass insbesondere die Menschen, die unterprivilegiert oder sogar marginalisiert sind, in einem solchen Erfahrungsrahmen eigene Potenziale entfalten und Kräfte entwickeln können. Neben einer wachsenden Motivation, sich für eigene Angelegenheiten einzusetzen, verstärkt sich die Bereitschaft, auch Verantwortung für das lokale Umfeld zu übernehmen. Es wächst nach den Beobachtungen von Zimmerman ein kritisches Verstehen und Durchschauen lokaler Ressourcen und Strukturen sowie die Erkenntnis, dass diese durch gemeinsame Anstrengungen beeinflussbar sind. Menschen lernen, gemeinsam nach Ressourcen zu suchen und sie gezielt im Sinne der gemeinsamen Bedürfnisse einzusetzen. Sie entwickeln dadurch Vertrauen in sich und andere und ein wachsendes Selbstbewusstsein im Erleben ihrer Möglichkeiten und Wirkungen. Gegenseitige Unterstützung und Rückhalt in der Gruppe stabilisieren dabei die eigene Identität und das psychosoziale Wohlbefinden.

Aufgabe der professionellen Helfer(innen) unter einer Empowerment-Perspektive ist es, immer wieder Verknüpfungen zwischen den individuellen Fähigkeiten und Stärken von Menschen und den beiden anderen Ebenen, der Gruppen- und Strukturebene, herzustellen. Dadurch sollen Synergieeffekte ausgelöst werden. „Das Ziel der Intervention besteht darin, auf den verschiedenen Ebenen versteckte oder noch nicht genutzte Ressourcen zu entdecken und sie für die Bearbeitung aktueller sozialer Probleme und für die Weiterentwicklung (Stärkung) des sozialen Systems nutzbar zu machen" (Stark 1996, S. 161). Die professionelle Haltung des Empowerment beinhaltet daher immer Arbeit mit Menschen „in Kontexten und an Kontexten" (Bobzien & Stark 1991, S. 176).

Weiterführende Literatur:

Antonovsky, Aaron, Salutogenese. Zur Entmystifizierung der Gesundheit, Tübingen 1997.

Bobzien, Monika / Stark, Wolfgang, Empowerment als Konzept psychosozialer Arbeit und als Förderung von Selbstorganisation, in: Balke, Klaus / Thiel, Wolfgang (Hg.), Jenseits des Helfens. Professionelle unterstützen Selbsthilfegruppen, Freiburg 1991, S. 196-287.

Chamberlin, Joan, Erfahrungen und Zielsetzungen der nordamerikanischen Selbsthilfe-Bewegung, in: Kempker Kristin / Lehmann, Peter (Hg.), Statt Psychiatrie, Berlin 1993, S. 59-65.

Hasenfeld, Yvonne, Power in social work practice, in: Social Service Review, 61 (1987), S. 483-496.

Herriger, Norbert, Empowerment in der Sozialen Arbeit, Stuttgart/Berlin 1997.

Keupp, Heiner, Psychologisches Handeln in der Risikogesellschaft. Gemeindepsychologische Perspektiven, München 1994.

Keupp, Heiner, Psychosoziales Handeln nach dem Ende der Eindeutigkeiten, in: Gruppendynamik 3 (1997), S. 239-257.

Koller, Peter, Gesellschaftsauffassung und soziale Gerechtigkeit, in: Frankenberg, Günter (Hg.), Auf der Suche nach der gerechten Gesellschaft, Frankfurt a. M. 1994, S. 129-150.

Lenz, Albert, Partizipation von Kindern in Beratung und Therapie. Entwicklungen, empirische Befunde und Handlungsperspektiven, Weinheim/München 2001.

Lenz, Albert, Empowerment und Ressourcenaktivierung, in: Lenz Albert / Stark, Wolfgang (Hg.), Empowerment. Neue Perspektiven für psychosoziale Praxis und Organisation, Tübingen 2002, S. 13-53.

Prilleltensky, Isaac., Empowerment in mainstream psychology. Legitimacy, obstacles, and possibilities, in: Canadian Psychology, 35 (1994), S. 358-375.

Rappaport, Julian, Ein Plädoyer für die Widersprüchlichkeit. Ein sozialpolitisches Konzept des „empowerment" anstelle präventiver Ansätze, in: Verhaltenstherapie und psychosoziale Praxis, 17 (1985), S. 257-278.

Rappaport, Julian, Terms of empowerment - exemplars of prevention: Toward a theory of Community Psychology. American Journal of Community Psychology, 9 (1987), S. 121-144.

Rappaport, Julian, Empowerment meets narrative: Listening to stories and creating settings, in: American Journal of Community Psychology, 23 (1995), S. 795-807.

Sachs-Pfeifer, Toni, Partizipation: Teilhaben statt Teilnehmen, in: Stark, Wolfgang (Hg.), Lebensweltbezogene Prävention und Gesundheitsförderung. Konzepte und Strategien für die psychosoziale Praxis, Freiburg 1989, S. 191-221.

Stark, Wolfgang, Die Menschen stärken. Empowerment als eine Sicht auf klassische Themen von Sozialpolitik und soziale Arbeit, in: Blätter der Wohlfahrtspflege, 2 (1993), S. 41-44.

Stark, Wolfgang, Empowerment. Neue Perspektiven in der psychosozialen Praxis, Freiburg 1996.

Zimmerman, Martin A. / Rappaport, Julian, Citizen participation. Perceived control and psychological empowerment, in: American Journal of Community Psychology, 5 (1988), S. 725-750.

Kai. G. Sander

Menschenrechte aus Gottes Wort?

Überlegungen zur biblisch-christlichen Herkunft des Menschenrechtsgedankens

Durch die großen Konflikte und Krisen unserer weltgeschichtlichen Epoche ebenso wie durch die sozialpolitischen Reformversuche in unserer deutschen Gesellschaft wird das Ausschauhalten nach verbindlichen Grundorientierungen und gemeinsamen Werten immer wichtiger. So gewinnt auch die Rückfrage nach der Bedeutung und dem Grundimpuls der „Allgemeinen Erklärung der Menschenrechte", wie sie die Generalversammlung der Vereinten Nationen (UN) in New York am 10. 12. 1948 feierlich erklärt hat, im innen- wie außenpolitischen Bereich an Brisanz. Nach der Erfahrung der Katastrophen des Zweiten Weltkrieges und des weitgehend ohnmächtigen Völkerbundes sollten diese Leitsätze nun als tragfähige Basis für Frieden und Gerechtigkeit in aller Welt dienen. Sie beanspruchen also wahrhaft universale Geltung, d. h., sie sollen im Zusammenleben der Völker und innerhalb jedes einzelnen Staates als verbindliche Rechtsgrundlage dienen. Deshalb wurden sie mit dem Anspruch der allgemeinen Vermittelbarkeit, gleichsam als evidente rechtliche Umsetzung der Prinzipien einer humanen Welt- und Gesellschaftsgestaltung, formuliert. Andererseits beziehen sie sich auf Begriffe und Vorstellungen, von denen zweifelsfrei anzunehmen ist, dass sie erst in Bezug zu einem jeweiligen weltanschaulichen Kontext sinnvolle Verwendung finden können. Person, Freiheit, Gewissen, Gesellschaft, Gerechtigkeit – manche vermeintliche „Menschenrechtsverletzung" könnte ihren Ursprung möglicherweise auch in einer teilweise stark divergierenden Interpretation solcher Termini haben und gar nicht in einer Bestreitung der Akzeptanz dieser Leitsätze als solcher. Es lohnt also, die Entstehung und Ursprungsintention dieses

Regelwerkes näher in den Blick zu nehmen. Die Fundamentaltheologie kann hierbei einen wichtigen analytischen und perspektivischen Beitrag leisten.

1. Menschenrechtsdenken in der Krise?

Jüngst (am 2. 12. 2004) legte eine vom UN-Generalsekretär eingesetzte Experten-Kommission zur Erneuerung der Vereinten Nationen in New York ein Gutachten vor, in dessen drittem Hauptteil die Frage behandelt wird: „Wann ist Gewalt legal?" Hier wird vor allem implizit Anklage gegen die kriegerischen Alleingänge der USA in neuester Zeit erhoben. Um künftig eindeutig zwischen Recht und Unrecht unterscheiden zu können, werden fünf Kriterien vorgestellt, die gleichzeitig erfüllt sein müssen, damit der UN-Sicherheitsrat einem Staat eine legale Gewaltanwendung gegenüber einem Aggressor erlauben kann: (i) das Vorliegen einer klaren und ernsthaften Bedrohung; (ii) die angewendeten Gewaltmittel müssen zur Verteidigung geeignet sein; (iii) militärische Gewalt ist nur als *ultima ratio* erlaubt; (iv) es darf nicht mehr Gewalt eingesetzt werden, als unbedingt notwendig ist; (v) die Folgen der militärischen Intervention dürfen nicht schwerer wiegen als jene, die sich aus einem Gewaltverzicht ergeben würden (vgl. Die Zeit, Nr. 50 [2. 12. 2004] S. 8).
Ein theologisch geschultes Auge erkennt hier sofort die fast wörtliche Übernahme der alten christlichen *bellum-iustum*-Lehre, d. h. der Lehre vom „gerechten Krieg", die Augustinus aus der stoischen Philosophie hergeleitet und christianisiert hatte, die von Thomas von Aquin systematisiert und von der Scholastik ausdifferenziert wurde und sich so bis heute in katholischen Ethik-Entwürfen findet, was immer wieder auf Unverständnis mancher – auch christlicher – Pazifisten stößt. Diese Lehre besagt, dass ein Krieg eines Staates gegen einen anderen, der ohnehin immer nur aus Verteidigungszwecken erlaubt ist, dann und nur dann als „gerecht" angesehen werden kann, wenn er folgende Bedingungen erfüllt: (i) Krieg darf nur die allerletzte Möglichkeit (*ultima ratio*) sein, (ii) nur aus einem gerechten

Grund (*iusta causa* - Verteidigung) und (iii) nur mit dem Willen zu wirklichem Frieden (*recta intentio* - lautere Absicht) geführt werden, (iv) er muss durch die rechtmäßige Autorität (*legitima auctoritas*) angeordnet sein und darf (v) nur mit angemessenen und verhältnismäßigen Mitteln (*debitus modus, debita proportionalitas*) bestritten werden. Dem zitierten Zeitungsartikel scheint der unzweifelhaft christliche Ursprung dieser Kriteriologie nicht bekannt (oder: nicht erwähnenswert) zu sein. Und ob die UN-Experten bewusst darauf zurückgegriffen haben - oder davon ausgehen, sie selbst hätten diese Leitsätze soeben (kongenial) neu erfunden, oder ob man sich lieber auf die (konfessionell und religiös unverdächtigen) Stoiker oder auf Platon beruft als auf die Bibel - all das muss hier ungeklärt bleiben. Die geistige Nähe beider Entwürfe ist jedenfalls unübersehbar.

Genau so unübersehbar sind aber die vielfältigen grausamen Verletzungen und Brüche dieser Rechtsgrundsätze auch in den vergangenen sechzig Jahren - bis hinein in die jüngste Gegenwart. Der Terror in seinen menschenverachtenden Einzelaktionen und im Großformat ganzer Staaten und Regime, die Herausforderung durch den Missbrauch von Religionen (aktuell z. B. durch fundamentalistische Islamisten) sowie der moderne westliche Imperialismus, der zur fortschreitenden Dramatisierung des Nord-Süd-Konfliktes führt, lassen die Frage immer bedrängender werden, ob die Menschenrechtserklärung als allgemeine Grundlage des Rechtes wirklich akzeptiert worden ist.

2. Kann es universal gültige Moralprinzipien geben?

Eigentlich muss die Frage noch tiefer gehen, nämlich ob diese unübersehbare faktische Missachtung der Menschenrechte nicht im Letzten in einem impliziten theoretischen Vorbehalt gegenüber ihrer universalen Akzeptanz begründet ist. Wo gibt es ideologische Vorbehalte gegenüber dem Projekt universal gültiger Menschenrechtsnormen? Wo stellen sich mögliche Hindernisse einer universalen Akzeptanz solcher Leitsätze in den Weg? Vier Gruppen von Vorbehal-

ten gegen die Menschenrechte in ihrer heutigen Gestalt können hier unterschieden werden.
Zunächst soll erinnert werden an die Vorbehalte aus religiös-fundamentalistischer Ecke gegen den unzweifelhaft revolutionären freiheitlichen Ursprung des Menschenrechtsdenkens in der Französischen Revolution und der amerikanischen Unabhängigkeitsbewegung (*bill of rights*). Keineswegs kann nämlich als fraglos angesehen werden, dass das moderne Menschenrechtsdenken sich dem biblischen Glauben verdanke, denn unübersehbar ist die Verankerung des Menschenrechtsverständnisses in der Tradition der bürgerlichen Revolutionen des 18. Jahrhunderts. Ob Menschenrechtsdenken nun dem jüdisch-christlichen Glauben oder der Tradition der bürgerlichen Revolutionen zuzuordnen ist, diskutieren z. B. G. Jelinek und E. Boutmy (vgl. Schnur 1964). Als Vermittlungsversuch könnte man allerdings anfragen, ob das Denken der bürgerlichen Revolutionen ohne biblische und christliche Fundierung z. B. im Menschenbild überhaupt möglich gewesen wäre. Immerhin gibt es also religiös-fundamentalistisch motivierte Einwände gegen das moderne Menschenrechtsdenken. Der Hauptvorwurf lautet, dass hier der Versuch unternommen würde, Moral „ohne Gott" und „ohne Glauben" zu begründen – und bis heute sind solche Kritikansätze nicht ganz verschwunden.
Umgekehrt findet eine zweite Gruppe von Vorbehalten die Menschenrechte geradezu in einer inakzeptabel engen Verzahnung mit dem biblisch-christlichen Denken befangen und will andere Formeln einführen, die nicht selbstverständlich die „westlichen" und damit letztlich biblischen Begriffe von Person, Gewissen, Freiheit, Leben und Gesellschaft voraussetzen. Darüber hinaus gibt es auch solche Vorbehalte, die sich aus einem rationalistischen Denken ergeben und jede religiöse oder metaphysische Begründung und Begrifflichkeit von Rechtsgrundsätzen verwerfen, weil Rechte und Werte ausschließlich pragmatisch vor dem Forum der autonomen Vernunft legitimiert sein könnten. Vor allem solche Denker, die sich (gerade dabei wohl kaum berechtigt) als „Kantianer" deklarieren, meinen, aus solchen Gründen geradezu eine Art voraufklärerischer Inferiorität von Religionen brandmarken zu können. Aber nicht

nur die Herkunft, sondern auch die Zielrichtung der Menschenrechtserklärung, nämlich die Universalität der Geltung, stößt auf Vorbehalte, nämlich auf jene der vierten Gruppe: Partikularisten und Pluralisten, die in jeder Universalisierung und Verallgemeinerung eine Art imperialistischer Vereinnahmung der Minderheiten und der Individuen durch die Mehrheit argwöhnen und eher anarchistische Ideale verfolgen. Ist das Projekt „Allgemeine Menschenrechte" also gescheitert? Erweist sich deren weltanschauliche Herkunft heute als veraltet und deshalb als zu eng?

Die christliche Heilsbotschaft in ihrer politisch-gestalterischen Dimension

Es lohnt hier der exakte Blick – in die geistesgeschichtliche und weltanschauliche Einbettung dieses so wichtigen Schrittes der Menschheit in seiner historischen Faktizität. Kann es nicht sein, dass gerade die Erkenntnis dieses Ideals der Menschenrechte einen Reflex der Christus-Offenbarung darstellt, der mehr als das faktische Verhalten der Christenheit in ihrer 2000-jährigen Geschichte den entscheidenden Dienst der Christen für die Menschheitsfamilie darstellt? Offensichtlich ist die Friedensbotschaft des Evangeliums Christi so eindeutig und unbestechlich, dass trotz aller Habgier und Vermessenheit auch der christianisierten Menschen und Staaten am Ende – jeweils gleichsam auf den Trümmerhaufen der Gewalt sitzend – die Sehnsucht nach Frieden doch die jeweils stärkere Hoffnungskraft bildete. Der Humanismus hat so erst aus dem Humus des biblischen Glaubens seine wirkliche Blüte entfaltet; auch die Ideale des Kommunismus konnten erst von solchen Menschen erträumt werden, die aus der jüdisch-christlichen Überlieferung die Bilder der Verheißung bezogen hatten.

Faktisch sind es eben nicht asiatisch-fatalistische oder ozeanisch-animistische Religionen gewesen, die allen Respekt verdienen und in vielfacher Hinsicht Lehrmeister der Toleranz und der harmonischen Friedensliebe sein können, sondern es war jener Glaube, der sich aus der biblischen Offenbarung nährt, in dessen Sprachspielen überhaupt Person, Gewissen, Entscheidungsfreiheit und die Favorisierung der Demokratie als Komponenten zum Lebensglück bestimmt wurden. Dieses Interesse an der Weltgestaltung ist zum einen ein typisches Kennzeichen monotheistischer Religionen, in deren Denken der eine und einzige Gott immer ein Gott für alle Menschen ist, so dass dessen Botschaft allen gilt und damit auch den Nichtmitgliedern der eigenen Religionsgemeinschaft. Zum anderen prägt das biblische Gottes- und Menschenbild das ganz besondere Bundesverständnis: Gott, der Schöpfer, wendet sich erbarmend und erlösend seinen Geschöpfen zu, er erwählt einzelne (Gruppen und Personen), um sein Heil weiterzutragen „bis an die Enden der Erde". Es ist gerade diese Verbindung von Personalismus und Dienstbereitschaft, die einmalig in der Menschheitsgeschichte ein Projekt wie die Menschenrechtserklärung überhaupt in Angriff nehmen ließ. Dokumente der Philosophie- und Rechtsgeschichte sowie aktuelle politische Ereignisse zuhauf könnten diese gemeinsame weltanschauliche Wurzel der Väter und Mütter der Menschenrechtserklärung leicht belegen, wobei hiermit wirklich nur die weltanschaulich-ideologische und begriffsgeschichtliche Wurzel solchen Denkens, nicht aber eine religiöse oder gar konfessionelle Vorrangstellung behauptet werden soll.

3. Der eigene Lernweg des Christentums

Dass solche Gemeinsamkeit im Geiste aber überhaupt möglich war, erforderte einen fundamentalen eigenen Lernweg des Christentums, den man ebenfalls leicht mit unzähligen Beispielen belegen könnte und dessen Ende noch lange nicht erreicht scheint. Dass aus den blutigen Kreuzzügen vergangener Jahrhunderte ein mutiges Eintreten für den Frieden in der Welt werden konnte, dass Toleranz und Religionsfreiheit als Werte erkannt und endlich auch in der eigenen Verkündigungspraxis des Christentums umgesetzt wurden und dass jede Tendenz zum selbst gekrönten Messianismus (man denke wiederum mit Schrecken an manche christlich-fundamentalistischen Gruppierungen auch in unserer Zeit [...]) endlich der Orientierung an dem einen und einzigen Messias Jesus Christus weichen muss, welcher „gekommen ist, um zu dienen, nicht um sich

dienen zu lassen" (Mt 20,28 par.) – all das zeigt die ungeheuere Kraft des Evangeliums zur kritischen Selbstkorrektur in der Nachfolge Jesu. Denn es waren faktisch nicht primär äußere Einflüsse, welche die Kirche jeweils zum Umdenken veranlasst hätten, sondern die Entwicklung der Humanität erwuchs jeweils aus dem erneuten Hinhören auf das Evangelium. Aus dieser selbstreinigenden Kraft der Botschaft Christi konnten und können immer wieder solche Postulate abgeleitet werden – sehr wohl auch außerhalb der Grenzen der Kirche, aber stets inmitten der Christenheit, welche der Kirche jeweils helfen, ihre eigenen Fehler zu entlarven und künftig nach Möglichkeit zu meiden.
Man stößt bei einer solchen historisch-kritischen Retrospektive ganz unweigerlich auf dieses Faktum der Selbstkorrektur in der Auslegung des Evangeliums. Während andere „Ideologien" auf Gedeih und Verderb dem gesellschaftlichen Paradigmenwechsel und somit gleichsam einem evolutionären Prozess unterworfen scheinen, ist im christlichen Gottes-, Welt- und Menschenbild offensichtlich ein wirklicher geistiger Höhepunkt erreicht, der sich eben auch darin erweist, dass die 2000-jährige Geschichte des Abendlandes eine zwar fortschreitende Vertiefung, aber bisher keine wirkliche Ablösung des Christentums kennt. Eine solche geistige und ideologische Kontinuität hat es bis dahin niemals gegeben. Und auch in unserer jetzigen Wendezeit ist kein wirklicher Ersatz des Christentums in Sicht, vielmehr vielleicht eine weitgehende Uminterpretation, die aber jedenfalls durch das christliche Lebens- und Personverständnis befördert und ermöglicht ist.

4. Grundorientierung des biblisch-christlichen Menschenbildes

Elementarer Ausdruck jüdisch-christlicher Ethik ist Gottes Gebot, zuvorderst im alttestamentlichen Dekalog. Dessen Vorstellung vom Menschen und seiner Verantwortung als Bundespartner Gottes formuliert die für eine personale Verantwortungsethik unerlässliche Verbundenheit von Individualität und Sozialität. Hier ist ein Fundament gelegt, welches in seinen Weiterführungen sowohl im Evangelium wie auch im Islam das Verständnis von Religion als „Rückbindung" des Menschen an Gott zutiefst bestimmt. Insgesamt enthüllen der Alte und Neue Bund der Heiligen Schrift eine jüdisch-christliche Anthropologie und einen Personalismus, der in allen jeweiligen kontextuellen Bedingtheiten als Konstante die Gottebenbildlichkeit und die Berufung/Erwählung des Menschen zum Leben der Erlösung in der einen weltumfassenden „Familie Gottes" bezeugt. Darin findet sich seitdem der Maßstab für Menschenbild, Menschenwürde, personale Rechte, Streben nach Glück und soziale Verantwortung, auch wenn es durchaus möglich scheint, diese einmal erkannten Werte auch ohne einen ausdrücklichen Bezug auf den transzendenten Gott zu formulieren. Es ist unzweifelhaft das Verdienst von Kants „kategorischem Imperativ", die Postulate der praktischen Vernunft von der Wahrheitserkenntnis der reinen Vernunft unterschieden zu haben. Denn so wird einsichtig, dass religiöser Glaube keinesfalls die Voraussetzung, sondern die Fundierung eines solchen Menschenbildes darstellt, dessen Vernünftigkeit sich aber auch dem natürlichen Denken erschließen wird. So oder so – die Wahrnehmung des Menschen als Individuum und seines Strebens nach Glück in Bezug zur Gemeinschaft (*communio*) ist geistesgeschichtlich in Zusammenhang mit der von inspirierten Menschen erbrachten Formulierung von „Gottes Wort" in die universale menschliche Selbstreflexion aufgenommen worden. Nicht unbedingt die Urheberschaft, aber doch die globale Verkündigung dieses neuen Paradigmas ist deshalb mit dem biblischen Gottesglauben untrennbar verbunden und überwindet den menschenverachtenden Kollektivismus ebenso wie den selbstverliebten Individualismus.

5. Dialogkultur als Bereitschaft zum Hören und zum Reden

Ist diese Herkunft aber nun ein Hindernis für die universale Akzeptanz solcher Werte bei der Suche nach dem globalen Frieden? Wo dies so erscheint, müsste die Christenheit sich fragen lassen, ob es ihr wirklich gelungen ist, solche Werte nicht nur zu lehren, sondern auch zu leben. Denn die Frage der Herkunft ist bei einem Geschenk – und darum muss es ja gehen: das Geschenk der Christen an die ganze, von Gott berufene Menschheit – keinesfalls eine Aussage bezüglich der Besitzverhältnisse. Ein Geschenk an die Gemeinschaft geht in den allgemeinen Besitz über. Beim Schenkenden verbleibt nur die Freude darüber, den anderen gedient zu haben, und vielleicht auch eine gewisse Kompetenz in Interpretationsfragen. Noch einmal muss also bekräftigt werden, dass alle imperialistischen Tendenzen westlicher Denkweise das Projekt der allgemeinen Menschenrechte zutiefst gefährden. Wenn diese globale Umsetzung wirklicher Humanität gelingen soll, müssen im Menschenrechtsprozess selbst die Grundzüge der Menschenrechte umgesetzt werden. Konkret heißt das: Dialog, als herrschaftsfreier Diskurs verstanden, bleibt die unverzichtbare Methode zur Erlangung von Akzeptanz, so wie es überhaupt keinen Weltfrieden ohne Toleranz und Religionsfrieden geben kann. Nicht Zwang oder Unterwerfung, sondern nur Partnerschaft und Überzeugung können den Weltfrieden hier voran bringen. Ein Dialog ist aber nur dann sinnvoll und ehrlich möglich, wenn er aus dem Herzen kommt, d. h., es gibt keinen Dialog ohne den Mut zum eigenen Standpunkt. Erst wenn alle Religionen und Weltanschauungen sich dialogisch auf gemeinsame Interpretationsmodelle verständigen können, werden universal verständliche Bausteine zum Zukunftsprojekt Weltethos gefunden werden.

Genau hier kommt die Wissenschaft der Hermeneutik ins Spiel, denn nur im Blick auf die Begriffslehre und -geschichte können ethische und religiöse Systeme miteinander in Bezug gesetzt werden. Wiederum zeigt sich die Unerlässlichkeit der theologisch-dogmengeschichtlichen Betrachtung für das Verständnis der abendländischen Geistesentwicklung. Ohne das Wissen um seine Herkunft findet der nach Orientierung suchende Menschengeist keine Zukunft. Die Anstrengung des Begriffs muss allen pragmatisch-politischen Maßnahmen vorausgehen, damit die Weichenstellungen für morgen nicht allein aus dem Augenblicksempfinden des Heute heraus vollzogen werden.

6. Verantwortung vor Gott

Wie könnte also über die Formulierung der Menschenrechte hinaus unser biblisch-christlicher Ertrag für die menschliche Selbstreflexion lauten? Die umfassende und jahrhundertelang entfaltete christliche Anthropologie lässt sich vielleicht am treffendsten durch den Begriff der „Person" elementarisieren. In dieser Bestimmung scheint tatsächlich ein objektiver Höhepunkt des menschlichen Selbstbewusstseins erreicht zu sein. Dies zeigt sich auch darin, dass auch bei weitgehender Ablösung dieser Sichtweise von ihrem biblisch-theologischen Ursprung kein adäquater Ersatz gesucht oder gar gefunden wurde. Der bereits von der hellenistischen Philosophie bereitgestellte Terminus wurde durch seine Beanspruchung für das christliche Trinitätsdogma so weit befördert, dass er daraufhin auch Eingang in die Interpretation der biblischen Schöpfungslehre fand. Beides erscheint wiederum als wichtige Orientierung angesichts der heute aktuellen ethischen Grundfragen (vgl. dazu Hoping 1998, Sander 2005). In gewisser Weise kann man von einer Art Patronat der biblischen Gottes- und Schöpfungslehre für den anthropologischen Personbegriff reden, woraus sich dann wiederum nicht ein Herrschaftsanspruch, sondern eine Interpretationschance ableiten lässt, die nicht leichtfertig übersehen werden sollte.
Bereits vor vierzig Jahren hat das II. Vatikanische Konzil in Zusammenhang mit der universalen Heilsmittlerschaft Christi ausdrücklich die anthropologische Bedeutung der Christusoffenbarung betont: *„Tatsächlich klärt sich nur im Geheimnis des fleischgewordenen Wortes das Geheimnis des Menschen wahrhaft auf. [...] Christus, der neue Adam, macht eben in der Offenbarung des Geheimnisses des Vaters und seiner Liebe dem Menschen den Menschen selbst voll kund und erschließt ihm seine höchste Berufung"* (GS 22,1). Deshalb sind nicht nur jene Menschen auf dem Weg der bewussten Nachfolge Jesu, sondern wirklich alle Men-

schen dazu eingeladen, im Spiegelbild Jesu Christi ihr eigenes Angesicht und das ihrer Schwestern und Brüder zu erkennen. Die Rechte und die Verantwortung eines jeden Menschen gegenüber seinem Selbst, gegenüber seinesgleichen und auch angesichts des letzen, unhintergehbaren Sinngrundes finden im Wort Gottes, welches für uns Christus ist, einen verbindlichen Ausdruck. Darüber wollen und können wir miteinander und mit allen Menschen dieser Erde kommunizieren.

Weiterführende Literatur:

Text der „Allgemeinen Erklärung der Menschenrechte": z. B. www.runiceurope.org

Schnur, Roman (Hg.), Zur Geschichte der Erklärung der Menschenrechte (Wege der Forschung, XI), Darmstadt 1964.

Kern, Walter, Disput um Jesus und die Kirche. Aspekte – Reflexionen, Innsbruck, Wien, München 1980, hier: „Christentum und Menschenrechte", S. 129-155.

Schwartländer, Johannes (Hg.), Modernes Freiheitsethos und christlicher Glaube. Beiträge zur juristischen, philosophischen und theologischen Bestimmung der Menschenrechte (Entwicklung und Frieden, wissenschaftliche Reihe, 24), München/Mainz 1981.

Hoping, Helmut, Göttliche und menschliche Personen, in: Theologie der Gegenwart 41, (1998), S. 162-174.

Sander, Hans-Joachim, Macht in der Ohnmacht. Eine Theologie der Menschenrechte (Quaestio disputata, 178), Freiburg i. Br. u. a. 1999.

Sander, Kai G., Die Sonderheit in den Personen, in: Pastoralblatt 5, (2005), S. 131-136.

Autorenverzeichnis

Herausgeberin und Herausgeber

Jünemann, Elisabeth, Dr. theol., Dipl.-Theologin, Professorin für Theologische Ethik und Theologische Anthropologie im Fachbereich Sozialwesen (Paderborn) der Katholischen Fachhochschule Nordrhein-Westfalen.

Wertgen, Werner, Dr. phil., Lic. theol., Dipl.-Theologe, Professor für Theologische Ethik: Moraltheologie und Sozialethik im Fachbereich Theologie (Paderborn) der Katholischen Fachhochschule Nordrhein-Westfalen.

Autoren

Beermann, Christopher, Dr. jur., Professor für Rechtswissenschaft im Fachbereich Sozialwesen (Paderborn) der Katholischen Fachhochschule Nordrhein-Westfalen.

Bösch, Michael, Dr. theol.; phil. habil., Dipl.-Theologe, Professor für Philosophie, Philosophische Anthropologie, insbesondere für Grundfragen Sozialer Arbeit, Ethik, Sozialphilosophie, Politische Philosophie im Fachbereich Sozialwesen (Paderborn) der Katholischen Fachhochschule Nordrhein-Westfalen.

Böning, Hermann, Professor für Kulturpädagogik (Ästhetik und Kommunikation), insbesondere für visuelle und haptische Kommunikation im Fachbereich Sozialwesen (Paderborn) der Katholischen Fachhochschule Nordrhein-Westfalen (Buchdeckelgestaltung).

Dillmann, Rainer, Dr. theol. Dipl.-Theologe, Professor für Biblische Theologie: Einleitungwissenschaften, Exegese des

AT und NT im Fachbereich Theologie (Paderborn) der Katholischen Fachhochschule Nordrhein-Westfalen.

Gärtner, Christof, Dr. theol., Dipl.-Theologe, Professor für Praktische Theologie: Pastoraltheologie, Gemeindekatechese, Theologie der Verkündigung im Fachbereich Theologie (Paderborn) der Katholischen Fachhochschule Nordrhein-Westfalen.

Hengsbach, Friedhelm SJ, Dr. rer. oec., lic. theol., Professor für Christliche Gesellschaftsethik an der Philosophisch-Theologischen Hochschule Sankt Georgen in Frankfurt am Main.

Hörning, Martin, Dr. med., Dr. phil., Professor für Sozialmedizin einschließlich Psychopathologie im Fachbereich Sozialwesen (Paderborn) der Katholischen Fachhochschule Nordrhein-Westfalen.

Kilz, Gerhard, Dr. rer. pol., Professor für Recht, insbesondere für Sozial- und Verwaltungsrecht, Arbeitsrecht und öffentliches Dienstrecht im Fachbereich Sozialwesen (Paderborn) der Katholischen Fachhochschule Nordrhein-Westfalen.

Lenz, Albert, Dr. phil., Professor für Psychologie, insbesondere für Sozialpsychologie und Klinische Psychologie im Fachbereich Sozialwesen (Paderborn) der Katholischen Fachhochschule Nordrhein-Westfalen.

Sander, Kai G., Dr. theol., Dipl.-Theologe, Professor für Systematische Theologie: Dogmatik, Fundamentaltheologie im Fachbereich Theologie (Paderborn) der Katholischen Fachhochschule Nordrhein-Westfalen.